绿色金融与可持续发展之路

古小刚　陈　雯　苏　楠　著

哈尔滨出版社
HARBIN PUBLISHING HOUSE

图书在版编目（CIP）数据

绿色金融与可持续发展之路／古小刚，陈雯，苏楠
著． -- 哈尔滨：哈尔滨出版社，2025.4． -- ISBN 978-
7-5484-8490-5

Ⅰ. F832

中国国家版本馆 CIP 数据核字第 20253Z0Z76 号

书　　名：**绿色金融与可持续发展之路**
　　　　　LÜSE JINRONG YU KECHIXU FAZHAN ZHI LU

作　　者：古小刚　陈　雯　苏　楠　著
责任编辑：刘　硕
封面设计：赵庆旸

出版发行：哈尔滨出版社（Harbin Publishing House）
社　　址：哈尔滨市香坊区泰山路 82－9 号　　邮编：150090
经　　销：全国新华书店
印　　刷：北京鑫益晖印刷有限公司
网　　址：www.hrbcbs.com
E－mail：hrbcbs@yeah.net
编辑版权热线：（0451）87900271　87900272
销售热线：（0451）87900202　87900203

开　　本：787mm×1092mm　1/16　印张：13.5　字数：251 千字
版　　次：2025 年 4 月第 1 版
印　　次：2025 年 4 月第 1 次印刷
书　　号：ISBN 978-7-5484-8490-5
定　　价：58.00 元

凡购本社图书发现印装错误，请与本社印制部联系调换。
服务热线：（0451）87900279

前　言

　　在世界各国追求经济增长的同时，维护地球生态系统的完整与稳定已迫在眉睫。绿色金融是连接经济发展与环境保护的重要纽带，其重要性与日俱增。它为可再生能源开发、能效提高以及污染控制等环保项目提供了必要的资金支持，通过创新金融手段与服务，有效引导社会资本流向更具可持续性的产业和技术领域，推动经济结构升级转型。

　　本书深入剖析了绿色金融的理论框架和实践应用。开篇明确了绿色金融的定义、核心要素和理论基础，为后面的探讨打下基础。接着深入探讨绿色金融体系建构，其为绿色金融的发展搭建稳固平台。在绿色金融产品方面，详细分析绿色信贷和绿色保险的运作原理和实施，细致介绍绿色债券、绿色发展基金等创新工具。同时，将视野拓展到与天气相关的金融衍生产品领域，拓宽绿色金融的研究范围。最后，从多方面探索绿色金融可持续发展的策略路径，通过综合考虑政府、企业、金融机构和消费者等多方的角色和责任，努力寻求绿色金融长期稳定发展的有效方案。

　　在撰写本书时，笔者吸收并整合了众多专家学者的宝贵研究成果，也得到了多方的慷慨帮助与支持，在此表示衷心感谢。由于个人能力有限，书中或许存在疏漏之处，恳请广大读者批评指正。

目　录

第一章　绿色金融概述

第一节　绿色金融的概念与内涵

一、绿色金融的含义及作用

绿色金融深刻体现着对环境保护、可持续发展以及后代福祉的考量。作为金融服务的新范式，绿色金融在全球经济转型与绿色发展进程里占据重要地位。简单来说，绿色金融是金融机构或者投资者为那些有助于环境改善、推动气候行动、实现资源节约与高效利用的经济活动所提供的多种金融服务。这些经济活动涵盖环保、节能、清洁能源、绿色交通以及建筑等诸多重要领域。

绿色金融的含义颇为宽泛，已超出传统投融资活动的范围，包含项目运营、风险管理以及相关的产品创新与服务优化。金融机构借助金融工具创新，优化融资结构、提升风险管理能力，有效地引导资金流向有利于环境保护和可持续发展的项目。

绿色金融在环保领域作用重大，特别是在水污染治理、土壤修复和空气质量优化等关键项目方面。通过绿色金融的融资与运作机制，这些项目可得到足够资金和先进技术支持，从而高效应对环境挑战，增强生态系统的整体健康和稳定性。

在节能与清洁能源领域，绿色金融有着至关重要的作用。全球对化石能源依赖普遍存在担忧，这使得绿色金融成为加速太阳能、风能等可再生能源发展，推动高效节能技术进步的关键因素。绿色金融凭借融资安排、技术援助和市场拓展等综合服务，推动清洁能源项目在全球广泛落地，为能源结构向绿色转型夯实基础。

绿色金融的两大核心应用板块为绿色交通和绿色建筑。绿色金融有助于公共交通系统的更新和提升，能推动新能源汽车的推广，还会投资低碳节能建筑群的建设。这些举措极大地加快了交通和建筑领域的绿色转型，有效减少了城市碳排放，提升了居民的居住体验和生活品质。

绿色金融是一种新兴的金融范式，正在悄然改变全球经济走向，使其朝着更加环保和可持续的未来发展。它将环境保护理念与金融资源深度结合，既为可持续发展项目提供资金和技术支持，又推动金融行业自身的创新和转型，进而为实现人与自然和谐共处的长远目标做出贡献。

二、绿色金融的内涵

（一）绿色金融的内涵分析

发达国家对绿色金融的理解因关注点不同而呈现出多样性。一种看法是将绿色金融视作一种金融创新形式，它把环境与金融这两个领域有机结合起来，目的在于通过市场机制降低环境风险、推动生态保护并提高环境质量。另一种观点则把绿色金融定位为绿色经济可持续发展与金融学相互交融的学科领域，这既满足了环境可持续发展的迫切需求，也反映了金融机构追求可持续经营目标的内在要求。

从发展中国家的视角看，绿色金融概念包括四重内涵。其一，绿色金融重点在于绿色信贷的施行，这表现为金融业在多维度上为绿色项目贷款提供优惠与支持，这些维度涵盖政策、目标、条件、类型、方式、规模、期限和利率等。其二，绿色金融的目的是推动可持续发展，其作为一种金融战略，要融入环境保护这一基本国策，借金融活动的运作来促进经济与环境的和谐发展。其三，绿色金融着眼于金融工具的创新和运用，通过开发绿色金融业务手段来推动环境经济政策的施行以及资本市场的有效运行。其四，绿色金融也强调宏观调控的作用，以生态建设为导向，遵循市场规律，运用绿色金融及其衍生工具，推动生态环境和经济社会的协调发展，进而实现可持续发展的长远目标。

各国学者从多个角度对绿色金融的内涵加以阐释，虽然侧重点有所不同，但都普遍认可其借助金融业务推动自然环境和社会经济可持续发展这一核心思想。不过，目前对绿色金融的理解还存在一定的局限性，常常侧重于金融业运营、政府宏观调控或者可持续发展等某一个维度，很难全面理解其丰富内涵。绿色金融的优势在于能够把社会环境、社会效益、经济效益以及国家发展有机结合起来，以实现生态、企业、金融机构以及国家之间的和谐共生与良性发展。此外，绿色金融把环保因素融入评价体系和绩效审计当中，激励产品创新，努力达成多方共赢的效果。

（二）绿色金融的发展模式

不同国家工业化进程的不同使得绿色金融在概念和内涵方面呈现出多样性，也影响到其发展模式的抉择。发达国家往往依靠市场机制来推动绿色金融发展，利用保险公司、养老基金等市场主体，或由投资者借助股东权益的行使，对违反绿色金融原则的企业或项目施加市场压力。而发展中国家更着重于政府引导和金融监管，从而推动金融机构对绿色金融和可持续发展予以支持。

1. 绿色金融发展模式的融合

两种绿色金融发展模式从长期效应看并无绝对的好坏之分，只取决于与当下情况的匹配程度。发达国家不断深化绿色金融，发展中国家经济快速增长，在此背景下，这两种模式逐渐呈现融合态势。比如，发达国家在推动绿色金融发展时发现，仅靠市场机制自发调节，难以有效扩大绿色金融市场的影响力，其可持续发展也面临困难。所以，必须将政府引导与市场机制相结合，这样才能推动绿色金融快速发展。

全球经济发展进程中，中国、巴西等发展中国家的新兴市场开始尝试调整政府在市场行政干预中的角色。由于政府不直接参与市场运营，仅靠政府力量推动绿色金融的市场化进程必然有诸多局限。所以，政府要运用激励措施与引导策略，激发市场的自主性与活力，构建良好的政策框架，切实履行监管与导向职能，为绿色金融的兴盛提供有力支撑。

2. 发展中国家绿色金融发展模式的优化

发展中国家认识到绿色金融发展模式存在的弊端与问题后，需进行优化和改进。在此过程中，政府可重点从以下几个层面发挥职能：

首要任务是在政策文本里清晰界定绿色金融中"绿色"的具体标准、基本原则、整体框架、评估方法以及规范体系，据此逐步构建和完善绿色金融的发展蓝图。并且应出台一系列金融政策措施来支持和引导绿色金融健康发展。这些措施要依据各行业特性差异化设计，比如在保险领域，可通过增强保险公司环境风险管控能力推动绿色保险产品创新发展；在银行业，可利用监管政策和信贷指导原则有效推动绿色信贷业务增长与优化。

第二，优化绿色金融体系构建。首先要明确绿色投资的计量标准，包括排污权与碳排放权的权属划分以及环保项目投资回报的计费准则。同时，要公开和推广绿色项目与污染项目的外部直接效应，借助市场机制推动绿色金融发展。还应加强绿色金融的教育推广，深化与发达国家相关机构的合作，着重培养绿色金融领域的创新型人才和环境风险评估专家。利用中介组织的广泛网络，引导现有的专业服务机构，如咨询机构、数据服务提供商、法律事务所、资产评估公司和信用评级机构，积极开展绿色金融相关业务和服务。

第三，增强政府监管的约束力至关重要。要构建金融监管部门高效的跨部门协作与信息互通机制，促使绿色金融理念加速向监管层面渗透。同时，提高政绩考核中环境指标的占比，激励地方政府积极推行绿色金融政策。引导地方政府强化金融机构对环境风险的认知，如规定上市企业和金融机构必须提交可持续发展报告与环境风险评估报告。

第四，政府要充分发挥财政引导作用以推动绿色金融蓬勃发展。具体而言，鼓励国有金融机构积极研发和推广绿色金融产品，要求政策性金融机构加大在绿色信贷与绿色保险领域的投资力度，起到引领示范作用。政府在自身运营时，应优先选购绿色金融产品，或者倾向于选择秉持绿色发展和可持续发展理念的企业产品，以实际行动推动绿色金融发展。在对外援助项目里，政府要严格遵循绿色投资标准，进一步推动绿色金融的国际合作与拓展。

第二节　绿色金融的理论基础

绿色金融可从宏观和微观两个维度定义，宏观层面的绿色金融与整个金融体系相关，微观层面的绿色金融则着眼于生态环境产品与服务的投融资活动。下面将从宏观、微观和综合角度探讨绿色金融的理论基础。宏观上，绿色金融是金融体系响应可持续发展理念的重要表现，它融合了环境保护、社会责任和经济发展三个目标，通过优化金融资源配置，推动绿色低碳经济转型发展。微观方面，绿色金融专门指直接支持环保项目、清洁能源和生态友好型产业的资金流动，这些投融资活动在注重经济效益的同时更强调生态价值的创造和保护，是实现绿色发展目标的关键。综合而言，绿色金融作为一种创新金融模式，其理论基础是平衡经济增长和环境保护的关系，借助市场机制引导资本进入绿色产业，减少环境污染，促进资源高效利用，进而构建人与自然和谐共生的经济体系。

一、广义绿色金融的理论基础

广义绿色金融包含整个金融体系，其理论基础源于可持续发展经济学，该学说以推动可持续发展为主要任务。经济学的本质是资源的有效配置，目的是促使制度、技术与经济增长达成和谐共生的关系。

（一）可持续发展经济学理论

传统经济学认为，资源稀缺性总是相对的，这表明借助制度创新、技术革新等方法，可有效克服资源稀缺对经济增长的限制。可持续发展经济学关注的核心问题是：在维持自然资源与环境承载力的基础上，实现资源在代际间的合理分配，保障人类社会的持续繁衍和长远发展。

可持续发展经济学认为，自然资源与环境容量有着明确的供给界限和阈值，其稀缺性是绝对的。地球生态系统对人口的支撑能力、自然资源的储量以及环境对废弃物的吸纳能力都是有限的，具有明显的硬性稀缺特征。若人类无节制地开发利用这些资源和环境容量，会直接危及自身的持续生存。

技术进步虽能推动人类寻找地球稀缺资源的替代物以推动经济发展，不过若不断加大自然资源的开发利用程度，必然会使地球上待开发资源逐渐减少。在当下，这些资源已表现出相对稀缺性。地球自然资源总量有其固有上限，地球的资源与环境承载力都有绝对的稀缺性。若当代人过度开采这些资源，后代人类可能面临资源枯竭和环境承载力降低的双重难题，进而陷入难以生存繁衍的艰难处境。

随着时代的发展，可持续发展经济学日益成熟，这促进了绿色金融的产生与发展。在自然资源和环境容量的资源配置方面，评判标准已经发生了变化。现在，不仅要实现当下资源配置的静态最优，还要兼顾未来，使动态资源配置也达到最优状态。这样才能既保障当代人的福祉，又维护后代人的生存权益。

（二）广义绿色金融理论的发展方向

金融调控是宏观经济管理的核心手段，国家借助货币和信贷政策的施行，推动资源在宏观层面合理配置。不过，按照传统经济学观点来评判资源配置效率时，常常会得出静态结论，也就是将资源优化看作特定时段内的孤立状态集合。

绿色金融起源于经济学家对自然资源和环境容量有限性的深刻认知。当这种认知融入金融体系时，就需要跨越时间维度对金融资源的优化配置进行长远思考，即绿色金融的资源分配是一个较长时段的动态评估过程。基于经济学原理，绿色金融要借助合理的货币与信贷政策导向，推动国家和全球范围内自然资源和环境容量在世代间的有效配置。

经济学家担心，全球工业化进程加快时，自然资源和环境承载力会受到硬性限制，当前社会已经开始面临由此产生的各种挑战与困境。这种紧迫的情况让绿色金融发展更为迫切，绿色金融不仅关系到资源的优化配置，还承担着环境治理、推动生态修复、提高环境承载力等任务。在此情形下，绿色金融是金融领域未来发展的必然选择，需要整个金融体系向全面绿色转型，要使经济理论的核心原则建立在高效利用和保护自然资源与环境容量之上。

二、狭义绿色金融的理论基础

绿色金融狭义上侧重于公共物品与服务领域，其理论基础为新公共金融，该学科还在不断发展和完善。

（一）灯塔理论

公共金融的核心任务是探寻为公共物品和服务筹集资金的有效方式。由于公共物品与服务具有非排他性和非竞争性，难以依靠常规金融机制实现市场供给，所以主要靠政府财政力量。政府以税收来筹集资金，再通过财政支出提供公共物品与服务。

灯塔理论打破了公共物品和公共服务只能依靠政府财政支持的传统观念。航海技术发展后，灯塔成为保障航运安全的重要设施，其建设与维护主要由领港公会负责。但领港公会资金不足，难以建造大量灯塔。私营投资者想参与，却因没有有效的收费机制和标准而放弃，投资回报得不到保证。这表明，对于灯塔这类公共物品和服务，构建合理的收费机制是实现投资规模扩大和民营化的关键。

最终，政府下属港口找到了解决办法。该港口根据船舶尺度和航行中使用的灯塔服务，实行差异化的灯塔费征收制度，并通过政策制定将这一收费体系正规化。所征收的灯塔费用将划拨给灯塔建设与运营方（即私营投资者），作为其投资与维护的回报。

自那时起，灯塔这种公共物品的供给发生了从依靠政府财政支持到依靠金融融资及市场供给的转变，这一转变被称为灯塔理论且广为人知。不过，该理论有一个明显的缺陷：灯塔虽可由市场提供，但因其属于公共物品，所以依然对政府有很强的依赖性。具体来说，如果没有政府代表帮助私人投资者向过往船只收取费用，灯塔的市场化供给机制就难以有效运转。

（二）公共物品与公共服务

在公共物品与公共服务向市场化转型期间，政府有着非常关键的作用，因其惠及众多民众且不可分割。这种特性使得公共物品与公共服务本身带有很强的垄断性。

污水处理是公共服务领域的重要部分，对污染治理和自然资源保护极为关键。其设施建设与日常运营需由政府统一规划管理，像颁发特许经营许可证等行政措施就在此列。企业取得特许经营权后，政府要保证该企业在特定区域独家提供污水处理服务，防止其他企业介入引发不必要竞争。这是为了避免污水处理厂运营受干扰，也可规避资源重复配置与浪费的风险。

这一现象主要由两点原因造成。其一，污水处理设施和民众生活息息相关，以污水收集管网的铺设为例，其在人口密集区需要精心规划。若有多企业竞争，管网布局可能会混乱无序，缺乏统一的规划与管理。其二，污水处理厂服务民众，其建设和运营资金来源于家庭、个人及企业所缴纳的污水处理费。污水处理厂的设计规模一般根据区域污水排放量确定。若产生竞争，污水排放量会被分散，致使设施和处理能力闲置，资源严重浪费，企业也会有亏损风险。多数公共物品和服务在建设与运营中具有自然垄断属性，所以市场竞争主要集中在特许经营权的招投标环节。

公共物品与公共服务具有市场属性，这就必然需要政府进行更为严格的监管并深度参与。若政府不参与，私营投资者就难以施行收费机制，从而无法获取投资回报。要是没有政府监管，还可能出现市场无序竞争，破坏垄断经营状态，最终致使市场混乱、企业运营失败，服务质量与价格公平性也会双双缺失。

（三）新公共金融

新公共金融以灯塔理论为依据，对政府介入和监管下的公共物品及公共服务市场化的新路径进行了探索。其实际发展已突破传统财政税收与支出这种单一的投融资框架，走向多元融合的新模式。在这种模式中，公共物品与公共服务的资金筹集由政府财政和金融机构共同承担。政府负责政策规划与监督，金融机构则着力满足绿色发展的融资需求。

新公共金融的核心机制为公共私营合作模式。该模式以政府和私营企业间的特许协议为依据，旨在共同提供公共物品与服务，通过合同明确双方的权利和责任，达成多方共赢。目前，新公共金融虽已允许私营部门参与，但其核心架构仍以政府的财政收支为中心，重点在于拓展这一模型，从而更全面地发挥金融体系的功能。朝着这个方向探索的原因在于金融在公共物品供给方面具有三个优势：资金运用高效、融资能力更广泛、付费者定位更精准，这有助于优化资金筹集流程。绿色金融是公共物品与服务供给的重要部分，也应基于新公共金融的框架构建全面、系统的绿色金融理论框架。

三、绿色金融的经济学基础

绿色金融是新兴的经济发展领域，体系复杂，尚未形成成熟的理论框架，但其理论基础仍源于经济学原理。

（一）外部性理论

外部性理论研究的是市场活动中相互依存的经济效应，它表明市场行为不是孤立存在的，而是相互影响的。当某个市场参与者（如个人或企业）进行消费或生产等活动时，其行为会对其他参与者的经济利益产生影响，这种影响就是外部性。外部性可进一步分为两类：正外部性和负外部性。正外部性是指该行为给他人带来了利益，负外部性则是指该行为使他人利益受损。

环境污染是负外部性的典型代表。化石燃料燃烧、工业活动有害气体排放，都会污染生态环境并产生不良后果，直接或间接损害他人利益与公共福祉。

绿色金融的运作机制为通过实施诸多政策措施，如对产生负面环境影响的行为征收贷款高税等经济成本，而对运用清洁能源、推行绿色管理和研发绿色产品等正面行为予以激励或补贴，进而让企业更注重自身活动的外部效应。这些安排意在引导企业做出有益于社会和环境的决策，达成经济发展与环境保护的双赢。

（二）公共物品理论

公共物品理论是基于排他性与竞争性的理论框架构建的。一般来说，若某类物品可借助收费机制有效管控消费者的使用，那该物品就具有排他性。反之，对于消费者起初可能不感兴趣的物品，若能通过补偿措施成功唤起消费者的消费意愿，那这类物品就呈现出非排他性特征。

空气污染和水污染属于典型的非排他性问题，仅靠价格机制难以限制其影响范围。若能把污染物转化为排他性资源，就能运用经济手段有效管控排放，减轻环境污染。例如构建排放权交易市场，可使汽车尾气排放具有排他性。这一过程包括明确排放权归属、配额分配、总量控制和建立交易市场。当汽车制造商排放量超过其分配额度时，就要付出高昂的额外成本来购买排放权。这样，排放权就被纳入市场定价体系，通过价格波动调节排放行为，实现了汽车尾气污染从非排他性到排他性的转变。

通常，若某类物品被消费时其可用总量会降低，从而影响其他消费者使用，这类物品就具有竞争性。反之，若某类物品被消费时他人可获取的量不会减少，那这类物品就是非竞争性的。从这个角度看，所有总量固定的资源，如土地、海洋资源、化石能源等，都有内在的竞争性。

绿色金融在应对公共资源竞争挑战方面有着关键意义，其运用多种金融工具支持可再生能源和新能源开发，如设立绿色基金、提供绿色信贷以及发行绿色债券，为相关项目提供所需资金，推动能源结构向多元化发展。绿色金融还借助经济手段限制高污染、高能耗企业扩张，比如提高这类企业贷款利率，减少对传统高污染产业的投资。此外，绿色金融引导资本流向高效能、低排放、低污染产业，优化资源配置，提高整体资源利用效率，进而从源头上达成环境保护与经济发展的双赢局面。

物品可根据排他性与竞争性特征划分为三大类。第一类是既具有非排他性又具有非竞争性的物品，纯公共物品是其典型，如空气、气候、生态环境和国防安全等。第二类是不完全具备非排他性与非竞争性的物品，主要包含准公共物品，例如森林、土地、渔业资源、矿石能源及其他自然资源。最后一类是同时有排他性和竞争性的物品，这类物品多为私人物品。

多数与环保和绿色相关的自然资源都具有公共物品属性，缺乏外部规制与约束时，极易出现资源无序开采和环境严重污染的情况。绿色金融的核心机制与长远目标在于利用金融工具优化资本配置，使资本流向节能减排、污染防治、生物多样性保护、适应气候变化、清洁交通系统、可再生能源开发、自然资源可持续管理等绿色领域。如此，社会资本可更有效地助力绿色发展事业，为推动全球可持续发展这一宏大目标贡献力量。

（三）排污权交易理论

企业生产运营时，若造成环境污染且要担责，污染治理成本就无法避免，这必然加大企业经济压力，与企业追求利润最大化的目标相冲突。企业从自身利益出发，更愿意减少污染排放以避免后续治理费用，而不是污染产生后再花巨资治理。

碳排放权交易市场和金融市场在结构上有高度相似性，都有一级和二级市场。在一级市场这个碳排放权的初始分配场所，核心参与者是政府部门和权益需求者（如企业）。政府根据各区域环境承载能力确定碳排放权益总量，再通过多种方式将权益无偿或有偿分配给需求者。初始分配方式有免费分配、固定价格销售、拍卖和组合策略等。二级市场是权益需求者公平交易的主要场所，也是排污权交易的核心市场。在这个市场里，碳排放权价格由供求关系自然决定，借助市场的自我调节机制促使权益资源达到最优配置。

排污权交易理论是绿色金融发展的核心支撑，其内涵与生态环境权益配置紧密相关。政府介入该机制后，可有效管控污染权益的配额总量，并且凭借高效管理策略逐步削减总量，从而促使污染物排放总体减少。这一过程充分发挥了市场调节机制的作用，对环境污染形成了强有力的制约。

四、绿色金融的比较分析

绿色金融的兴起适应了生态文明建设和人类可持续发展的需求，为解决环境污染治理的资金难题开辟了新途径。其能有效推动社会资本流向绿色产业，进而以生态友好的方式带动中国经济增长。

（一）传统金融和绿色金融的比较

改革开放以来，中国经济取得了显著增长并发生了深刻变革。在发展进程中，受体制机制、市场环境等多种因素影响，政府在自然资源管理和环境保护方面面临着市场与金融市场功能失效的挑战。具体而言，金融行业以追求利润最大化为目标，常忽略环保领域投资，使得经济发展与可持续发展目标之间出现了明显冲突。

1. 传统金融的特点

传统金融业发展的基础在于金融项目的经济回报，追求经济利益是其核心目标。比如银行传统的商业金融业务，一般按照安全性、收益性和流动性等原则运营。深入农村地区的合作金融也逐渐走向商业化运作模式，合作性质逐渐弱化，商业属性越发明显，呈现出利润导向等特征，与银行的商业经营策略趋同。

传统政策性金融在业务范围方面存在明显的局限性，主要围绕国家特定政策的实施展开，所以在灵活性和适用性方面存在不足。政策性金融虽然能够有效承担国家赋予的政策性任务，对平衡价格、稳定民心和调控市场起到积极作用，但其决策并未考量环境污染、生态失衡、资源匮乏和浪费等关键因素。

在传统金融模式下，环保产业与污染治理的经费大多由国家财政负担。这使国家财政压力较大，且无法从根源解决问题，构建绿色生态环境的成效也不明显。

2. 绿色金融的特点

绿色金融尚无统一定义，但在学术界，其核心目标已得到广泛认可：在投融资活动中全面融入绿色理念。这表明，在金融机构开展各类业务时，不管是面向企业还是团体，都要重视资源有效利用、环境保护与治理以及生态系统维护，以实现经济与生态的和谐共生和可持续发展。

绿色金融承担着双重使命。其一，要引导企业降低能源消耗、优化资源配置，把环境因素融入金融投资决策和财务评估体系，推动企业从粗放管理模式转向可持续发展模式，避免先污染后治理的情况。其二，绿色金融要与生态产业和环保产业密切合作，重视这些短期利益不明显但意义深远的领域发展。绿色金融着眼于人类社会的长期福祉，旨在推动未来生态环境和经济环境的改善，实现生态环境和金融行业的良性互动、共同发展。

3. 传统金融和绿色金融的差别

绿色金融是传统金融体系的有益补充，其独特之处在于构建了金融业长期稳健发展的新路径。它抛弃了单纯追逐短期利润的传统观念，而将生态环境保护作为核心价值，以实现绿色经济效益的最大化。在实际运行中，绿色金融调整评价体系、出台激励措施、运用利率调节机制，着眼长远的可持续发展，力求达成经济与生态的双赢，促进两者的和谐共生与良性循环。

绿色金融和传统金融在利润驱动模式上存在明显差异，绿色金融着眼于资源节约和环境保护。于是，资金朝着与人类福祉息息相关的环保、生态和治理方面流动，目的在于借助资本配置来维护和修复生态环境，进而推动人类迈向可持续的未来。

4. 在传统金融基础上发展绿色金融

传统金融对金融业影响深远且持久，绿色金融的发展无疑是复杂的系统工程。要稳健推进绿色金融，最有效的办法是利用传统金融已有的基础，采取科学合理的举措进行优化和强化，为绿色金融打牢根基。要达成这一目标，可从以下四个方面推进。

（1）发展绿色金融的前提条件

要从根本上改变传统金融观念对金融业的影响，确立全新的绿色价值观。当前，中国绿色产业的实践与探索已打下坚实基础。比如，多数城镇居民在消费选择上已偏向无污染、节能的绿色产品，包括绿色住宅、有机食品、环保服务和节能电器等多个领域。

二是充裕的富余资金为绿色金融发展提供了有力保障。绿色金融业收益回收周期长、见效慢，其发展需要足够的时间和资金支持，高昂成本往往给绿色金融发展带来很大压力。随着改革开放深入，中国城乡居民储蓄余额不断增长，很多金融机构在中国人民银行有超额准备金，货币资金沉淀和闲置情况较为常见。这意味着，当前绿色金融发展已不存在资金障碍。只要运用合理的金融工具盘活这些沉淀资金，就能推动绿色金融蓬勃发展。

要有效盘活富余资金，就需采取合理的政策和措施，构建高效的制度安排。制度安排是规范特定行为模式和关系的准则，也是政策与措施的具体体现。由于传统金融业在当前政策框架下业务范围受限，为推动资源环境要素融入金融领域，政府要充分发挥引导作用，精心设计相关政策并推出多种激励手段，促使富余资金流向绿色产业。

（2）完善评价指标体系

传统经济评价指标体系未包含绿色成本、环境污染治理费用以及生态损害成本等要素。全球越发重视自然生态环境，许多国家开始把环境因素纳入国民经济核算框架，量化评估环境生态破坏和资源耗竭造成的直接经济损失，计算环境保护与污染治理的必要投资，初步构建起环境评估体系并积攒了相关经验。金融业可参考这种做法，借鉴国民经济核算中整合环境因素的实践，在现有核算指标里引入环保相关参数，进一步完善其评价指标体系，有力推动绿色金融发展。

（3）充分挖掘现有金融机构的潜力

当前，很多金融机构拥有庞大的用户群，这为政府运用政策杠杆挖掘其潜在能力奠定了坚实基础。政府可适时调整政策方向，激励金融机构树立长远发展眼光，使其在投融资决策时积极涉足绿色产业。具体而言，可进行窗口指导，给予再贴现与再贷款利率优惠政策、税收优惠等，从而引导金融机构将资金投入废弃物处理、水系治理、土壤修复、农田水利建设和退耕还林等环保领域。通过这些措施，金融机构成为推动绿色产业发展的一股重要力量，还间接提升了公众对绿色产业的认知与支持，加快了绿色产业生态的构建与发展。

以农村生态环境为考察对象，农户作为这一环境的直接参与者，在农业活动中具有双重身份。他们既是生态环境的建设者，又可能为追求高产而实施破坏性行为，比如过度施用化肥和农药。基于此，农村信用社能充分发挥资金优势，以低息贷款支持农户向绿色农业发展转型。对于可能出现的亏损，可借助政府的税收优惠政策与财政贴息予以补偿。推动绿色农业发展，一般可从两个方面着手：其一，扶持清洁生产技术，助力乡镇企业建立完善的环保管理体系，削减污染治理的后续成本；其二，倡导生态农业模式，促使农业生产与自然生态相协调，达成以最小投入获取最大产出的目标，推动自然资源可持续再生。

（4）创新融资工具和产品

绿色理念深入人心，人类越来越关注自然环境变化，也更重视环境因素对后代福祉的长远影响。但当前中国证券市场投资选择有限，阻碍了资金向绿色产业有效流动。所以，市场急需多样化的绿色金融工具和产品，来支持投资者向绿色领域转型。金融机构要积极发挥创新能力，研发有吸引力且新颖的融资方式，像绿色债券、绿色投资基金、环保彩票等，构建完善的绿色金融生态体系。这一体系会让绿色融资工具和产品成为资金筹集的重要渠道，推动绿色产业发展，助力经济增长。而且，绿色产业发展会直接改善自然生态环境，达成经济、环境和金融的和谐共生与良性循环。

（二）绿色金融和低碳经济的关系

1. 绿色金融与低碳经济相辅相成

低碳经济的核心在于削减温室气体排放，旨在构建低污染、低能耗的经济发展模式。该理念源于英国，之后在全球得到广泛响应并被付诸实践。2010年，中国选定五个省和八个城市作为先行试点，探索低碳产业的建设与发展。在可持续发展思想的引导下，低碳经济通过技术创新、产业结构优化、新能源开发利用和制度体系革新，谋求经济增长与环境保护的和谐共处。从这个角度看，低碳经济与绿色金融有着紧密的互补关系，二者的最终目标高度一致。

中国是发展中国家，正处于城镇化和工业化快速发展阶段。在这种情况下，经济发展既要推动工业增长、满足内需，又要应对气候变化并顺应全球低碳经济的发展趋势。中国大力发展绿色金融，可引导金融行业在投资和资源配置时更多地关注生态环境保护与节能减排，促使工业化企业向绿色转型。

绿色金融与低碳经济有着深刻的经济逻辑联系。经济和环境是一个复杂的交互系统，良好的环境是经济稳定增长的重要基础，为经济发展提供基本资源；经济活动也不断改变环境状况，若经济发展模式不合理，环境问题就会出现。低碳经济以环境保护为核心，通过技术与制度创新全面减少碳排放，减轻环境污染。在此期间，金融作为经济体系的核心，在低碳经济转型中促使绿色金融兴起。低碳经济的发展需要绿色金融大力支持，绿色金融的繁荣也离不开低碳经济的推动。绿色金融的健康发展需要坚实的制度框架和完善的法律保障。低碳经济理念在理论上为绿色金融的法治建设提供了依据和方向。

2. 绿色金融发展推动低碳经济的实现

政策性文件能有力推动金融机构发挥引领作用，引导社会机构和生产部门朝着低碳技术研发以及采用低能耗、高效率的绿色生产和管理模式转变。具体来说，政府可以采取优先支持低碳企业上市、给予税收减免等激励手段，让生产部门将投资重点转向低碳设施建设。同时，要制定详细的政策条款，鼓励有条件的低碳企业借助资本市场拓宽融资渠道。需重点强调清洁能源的价值，引导企业关注并投入太阳能、风能、水电、沼气生物能等技术的开发和应用，同时给予相应的政策支持，从而加快绿色金融发展速度，有效推动低碳经济的实现。

在推动低碳技术创新和优化时，设立专项基金非常关键。该基金用于表彰积极响应政策的企业和个人，其资金还将补偿受高碳排放和高污染环境影响的人群。通过这些举措，能逐步引导公众熟悉并接受绿色消费模式，以实现环境保护和可持续发展的目标。

（三）绿色金融的经济效益分析

绿色金融的经济效益体现在宏观和微观两个方面。宏观方面包括生态环境、社会经济以及金融机构自身等因素；微观方面关注绿色金融对各企业经营发展的具体影响。

1. 宏观层面绿色金融的经济效益

在国际金融实践里，绿色金融已成为推动可持续低碳经济发展的关键力量。其既能推动生态环境保护，促使经济向绿色转型并实现增长，又能促进社会、生态和经济的和谐共生，为实现经济长远可持续发展目标提供了有力支撑。

分析宏观层面绿色金融的经济效应，有助于更精准地把握其发展趋势。金融机构要加大对绿色经济、循环经济和低碳经济项目的投资，细致分类并精准定位绿色金融产品。

金融机构要推动农业转型升级，促使传统种植业朝着多元化绿色经营模式转变。要积极支持构建绿色农产品生产基地和绿色食品加工企业，以推动绿色产业链与产业集群自然形成。此外，金融机构还要拓宽传统信贷服务范围，将资源保护工程、生态保育以及农业环境污染防治等纳入其中。

第二，金融机构要加强监管，有效规避环境与社会风险，防止向违法企业发放贷款。具体来说，监管重点应从机构层面转变为功能层面，清晰界定绿色金融服务的标准与要求，加强跨系统协同管理，重点运用行政手段进行严格监管。

金融机构要明确绿色金融的服务重点，首要工作是优化自身环境与社会责任表现。在此前提下，积极探寻低碳经济与循环经济的潜在增长点，深入了解绿色金融的发展趋势与路径。所以，应制定符合国家可持续发展战略的绿色信贷政策，调整金融产品与服务方向，使其与国家长远发展目标相协调。

政府应出台财税政策推动社会资本流向绿色发展领域。其一，对违规为环境违法项目提供融资的金融机构，严格追究责任并予以惩处；其二，对积极落实绿色信贷和环保政策的金融机构给予正向激励与嘉奖。

政府要充分发挥信息时代的技术优势构建高效信息共享机制，从而有效引导社会资本向绿色产业流动。为此，可组织洽谈会、项目对接会、协调研讨会、绿色项目推介会等多种交流活动，加快绿色金融项目的落地实施。

2. 微观层面绿色金融的经济效益

从微观经济角度考察绿色金融效益时，重点在于企业的转型升级过程。企业转型主要有两条路径：一是外生性转型，这常涉及行业层面的改变，即企业从传统的单一行业进入相关或全新行业领域，或者在产业链上下游进行扩张。该路径的明显优势是能够有效分散风险。二是内生性转型，其内容更加丰富，包含管理模式创新、品牌重新塑造、产品与市场调整以及商业模式重构等多方面。具体来说，管理转型就是从粗放管理向精细管理转变；产品与市场转型可能包括推出新产品，或者调整市场策略，比如从外销转内销等。

企业转型与升级的成功，既需要企业家积极主动行动，也需要政府营造有利环境。企业家要重点增加研发与创新投入，加快技术迭代，构建企业特有的核心技术体系，且借助绿色金融机遇推动转型进程。政府则要构建公平公正的市场环境，强化市场在资源配置中的决定性作用，彻底消除隐性市场壁垒，保证市场准入政策得以施行。政府还需调整其在经济管理中的角色，营造高效、亲商的服务环境，为企业顺利转型给予有力支持。政府应运用社会舆论力量，倡导绿色经营与创业理念，完善相关政策扶持绿色创业项目。在推动企业创新与发展策略方面，政府要从特惠型财政支持转变为普惠型税收优惠，减轻符合绿色发展标准的企业与项目的税负，进而有效推动企业转型升级。

第三节 发展绿色金融的重要性

绿色金融的发展对金融机构、企业、生态环境以及国家经济的可持续增长有着深远影响，具体作用如下。

一、促进国家经济的协调发展

绿色金融正式被纳入中国生态文明建设的总体规划，且被列入国民经济与社会发展长期规划纲要。这为绿色金融的发展明确了方向，也预示着其将对国家经济体系产生深远影响，推动经济和谐、可持续发展。

（一）有利于实现市场产业优化升级

在中国工业化进程加快、经济快速发展的同时，自然环境面临的污染和破坏越发严重。目前，各类污染事件的后续处理体系还不健全，资源过度消耗的情况也较为常见，这严重阻碍了市场产业结构的优化调整和经济的持续增长。绿色金融的出现为市场产业升级带来了新的活力，比如绿色信贷政策的实行，能防止污染严重或对环境破坏大的企业和项目得到资金支持，从而抑制高污染、高能耗产业的扩张，促使产业结构朝着更绿色、可持续的方向发展。

1. 纠正市场失灵

社会市场分析表明，绿色金融对纠正市场与金融市场的失灵现象有积极意义。在经济学理论里，市场失灵基于一系列假设条件，这些条件构建起完全市场机制的框架，即完全竞争的市场环境、考虑外部性影响、规模报酬保持恒定或递减、经济信息全面且对称流通、市场参与者理性决策以及交易成本极低。在这些理想化的设定下，经济的持续增长依靠要素的有效投入、技术的不断进步以及市场资源配置的优化实现。

在现实市场环境下，经济学理论的理想假设通常难以达成。市场中广泛存在不完全竞争、外部性和信息不对称等情况，这些因素一同妨碍市场资源实现最优配置，从而引发市场失灵。具体体现为不完全竞争与垄断行为屡见不鲜、外部性问题显著、公共资源被过度开发、公共产品与服务供应不足以及收入分配不公平加剧。

在理想状态下，完全竞争要求产品有高度同质性与可替代性，这依赖市场中数量众多的买卖双方。但在现实市场环境里，分工日益精细，消费者需求不断分化，产品间差异逐渐明显增大。同时，技术进步、市场扩张和企业并购等因素共同作用，常使市场形成垄断力量。垄断地位一旦确立，既会削弱市场竞争活力，又可能使技术革新步伐减缓。

外部性体现于私人边际成本和社会边际成本的差异之中。若私人边际成本大于社会边际成本，便呈现出正外部性；若私人边际成本小于社会边际成本，则呈现负外部性，此类外部性在现实市场中屡见不鲜。在消费方面，正外部性常常致使商品消费不足，负外部性却可能引起消费过度。在生产领域，正外部性会使商品供给不足，负外部性会造成供给过剩。不管是哪种情况，最终都会造成市场资源配置的失衡。

公共资源，像空气、草原、江河湖泊等，其本质是非排他性的，但具有很强的竞争性。从个体消费者决策角度看，他们在使用公共资源时，通常不会充分考虑自身行为对他人的影响。公共资源的公共属性致使个体容易忽略其有限的承载能力，进而加剧资源使用的竞争状况。

公共产品和服务具有消费的非竞争性、效果的不可分割性以及受益的非排他性等特征，即一个消费者使用不会影响其他消费者使用，且技术产生的效益对所有消费者适用。但公共产品和服务与市场机制存在明显冲突，这使得现实生活中公共产品和服务的供给量远低于实际需求。

市场机制和市场竞争本身的属性决定了市场将效率最大化作为核心追求目标。初始资源分配格局会在很大程度上影响这一目标的达成。资本规模的扩大通常与市场效率的提升同步，这会使资源进一步向优势方汇聚，造成强者更强、弱者更弱的局面。久而久之，这种不均衡的发展趋势必然会使收入分配不平等性加剧，具体体现为收入差距和财富鸿沟不断扩大。

2. 纠正金融市场失灵

金融是现代经济的核心，在引导经济资源有效配置方面起着关键作用。金融经济和市场经济联系紧密且相互依存，资源筹集与配置的充分性和效率对市场经济扩张与升级的程度和质量有着直接影响。不过，资金天然追求利润最大化，在市场机能出现障碍或缺乏调控时，金融经济可能偏离促进经济增长的方向，从而导致金融市场功能紊乱。

在社会经济发展进程中，金融市场失灵意味着金融体系在当前市场条件下无法有效运行，具体表现在以下五个方面。其一为外部性问题。许多工业企业直接排放废气污水时，全体社会成员要承担环境污染的代价，而企业自身却不承担预防、治理污染以及健康损害等成本。这种成本的转嫁致使高污染投资过多，社会被迫承担企业的负外部性成本。其二，信息不完全是关键问题。信息的缺失或不足会降低投资决策的有效性以及投资活动的准确性。当投资者和金融机构无法获取足够的项目收益与风险信息时，他们常常因感觉未知风险过大而避免投资。缺乏信息的一方在投资或市场活动中都会遭遇阶段性风险。其三，公共产品及服务的投资难题不可小觑。由于公共产品具有非排他性和非竞争性，私人收益往往远低于私人成本。这种投入产出的不匹配会造成公共产品投资不足。以大气污染治理为例，它是一种公共环保服务，成本高昂，且因其非排他性难以向受益人收费，从而形成高投资低回报的状况。其四，市场不完全竞争也是金融市场失灵的重要方面。在垄断竞争的行业结构中，部分企业处于垄断地位。这些企业投资时往往倾向于选择风险低、收益高的项目，而环境治理和环境保护类项目，如风沙治理、大气污染治理等，通常周期长、回报低、风险高，所以企业往往对这类投资持谨慎态度。其五，投资的顺周期性问题值得关注。商业金融机构的投资行为往往呈现顺周期特征。在市场经济形势向好时，它们会加大投资，推动经济快速繁荣甚至过热；在市场经济形势不佳时，则会收紧信贷以规避风险。这种顺周期的投资行为进一步加剧了金融市场失灵的现象。

3. 绿色金融对社会经济的调整作用

在现实市场里，市场失灵和金融市场失效的情况屡见不鲜。自然环境污染与破坏问题越发严重，环境污染导致的潜在经济损失，如对人类健康、后代居住环境的负面影响等，成为市场经济中不可小觑的纯损失部分。国家发展经济的根本目的是提高民众生活质量与满意度，这当然包括保护和改善民众赖以生存的自然环境。

绿色金融通过创新金融产品与服务，配合政策引导与制度框架构建，能有效调整市场逐利行为，纠正外部性偏差，实现精细化的经济调控目标。例如，运用严格的监管手段，如征税和处罚机制，促使社会各界主动将外部性影响内部化，也就是全社会共同承担绿色发展责任。同时，绿色金融的实施还表现在设立绿色基金、绿色银行和绿色金融机构等方面。这些机构提高环境破坏者的融资成本，为环境修复和污染治理项目提供资金支持与政策优惠，推动资源朝着更高效、更环保的方向配置，达成帕累托改进。构建绿色信息平台和污染企业黑名单，可有效降低信息收集成本，减少信息不对称和不完全性，既能提升环境评估的重要性，又能对高污染、高能耗项目形成道德约束，激励其转向清洁生产和减排方向。

绿色金融使传统资本慢慢从高污染、高耗能领域退出，转而投入到清洁能源、清洁生产技术和污染治理等重要环节，这能有效扩大绿色资本的规模，为绿色经济的发展增添动力。而且，绿色金融还能促使企业和项目朝着节能减排的方向转变，减轻对自然环境的破坏，从而减少污染治理费用，实现经济效益和环境效益的双重提升。

（二）有利于经济的可持续发展

国家经济的持续健康发展需要生态环境提供坚实支撑。从宏观经济角度看，自然环境是国家的宝贵财富。若单纯为追求经济总量增长而破坏生态环境、过度开采自然资源，就如同杀鸡取卵，最终只会自食恶果。

绿色金融作用于环保、生态和自然资源管理，能有效限制高污染、高能耗企业与项目扩张。其间接引导公众投资偏好朝着低污染、低能耗、低环境风险和高环保标准的产业、绿色企业以及生态友好型项目转变。这一过程会逐步调整社会资本与资源的分配格局，促使资源配置趋于合理、高效。这种转变有利于节约自然资源、保护生态环境，为经济可持续增长夯实基础。

1. 提高国民身心素质

从人类生存与发展的角度来看，经济发展的核心动力在于"人"。工业化进程的加快，造成了自然资源的严重枯竭和生态环境的快速恶化。自然环境是人类生存的基础，其生态系统中的物质循环常常使许多污染物迁移、扩散甚至累积，从而对人类形成更严重的威胁。人类长期处于受污染的环境中，不仅身体健康会受到损害，还可能承受心理压力，对未来发展产生深远的不利影响。

绿色金融的推广能够引导金融资本流入新能源、新技术等前沿领域，这既会减少经济增长对传统物质资源的过度依赖，也会降低经济活动对自然环境的负面影响。自然环境改善后，空气、水、土壤和气候条件都会提升，人类的身心健康将得到有效改善，从而推动人口整体素质的提高。

人类的身心健康状况对劳动生产率和生产质量影响深远，是影响社会经济进步发展的重要因素。身心健全的个体体力和精神状态佳，能直接增强劳动能力，提升生产效率。整体健康水平还会深刻影响市场劳动力的供给结构，不健康的劳动力难以保证工作质量，甚至可能被市场边缘化，从而制约宏观经济产出。从更广泛角度看，良好的身心健康可提升劳动者身体素质、降低死亡率，还能通过遗传机制促进后代健康，形成正向循环发展模式。健康状况与受教育程度密切相关，健康的身心可延长个体预期寿命，让教育投资的人力资本回报更显著。而且，健康状况还深刻影响着个人消费和储蓄行为，健康个体更愿意进行长期投资或储蓄，这会增加社会资本积累，提升人均资本水平。

2. 优化金融资源配置

金融资源包含货币资金、流通证券以及信用资源等多个方面，是金融服务中主体与客体相互作用的综合体系，是经济增长的关键驱动力。优化金融资源配置对经济发展有着明显的促进作用。

绿色金融可经由两种机制有效推动金融资源配置的优化。其一，绿色金融能大幅提升空气、水和土壤质量，进而削减因环境污染而产生的医疗支出，如此一来，社会可用于其他投资领域的资金总量便会间接增加，金融资源在医疗领域的分配也会相对减少。其二，政府、金融机构和企业能把原本投入到高污染、高能耗领域的资金，转而投向绿色技术的研发与推广方面，尤其是清洁能源领域。这一转变既优化了社会整体投资结构，又促使金融资源更多地流向绿色、可持续的项目。

3. 促进技术提升

绿色金融对技术提升的促进作用主要表现在两个方面。其一，可提升储蓄向投资转化的效能。绿色金融发展势头良好时，金融机构的规模会扩张，数量也会明显增多，这必然使行业竞争加剧。金融机构为在激烈竞争中取胜并谋求更好发展，往往会降低利润率并提高服务专业化程度。在此过程中，降低投资资金供需转换成本至关重要，即提高储蓄向投资转化的效率成为金融机构的重要举措。其二，绿色金融能够快速扩大绿色发展领域的资本规模并有效削减资金成本。它积极扶持节能环保、气候智慧型农业、清洁能源、低碳运输等绿色经济项目的发展。尤其是在政府财政补贴和一系列政策的推动下，绿色金融促使金融机构为符合绿色发展标准的企业提供更优惠的贷款条件。这不仅使环境友好型企业的数量增加、资本规模扩大，还有利于产业结构的优化升级。

（三）有利于传统经济发展方式转型升级

传统经济增长模式往往依靠生产要素的大量投入和规模的扩张来实现。也就是说，当生产要素的品质、构成、利用效率以及技术水平相对不变时，加大资源投入和扩大规模就能推动经济增长。这种模式着重于经济总量的增长，具有数量驱动的特性。在当下生产要素资源越发紧张的形势下，传统经济发展路径已无法适应社会发展的新需求，转型和升级迫在眉睫。而绿色金融这一创新机制可为这一转型过程提供强劲的动力。

1. 优化消费结构

消费结构体现了在特定社会经济环境中，消费者所选消费类型与可支配资源的内在关联。其影响因素主要有宏观与微观两个维度。宏观方面包括社会整体物价水平、市场环境、福利政策体系、资金投融资情况、收入分配格局、社会保障制度、消费品供应状况以及劳动就业制度等诸多方面。微观方面包含家庭的具体收入状况、所处生命周期阶段、家庭规模、家庭储蓄积累以及投资活动等要素。

消费结构会随着经济发展持续变化，中国经济的不断发展促使民众经济水平提高。以往，人民日益增长的物质文化需要同落后的社会生产之间的矛盾，已逐渐被人民日益增长的美好生活需要和不平衡不充分的发展之间的矛盾所替代。

绿色金融会对社会消费模式的多个方面产生积极影响。其一，绿色金融提升消费的绿色与环保性。如绿色信贷发展起来后，个人在消费时会更偏向选择环保产品，这既能减轻消费对环境的消极影响，又能推动环保企业的发展。其二，绿色金融推动消费结构升级。它既能带动经济增长，又能提升环境质量以保障产出清洁。这种变化可提高公众身心健康水平，减少疾病预防和治疗的花费，节省下来的钱会被重新分配到更高层次的消费领域，如个人教育提升、家庭教育投资、社交活动和休闲娱乐等。其三，绿色金融扩大绿色消费品供给，为消费者提供更多选择，特别是绿色农产品、有机食品等。由于绿色领域有资金投入和政策支持，绿色消费品的经济回报增加，生产也更多样化，这既能拓宽消费者的选择范围，又能提高绿色消费在总消费中的比例，构建起绿色金融、绿色产品和绿色消费相互促进的良性循环。

2. 改变供给结构

绿色金融可开拓多种融资渠道，扩充金融资本的整体规模，为绿色技术创新发展注入资金动力。例如，推行广义碳税政策，对污染企业予以经济处罚并对污染资源征税，这既能有效增加社会资本积累，又能促使污染企业将社会承担的外部成本内部化，推动环境责任的落实。

绿色金融促使资金流入环保领域，有效抑制高能耗、高污染行业的资本流入，实现资金配置优化和结构调整。具体来说，采取差异化信贷措施，激励企业加入绿色保险计划，并且建立污染企业名录与环境信息公开系统，降低高污染企业融资能力。这一系列举措与政府积极扶持绿色发展项目形成鲜明对比，吸引更多资金流向绿色领域。

绿色金融有明显的降低风险作用。金融机构与金融体系的一个核心功能是有效分散和转移投资风险。借助绿色金融产品及相关配套政策的支持，很多原本因风险高而不易得到投资的绿色发展项目，其投资风险将得到有效降低，投资回报率也有提升的可能。例如，雾霾治理、土壤修复和大气质量改善这类周期长且风险大的绿色项目，私人投资通常会敬而远之。但绿色信贷和绿色债券的引入，既降低了这些项目的融资成本，又提高了其投资吸引力，进而降低了整体投资风险，让绿色发展领域得到更多资本的关注与流入。

3. 促进经济动能转化

当经济发展方式从粗放型朝着更契合社会需求的模式转变时，经济增长的主要驱动力就从依靠投资规模变为依赖需求拉动了。这一转变让创新成为经济增长的关键因素。在这样的背景下，创新驱动发展战略的推行催生出许多创新科技型企业。不过，这些企业大多处于商业化的初期，融资需求强烈，并且风险较高，这和传统信贷业务的运营模式有明显的不匹配之处。

绿色金融对创新科技型企业融资有明显的促进作用，已超出传统金融服务的范围，是宏观调控的重要手段。从创新驱动的角度看，绿色金融加速了经济动能的转换，其效应主要体现在以下三个关键方面：

绿色金融对绿色创新项目，尤其是符合绿色发展理念的项目，有着关键的支持作用。这些项目在运用新技术和新方法时，通常呈现出明显的环保与清洁特征。通过设立绿色基金、发行绿色债券、推广绿色股票等金融手段，能够促使资本有效地流向这类创新项目。

绿色金融对第三产业中的新业态发展起到了有力的推动作用，像平台经济、体验经济和共享经济等都受其推动。这些新业态是第三产业的重要组成部分，在优化资源配置、提升生活效用和增加民众便利性等方面有着明显优势。但由于抵押物界定不清、收益不确定且发展模式不明确，它们通常难以得到传统金融投资服务的垂青。绿色基金和绿色银行的参与有效解决了这一难题，既能降低行业风险，满足相关企业的融资需求，又能在一定程度上缓解该领域的竞争状况。

绿色金融可有效提高投资转化效率。绿色金融是金融产品与服务的重要组成部分，其蓬勃发展将推动金融体系走向多元化。这为融资者和投资者提供了更丰富的服务选择，能加速资金流动，从而提高投资转化效率，优化金融资源的整体配置。

二、强化金融机构和企业的可持续发展能力

（一）有利于提升金融机构的可持续竞争力

绿色环保项目越发受到重视，成为金融机构转变经济发展模式的重要途径，对提升金融机构长期竞争力作用显著。比如，绿色证券、绿色信贷、绿色保险等创新金融产品的出现，为金融机构构建了长远的环保屏障，用于风险防控和健康运营。短期内，推出绿色金融产品可能使金融机构评估与监管成本增加，信贷规模缩减，但长远来看，绿色金融符合国际金融市场趋势与国家经济发展战略要求。它能优化信贷结构，引导金融机构内部管理走向绿色节能，降低运营成本，减少风险暴露。此外，绿色金融有助于金融机构调整产业结构、激发创新能力、塑造鲜明品牌形象，全面提升可持续发展竞争力。

（二）有利于加强企业创新技术和可持续发展

绿色金融的发展基于对绿色领域的支持与推动。企业若想获取政策支持与贷款优惠，就得主动适应绿色金融标准，优化生产工艺，改善生产条件，调整发展战略，使其运营满足低能耗、低排放的要求。

这必然使企业在压力下激发创新技术活力，进而跨越技术障碍，实现环保技术升级。具体来说，企业可努力降低单位产品的物质与能源消耗，减少生产废物排放，提高资源使用效率和生产效能。

绿色金融的兴起极大地推动了企业的可持续发展。随着绿色金融领域的持续拓展，企业资金流向也在逐渐改变。企业若想通过贷款为高能耗、高污染项目融资，会受到绿色金融机构的严格审查，这使得融资难度加大，贷款申请甚至可能被拒。于是，企业在制定投资和发展策略时，会将绿色发展作为核心考量因素，更倾向于选择既能保证企业盈利，又契合环境保护和绿色生态要求的项目。这一转变有利于企业获得绿色金融的支持与服务，朝着可持续发展的方向稳步前行。

绿色金融对企业生产经营活动有着明显的引导作用。绿色金融激励企业自主创新技术，推动企业优化生产方式。其对高能耗、高污染企业收取更高贷款利率，以此为经济杠杆，使企业调整经营策略，向低碳环保转型，从而降低融资成本。金融机构审查企业环境排放标准并为达标企业提供融资支持的机制，进一步增强了企业规范自身行为的动力，促使企业实现绿色生产经营。

绿色金融对缓解企业环境外部性十分关键，尤其对于高污染、高能耗企业

而言。这些企业生产时对环境造成了污染和破坏，修复成本高，且对外部环境有深远负面影响。传统政府干预手段，如经济处罚和监管措施，效果往往不好。而绿色金融把环境风险因素纳入企业融资成本，采用先进金融风险管控策略，为解决这一难题提供了有效途径。

三、加强生态环境保护，降低资源消耗

经济粗放型增长模式对自然环境有着明显的双重影响。其一，致使生态环境被严重污染与破坏，造成土地被污染、水质变差、空气变混浊、水土流失加重等情况。其二，这种增长模式对自然资源利用效率不高，从而导致大规模的资源浪费。

绿色金融对自然环境改善有着双重积极影响。其一，绿色金融凭借强化生态保护举措和提升公众意识发挥作用。当生态环境遭受严重损害与污染时，单靠国家治理，所需资金数额巨大，且难以从根源上遏制环境恶化趋势。绿色金融有独特的环保审核机制，还有政策支持，能为有助于生态保护的新技术、设备和项目提供资金。金融机构借助绿色信贷激励措施，引导社会资本流入节能环保、环境友好型企业，这既能增强企业的环保责任感，规范其行为，也能向全社会传播绿色发展理念，促使全民环保意识觉醒。其二，金融机构践行绿色管理和发展模式，可有效降低自然资源和能源的消耗。它们向融资企业和投资者积极宣传绿色发展的优势，从社会层面提高公众对环保和节约的认识。比如，有些银行推出绿色选择账户服务创新举措，通过电子账单优化服务流程，大大减少了纸张使用。金融机构的这些实际行动，对广大客户群体有深远的示范效应，能逐渐传递绿色环保价值观，让公众更加重视生态保护和资源节约，为推动人类社会可持续发展夯实了基础。

第二章　绿色金融体系构建

第一节　绿色金融体系运行机制的构建

一、设立绿色信贷与投资的专业投资机构

（一）构建中国绿色银行体系

构建中国绿色银行体系可为绿色信贷发展筑牢组织基础。该体系核心应包括绿色银行和银行内部的绿色金融业务部门，同时推出创新融资模式。这将有效提高绿色贷款的专业化水平和规模经济效应，降低资金成本，减少不良贷款比例。

绿色银行体系的构建包含三个核心要素。其一，在国家层面创建"中国生态发展银行"，发挥引领作用；其二，鼓励有条件的地区参照"中国生态发展银行"的成功模式，设立以社会资本为主导的地方绿色银行，构建区域性绿色金融支持体系；其三，在现行金融架构下，促使商业银行借鉴实践经验，设立绿色金融专门部门，致力于绿色信贷业务的拓展与实施。

现有体制难以满足绿色融资的巨大需求，新设绿色银行至少具有以下五点优势：

第一，建立国家级绿色银行，可有效彰显中国政府治理环境污染、发展绿色经济的坚定立场，增强民间资本对政策前景的信心，提升其对绿色投资项目的认可度，进而推动更多资源向绿色产业聚集。

第二，绿色银行创立伊始便采用"赤道原则"，构建专业的项目环境评估框架，从而充分发挥其在专业知识、系统和数据库方面的规模经济优势。

第三，专业化的绿色银行能更有效地设计和实施创新融资策略，如发行绿色金融债券、获取央行绿色再贷款支持。

第四，与银行的生态金融事业部相比，绿色银行独立运营时，其股权架构的灵活性更强，可吸引有志于长期从事绿色投资的社会资本入股。

第五，绿色项目与传统贷款项目相比，往往回报率更低且风险更高。不过，专注于绿色领域的银行由于具备专业的风险控制能力，在降低不良资产率方面的表现优于一般银行。

建立国家层面的绿色银行初步方案如下：

1. 性质和任务

中国生态发展银行可被定位为国家级绿色投资银行，由国务院直接管辖，是开发性金融的核心机构。其主要职责为构建稳定、长效的资金体系，高效吸纳社会资本并引导其流向国家绿色产业项目，构建包含投资约束与风险责任的机制框架来提升投资回报。该银行意在为公私合作（Public Private Partnership，简称PPP）模式下的绿色投资打造样板，推动绿色产业持续、快速、健康发展。

2. 在绿色银行体系中发挥的作用

首先，借助发行绿色债券、推行绿色资产证券化产品等主要金融工具，构建并逐步完善绿色金融交易市场体系，向该市场引入"绿色基准利率"等重要要素。其次，在信贷业务方面，积极发挥行业引领作用，制定详细的绿色产业信贷指导原则，为银团牵头行开展相关业务给予明确的指导，吸引和引导其他金融机构的资金投入绿色领域。最后，充分发挥融资功能，为绿色行业信贷融资提供技术支持与专业咨询服务，着力培养高素质的绿色信贷专业人才队伍。

3. 资金来源和筹措办法

中国生态发展银行的初始注册资本拟设为不低于1000亿元人民币，分阶段逐年充实。政府的出资份额可由财政部直接拨付，或用外汇储备注资。该银行还将吸收社保基金、保险公司等长期投资者的资金，也欢迎国际组织、外资机构和大型民营企业等多元主体参与。中国生态发展银行要成为国家级典范，借助PPP模式有效引导民间资本流入绿色产业领域。

中国生态发展银行应开展负债与多元融资渠道探索。首先，在绿色债券市场刚建立且尚不完善时，可利用中国人民银行提供的特定低息再贷款或抵押补充贷款，为生态发展银行募集资金。其次，中国生态发展银行作为有政策导向的金融机构，应致力于将其绿色债券的债信评级维持在准主权级别，从而以较低成本获取信贷资金。再次，中国生态发展银行可通过发行绿色资产支持证券化产品（资产支持证券，Asset-Backed Security，简称ABS/资产支持票据，Asset-Backed Medium-term Notes，简称ABN），把优质绿色信贷资产转化为市场融资工具，开辟另一个重要的资金来源渠道。最后，为满足潜在国际业务需求，中国生态发展银行应积极寻求海外融资，如发行国际本外币债券、获取国际商业贷款等多样化融资方式。

4. 构建事业部制的组织架构

中国生态发展银行可由"基础设施事业部""环保设备事业部""新能源事业部"以及"绿色产业投资基金"这四大部分组成。基础设施事业部着重为重大生态环境保护基础设施项目给予中长期信贷支持，其范围包括江河湖海综合治理、水利工程建设、公共交通网络优化和垃圾处理等多个方面。环保设备事业部主要致力于满足环保设备制造企业的融资需求，所涉及的有节能设备、污染控制技术、能源效率提升装备以及资源循环利用设施等。新能源事业部重点在于推动新能源产业的繁荣发展，涵盖风力发电、核能利用、太阳能应用以及新能源汽车推广等。绿色产业投资基金借助风险投资与私募股权投资途径，为处于初创期的高风险企业提供所需资金支持，以帮助其成长发展。

（二）推动绿色产业投资基金发展

绿色产业基金是引导社会资本投入绿色领域的专业平台，其资金来源对绿色信贷的不足起到了补充作用。为推动中国绿色产业基金行业健康发展，可采取如下策略：其一，政府要优化政策环境，借助提供税收优惠、资金扶持等方式，降低绿色产业基金的投资风险与运营成本。其二，强化行业监管与自律机制建设，提升基金运作的透明度和规范性，增强投资者信心。其三，鼓励金融机构与绿色产业基金合作，拓展融资渠道，增加资金来源。其四，需加强绿色产业基金的专业能力建设，提升投资分析能力、风险管理水平和绿色项目筛选能力，保障投资的高效与精准。通过这些措施，有效推动中国绿色产业基金行业蓬勃发展。

1. 建设 PPP 模式的绿色产业基金

环保产业盈利性低，这使得绿色产业基金极为依赖政府财政支持。构建将公共财政与私人资本相结合的绿色产业基金模式，对推动该领域基金发展意义重大。政府角色需根据不同绿色产业基金的特性精准确定。按投资目标划分，绿色产业基金可分为两类：一类是区域性绿色产业基金，主要投资于区域环境改善，投资范围涵盖多个行业，如生态城建设基金和流域水环境基金；另一类是专项绿色产业基金，其专注于对一个或少数几个环保行业的投资，不受地域限制，如新能源产业基金、土壤修复产业基金等。这两类基金都需要政府扶持，但政府资金的参与程度和参与层级有所不同。一般来说，具有明显地域特征的绿色产业基金，其资金筹集和投向会更多地受当地政府引导和主导。

这类基金的运行机制需要地方政府深度参与。其投资方向在设立时就已锁定为区域环境保护项目，这对当地经济产生了明显的正面外部效应，所以政府扶持是必要的，目的是构建一个政府资本与私人资本权责清晰、利益共赢、风险共担的合作框架。该基金专注于区域环保投资，区域内多元化的产业链是其投资的基础。经过精心的项目规划与设计，这些产业链能够相互支撑，有效控制风险。而对于专注于单一环保产业的绿色产业基金来说，部分产业可能已得到政府的其他优惠政策，比如新能源补贴，这对私人投资者有很大吸引力，使这些基金的市场影响力和外部效应超出地域限制。因此，地方财政资金投入比例通常较低，地方政府更多是以有限合伙人（Limited Partner，简称 LP）的身份参与，而不是作为普通合伙人（General Partner，简称 GP）直接参与基金的管理运营。

2. 认可并规范 PPP 模式绿色产业基金

PPP 模式目前多应用于单一项目，PPP 绿色产业基金则是该模式的一种新发展。要支持这一创新形式，首先要确认其 PPP 模式属性，使其能享有针对单个项目的各项优惠政策。PPP 绿色产业基金作为 PPP 领域的创新实践，自然继承了 PPP 模式的核心特性，这使其有别于传统产业基金。其中，强调合同管理与契约精神是 PPP 模式的突出特征之一。

3. 加快出台帮助环保企业上市的绿色证券政策

绿色产业基金的退出路径主要取决于环保企业的上市渠道。不过，当前我国绿色证券政策多着重于信息披露与环保审核方面的约束性条款，对绿色产业的激励措施较为欠缺，对成长中的绿色企业支持也不够到位，这在一定程度上妨碍了绿色产业基金的顺利退出。因此，我国应调整二板市场的准入条件，降低上市门槛，削减交易成本，同时，提高市场透明度，加强监管，实施严格的退市机制。

4. 发展适合中国的绿色产业基金组织形式

当前，中国绿色产业基金受既有法律法规的限制，多采用契约型、封闭式组织架构。未来，有限合伙制度可能是绿色产业基金更理想的选择。这一制度可高效整合资本与专业力量，在明确各方责任、权利与利益的基础上提高决策专业性。它既能激励和约束管理人的行为，又能减轻有限合伙人的风险与责任负担。

5. 中央和地方政府针对绿色产业基金出台相关扶持政策

产业投资基金依据不同投资领域，可细分为创业投资基金、企业并购重组基金、基础设施投资基金等类别。其中，部分专注绿色产业的基金属于基础设施投资基金范畴，这符合政策导向所鼓励的投资方向。应鼓励民间资本积极参与水利设施建设、土地综合整治、矿山地质环境修复治理，支持其进入城市污水处理、园林绿化等公共服务领域，响应国家发展战略。为有效落实政策，应进一步细化具体措施。地方政府制定执行细则时，可通过放宽市场准入条件、实行税收优惠、给予财政补贴、优化土地供应政策等方式，有力支持绿色产业基金发展。

（三）建立环境友好型对外投资机构

发展中国家有着巨大的基础设施投资需求，当前多边和区域金融架构在提供此类资金支持时却有些力不从心，这限制了这些国家经济与社会发展的速度。为应对这一挑战，亚洲基础设施投资银行、"金砖国家"新开发银行以及丝绸之路基金（以下简称"两行一金"）成立了，其目的是为发展中国家提供急需的基础设施投资，这对促进这些国家和新兴经济体的经济增长非常重要。然而，部分国家对"两行"的管理机制和透明度的未来走向存在一定误读，担心它们在未来项目采购和投资决策中可能不会严格遵守环境保护和社会公平原则。

中国在对外资本输出进程中，塑造"负责任大国"形象极为关键。中国要积极承担对外投资附带的环境与社会责任，助力发展中国家实现可持续发展，还要有效防范西方国家借此阻碍中国倡议构建新型国际金融组织。"两行一金"在国际上推动绿色投资的实践时，可参考以下策略：其一，"两行一金"能够制定并严格执行一套高水准的绿色投资准则，保证所投资项目满足环保与社会公平需求。设立专项基金或绿色债券，促使资金向低碳、环保和气候适应力强的领域流动，如可再生能源、绿色交通和生态农业等领域。其二，增强与国际金融机构和环保组织的合作,共同推进绿色金融标准的国际化与统一化。通过参加或主持国际绿色投资论坛、研讨会等活动,分享绿色投资的成功经验,同时汲取他国的先进经验,达成良性互动。其三,"两行一金"需加强对项目后续管理的监督与评估,保证绿色投资的实际成效与预期目标一致。通过构建透明的信息披露机制,定期发布绿色投资报告,向公众和利益相关者展示投资成果与环保效益。其四,重视培养绿色投资专业人才,提高团队在绿色金融领域的专业素质与创新能力。通过设立奖学金、开办培训班等形式,激励更多年轻人投身绿色投资事业,为全球的可持续发展贡献力量。

1. 加入或参照"赤道原则",建立高标准的项目环境和社会风险评估体系

"赤道原则"是金融界衡量环境与社会风险的基准,全球有 80 多家多边金融机构、商业银行以及出口信贷机构都广泛认可这一原则。"两行一金"在成立初期就应引入"赤道原则"或者其指导框架,让环境与社会风险管理贯穿项目管理的整个周期。从长远角度出发,"两行一金"应努力设定更高的标准,超越"赤道原则",从而在环境与社会风险管理领域成为典范,引领全球发展。

2. 在海外投资中须兼顾产能输出和接受国的可持续发展

"一带一路"倡议的提出和"两行一金"的成立,给中国产业界带来了积极的发展前景,被看作缓解国内产能过剩的新方式。这些创新机制必然会为中国企业的国际化进程铺路,推动国内经济增长,促进就业,强化中国长期发展的动力和潜力。不过,要清楚的是,这些机制绝不能成为中国向亚洲发展中国家转移落后或者高污染产能的渠道。在对外投资和出口时,中国企业必须谨慎,维护国家形象,并且充分考虑当地民众的福祉和长远发展。若忽视这一点,可能会损害中国与相关地区的双边关系,还可能让中国对外投资机构遭遇"声誉危机",影响其长期稳定运营。

3. 构建透明的环境信息报告体系,设定"两行"贷款里绿色与环保项目在贷款总额中的最低标准

信息披露是提升金融机构与企业社会责任意识,促使其规避污染性投资、加大绿色投资的重要机制。"两行一金"要确立严格的信息披露标准,被投资机构必须公开项目的环境与社会风险,以及为规避这些风险所采取的具体举措。此外,机构内部要设定绿色环保项目在贷款总额中的最低占比,并在年度

报告中明确披露。

4. 发行绿色债券，引导民间资本为绿色转型服务

绿色债券是一种经济高效、流通性强且风险较低的投资方式，它极大地提高了绿色项目融资的便利性，降低了融资成本，还为机构投资者和民间资本参与绿色投资开拓了新渠道。参考世界银行、国际金融公司（International Finance Corporation，简称IFC）以及亚洲开发银行的成功经验，"两行一金"能够借助发行绿色债券，有效筹集绿色基础设施建设所需的部分资金。

5. 用PPP模式等引导私营部门资金进行绿色投资

PPP模式为绿色基础设施项目融资开辟了新途径。该模式能让政府与私营部门构建风险共担、利益共享的合作关系，有效撬动公共资金，引导私营资本投入。国内外诸多成功案例都证实了PPP模式在绿色基础设施融资方面的有效性，"两行一金"可借鉴这些经验，拓展PPP模式的应用范围。

6. 在采购、设计和施工过程中充分考虑节能减排的要求

"两行一金"要求所投企业及项目执行环境友好型的采购、设计与施工管理策略。投资基础设施和其他项目时，要秉持"绿色采购"这一核心理念，优先采购对环境影响小的原材料、节能建筑等绿色产品以及工程服务等，激励供应商提高环保水平，引领社会绿色投资与消费风尚。由于"两行一金"投资项目往往规模大、资金足，其绿色采购举措有利于绿色产品和技术的发展，催生新的经济增长点。在基础设施项目设计阶段，要充分认识项目寿命长的特点，从设计开始就融入绿色经济理念，防止建成后出现高排放问题。在工程建设环节，应大力推行"绿色施工"模式，优化施工流程，以最大程度节约资源、减少环境压力，严格控制扬尘与噪声污染，同时实施节水、节能措施。

二、财政金融政策支持保障

（一）加大绿色贷款贴息力度，完善贴息机制

绿色贷款贴息是一种高效的财政工具，能以少量财政投入撬动规模远超自身的社会资本，往往可产生十几倍乃至几十倍的杠杆效应。近年来，中国不断加大对节能环保领域的投入，密集推出一系列财政政策，其中大多集中于直接补贴方面，相较而言，贴息政策的力度较弱。虽然直接补贴政策发挥了一定作

用，但其局限性也越发明显：其一，绿色发展涉及众多领域，政策出台频繁且缺乏系统性，致使政策碎片化现象严重；其二，直接对企业进行"点对点"补贴的方式不仅易滋生腐败风险，而且受政府工作人员数量与精力所限，难以全面精准把握企业的真实运营情况；其三，企业在争取直接财政补贴时，往往过于注重前期的申请环节，而忽略了项目后续的实施效果与实际成效。

为更高效地推动绿色经济发展，完善财政贴息机制至关重要。首先，要加大对绿色信贷的财政支持力度，增加贴息在节能环保财政支出中的占比，扩大绿色贷款贴息资金在财政总支出中的比例。其次，搭建一个包含财政、银行和环保部门的综合信息交流平台，保障绿色信贷与财政贴息决策顺利对接，明确各参与方的责任范围。在贴息政策上，可适当提高财政贴息率与贴息规模。现行政策大多不超过中国人民银行贷款基准利率或银行贷款利率的水平，部分政策虽有实际利率限制，但设定了3%的上限。所以，建议对绿色贷款实行以实际利率为基准的全额贴息政策。就贴息期限而言，当前中央财政贴息政策有效期普遍较短，一般不超过三年，这严重限制了政策的实施效果。因此，应根据绿色贷款的具体特性灵活调整贴息期限，取消三年的固定限制。为进一步提升效率，需明确绿色贷款贴息项目清单，简化清单内项目并加快审批流程。同时，完善相关配套措施，为放贷银行提供风险补偿机制，如财政支持的绿色贷款担保制度，引入第三方评级机构加强监督评价，依据绿色贷款的实际成果，对表现优秀的项目和银行给予额外的财政奖励。最后，可参考国际经验，像德国复兴信贷银行那样，探索由财政部门委托专业银行机构管理绿色贷款贴息事务，提高政策执行的专业性和效率。

（二）发行绿色债券

绿色债券可有效削减融资成本，为绿色信贷和投资项目提供稳定的资金源，缓和期限不匹配的状况。可考虑加快推进绿色金融债的试点发行，从而为银行绿色贷款给予有力支持。并且，要积极研究制定相关政策，以推动企业和地方政府发行绿色债券。绿色债券作为金融债券领域的创新产品，在初步推广时，能够参照中小企业专项金融债券的成功发行模式，按照国家金融监督管理总局的绿色信贷统计标准设定投资范围，借助金融机构提交审批的形式进行管理。下面针对绿色金融债券的发行给出具体的建议。

1. 明确专项债券投放边界

绿色债券是专门用于推动国内节能环保产业发展的金融工具，在资金运用时可按照绿色信贷统计范畴确定业务投放界限。在设定绿色金融债券的资金投向与发行期限时，需充分考虑各金融机构在绿色信贷领域的行业布局和期限结构特点。在绿色信贷统计制度框架下，各金融机构能根据自身发展、行业集中度等情况，灵活制定并提交绿色金融债券融资的具体实施方案。为规范市场，中国人民银行与国家金融监督管理总局可共同发文，明确界定绿色金融债内涵、发行流程以及资金运用的标准规范。

2. 提供政策支持

为推动绿色债券发行、降低相关融资成本，监管机构与财政部门需采取诸多政策激励举措。其一，对于风险成本计量精准、资本和拨备充足、绿色金融业务发展稳定的商业银行，监管部门可给予特殊认定，不将其绿色债券项下贷款计入存贷比分子，但绿色信贷中的小微企业贷款部分除外。其二，符合金融机构风险资产比例标准且拨备计提充足的金融机构，其绿色债券支持的贷款应享有 75% 的优惠风险权重及相应的资本监管宽松政策。其三，银行若投资绿色债券，其所持绿色金融债券对应的风险资产占比可减半计算。为鼓励机构投资者参与绿色金融市场，认购绿色金融债券的机构应享受与购买国债相同的利息收入免税政策。最后，为助力企业通过绿色债券融资，地方政府应设立专项基金，为企业提供部分或全额贷款贴息支持。

3. 形成跟踪评价体系

监管部门要明确绿色专项金融债券募集资金的投向与使用规范。资金应由专业机构或部门专款专用，设立专项账户，使其使用严格遵循国家金融监督管理总局的绿色信贷统计标准。同时，构建债券发行后与项目贷款发放后的综合评估机制，该机制既考量金融机构资金运用效率，又深入评估贷款项目在环保与节能方面的实际成效，以实现对绿色金融债券从发行到使用的全程严密监管、有效管理和科学评价。

4. 简化审批流程，提高发行效率

鉴于绿色金融债券募集资金专门用于节能环保这一政策扶持领域，建议优化其发行审批流程。具体而言，把现行的国家金融监督管理总局和中国人民银行串行审批机制改成并行审批模式，也就是"并联审批"。这样做是为了缩短审批周期，增加金融机构把握债券最佳发行时机的灵活性，使利率询价过程更具弹性，从而提高市场整体运行效率。

（三）建立首次公开募股（Initial Public Offering，简称 IPO）绿色通道

1. 针对绿色企业简化 IPO 审核程序，加快绿色企业上市步伐

当下，许多企业都在积极申请 IPO 审核，然而绿色企业在其中并未获得明显优势。为改变这种情况，可考虑在现有的主板、中小板、创业板排队体系之外，设立绿色企业专门的排队序列。在审核日程安排方面，每周至少安排一天专门审核绿色企业的申请。对于符合标准的绿色企业，应简化其审核流程。绿色企业一旦通过评审，就无需再进行后续排队等待批文的环节。在现行审核机制下，可以参考并购分道审核的方式，为符合条件的绿色企业开辟快速或者豁免通道。即便将来 IPO 审核制度转变为备案制，且新体系仍保留部分审批性质的环节，为绿色企业提供特殊通道也依然是有必要的。

2. 提高配套措施灵活性，适应绿色企业特殊的融资需求

增强绿色企业上市募资项目的适配性。绿色企业大多属于重资产领域，对流动资金需求较大，因此在绿色企业上市时，应合理调整募资用途，适当提高补充运营资金或偿还银行贷款的份额及灵活性。此外，要探索新三板绿色企业向主板、中小板或创业板直接转板的路径和标准。新三板虽已初步确定转板原则，但具体实施规则和机制仍不完善，目前转板仍需按照 IPO 常规流程进行。所以，建议优先让符合条件的新三板绿色企业开展转板试点，通过实践推动机制优化。

三、建立和完善金融基础设施建设

（一）建立绿色交易和排污权交易市场

绿色交易和排污权交易市场是重要的金融架构，目的在于有效降低减排成本、提高减排效率。

1. 绿色排放权交易市场建设

优化制度框架与评估体系是首要任务。应组建跨领域的顶层设计团队，成员包括政府部门、学术界、交易机构、独立第三方以及各试点市场代表，并施行周期性评估机制，从而迭代优化顶层设计。其次，要增强绿色交易规范的法

制效力，提高违规成本以保障合规性。同时，严格落实信息披露制度，提升市场透明度，为政策提供长期稳定性并明确市场预期。还应重视政策间的协同整合，例如与节能减排、新能源发展等政策紧密衔接，防止政策冲突，在机制设计上注重互补效应，构建一套协同推动绿色转型的政策体系。

2. 建立"自上而下"和"自下而上"的双重发展路径

其一，构建由顶层驱动的绿色市场机制。国家发展和改革委员会从国家层面构建了一套完整体系，包含减排目标设定、履约管理、量化报告与核查机制、市场运营架构以及监管框架等内容，目的在于确立统一的市场规范，从而为市场参与者在新制度环境下开展交易给予引导。其二，推动自底层自发的绿色市场发展。此模式给予地方绿色市场更多自主权利，如与非试点区域建立联系、逐步融入国家绿色市场体系、自行决定配额分配方案以及灵活使用拍卖所得资金等，进而推动绿色市场朝着多元化方向发展并增添活力。

3. 提高排放数据质量

排放数据首先要保证精确性，这需要全国同一行业遵循统一的监测、报告、核查（Monitoring，Reporting and Verifying，简称 MRV）标准，并且逐步推动这些标准得到国际认可，与国际接轨。其次，数据的可靠性非常关键，必须杜绝 MRV 过程中的不正当行为，如控排企业瞒报或谎报数据、第三方机构庇护以及监管机构权力寻租等。另外，排放数据的透明度不能被忽视，因为它是绿色市场交易的核心依据，企业应公开自身的排放数据以接受社会监督，这样才能维护市场的公开、公平和公正。应当适时建立独立的第三方机构，负责排放数据的统计与登记工作。

4. 设置具有充足弹性的总量

运用抵消机制时需谨慎。要综合考量市场总体规模、减排目标和市场预期，合理调控抵消比例与减排量计入周期。结合产业结构优化与区域生态补偿政策，逐步放宽抵消项目类别及其来源地的限制条件。还应构建应对极端情况的防御体系。常规状态下，持续缩减市场总量（或增量），营造资源稀缺环境来激励交易活动。而且，要预先制定应对经济过热或衰退的应急措施，借鉴中央银行公开市场操作策略，成立市场稳定基金并确立拍卖机制，有效平抑需求量的剧烈波动。

5. 采取灵活的配额分配方法

在分配机制方面，首先要灵活运用免费分配策略，将历史法和基准法相结合，根据不同发展阶段和行业特性加以组合调整。其次，逐步推行有偿拍卖制度，在初始阶段对部分配额实行有偿拍卖，之后逐步扩大拍卖范围，直至所有配额都通过有偿方式取得。再者，配额发放应秉持适度从紧的原则，政府要预留部分配额作为储备，以应对市场波动。当市场配额供应紧张时，政府可出售储备配额来缓解压力；当市场配额过剩时，政府则可以购买并注销配额，从而起到类似市场稳定基金的调节作用。

6. 多手段提升二级市场流动性

首先，要增加交易产品的种类，重点推动大宗交易（协议交易）大力发展。其次，要优化交易机制，准许绿色交易平台运用集中交易模式与持续挂牌交易制度，提高市场的流动性。最后，要积极培育做市商体系，鼓励其为控排企业提供专业的交易服务，并且适时放宽对个人投资者的市场准入限制。

7. 关于排污权有偿使用和交易制度建设

排污权有偿使用与交易制度的构建，是中国环境资源管理领域一次深度且根本性的机制创新与制度变革，作为生态文明制度体系的重要部分，担负着推动绿色发展的重要任务。

对排放权有偿使用和交易制度建设的具体建议如下：

第一，在重点流域和大气污染重点区域，可考虑推行跨行政区域的排污权交易机制。以京津冀等空气污染严重地区为例，该区域内各省市发展水平不同，大气污染防治能力和成本有别，相同资金投入在不同地区取得的污染减排效果也不一样。为优化资金配置，实现污染减排效益的最大化，应探索区域内排污权交易，设立区域污染联防联控基金，重点支持减排效果显著的措施和项目。这一策略在流域水污染控制领域同样适用，通过跨区域合作提高整体污染治理效率。

第二，设立污染减排专项基金，引导社会资本加大环保投资。按照《国务院办公厅关于进一步推进排污权有偿使用和交易试点工作的指导意见》相关规定，地方环境保护部门根据污染源管理权限征收排污权使用费，全部上缴地方国库，纳入地方财政预算管理。排污权出让收入将统一用于污染防治项目。若将这部分资金用于环保项目贴息，或作为启动资金注入社会资本参与的污染减排基金，会明显提高社会资本在环保领域的投资积极性。

第三，构建一套与环境承载力相适配的污染排放总量定期评估与调整体系。该体系以促进环境质量优化为目标，促使排污总量在未来逐步减少。根据环境承载力合理调节排污总量，既能推动整体环境质量不断好转，又能提升排污权的稀缺性，提高企业对排污权价值的认识，从而推动排污权市场活跃交易。

第四，构建国家级排污权交易管理体系并增强信息透明度。要建立一个全国性的排污交易信息管理平台，为各地试点项目与跨区域排污权交易提供包含技术支持和政策对话功能的综合性平台。该平台应包括污染源综合数据库构建、建设项目主要污染物排放总量指标管理体系以及排污权有偿使用费用征收与管理系统，以实现对排污权交易活动的全面监管和高效管理。资金上，应以省级和市级财政拨款为主，国家配套资金为辅，推动省级和市级交易平台的建设和完善。为保证信息公开透明，应实时发布企业排污权有偿使用核定数量、费用征收情况、交易情况和交易价格等关键信息。对超出排污权排放或在交易中存在欺诈行为的排污单位，应及时向社会公开，让公众能及时了解试点工作的最新情况，推动社会广泛监督和参与。

第五，健全排污执法与监测管理体系，提高违法成本。强化排污交易审批与许可流程，加大监督检查与行政处罚力度，让污染企业及超量排放行为付出更高的违法成本。同时，重点建设污染源基础数据库信息平台、排放指标有偿分配系统、污染源排放量监测核定体系以及排放交易账户管理平台，达成全方位、精细化管理。推行企业污染物排放台账管理制度，保证所有参与有偿分配与排污交易体系的污染源都能得到有效监管。这有助于从源头上防止排污权交易政策机制出现漏洞，保证各类污染物排放处于严格监控之下。

（二）建立绿色评级体系

构建绿色评价与信用体系是绿色金融发展的基础性任务。对项目和融资企业开展绿色评级，并将评价纳入信用信息系统，可更精准地量化其环境外部性的正负效应，为政府制定财政补贴、处罚措施，以及银行调整贴息、信贷和债券融资成本等策略提供数据支持。具体而言，获得绿色评级的企业和项目，能依据其评价等级，在申请银行贷款、发行债券融资和争取政府贴息时，享受相应级别的融资成本优惠，从而激励其实施绿色投资行为，抑制对污染性项目的投资。

当前，中国银行内部评级与第三方评级机构在评估融资主体或项目时，对于污染影响、生态效应和资源可持续利用等绿色要素的考量，都缺少统一且具有可比性的评价准则与方法框架。而且，绿色征信体系尚未完善，缺乏全面性、连续性和专业性，这在一定程度上妨碍了绿色项目融资信用风险评估工作的大规模、有序开展。

1. 确定绿色评级标准与方法

探究绿色要素对政府和企业信用评级的作用机制与影响幅度时，要精心挑选评估指标并合理确定其权重，从而优化现有的评级体系。参考原中国银行保险监督管理委员会发布的《绿色信贷指引》，开始研发一套针对绿色信贷与债券的专门评级准则。

2. 尽快设立绿色评级试点

在绿色信贷方面，应在商业银行与政策性银行推广统一且可比的绿色评级标准。对于绿色债券，要依靠第三方评级机构构建包含传统与绿色双重评价维度的评级体系。鉴于现有评级体系转型需要时间，对于传统债权融资项目，可以在保持原有评级结果的同时，加入绿色因子或进行绿色加权处理，得到附加的绿色评级结果，作为双评级的初步尝试。这一过程需要明确实施的具体范围、分阶段实施计划，研究适用的评级标准与方法，深入探讨合理的收费框架和商业模式。同时，要推动中国人民银行征信中心构建绿色征信系统，该系统将包含违约与环境违法记录，还会首次纳入借款主体的绿色评级信息，以全面反映其绿色信用状况。

3. 推动绿色评级结果的运用

绿色评级结果应用广泛，涉及诸多方面。其一，银行信贷部门可根据绿色评级结果决定绿色信贷的发放以及风险定价水平。其二，财政部门及其合作银行能够利用绿色评级结果，为绿色债券制定税收优惠政策，对绿色贷款给予利息补贴。其三，财政部门参考绿色评级结果，为绿色债券投资者提供免税优惠。其四，生态环境部门在确定对企业排污的处罚措施时，会参考绿色评级结果。其五，由政府或非政府组织设立的生态保护基金将绿色评级当作重要指标，为符合绿色标准的企业提供资金支持。

（三）建立绿色股票指数

在中国股票指数构成里，重工业企业，特别是高耗能、高污染企业占比较高。很多基金与机构投资者进行被动投资时，通常会按照指数构成，将不少资金投入污染性行业。国际上，构建和推广绿色股票指数（绿色企业占比较高的指数）是促使机构投资者提高绿色投资比重的有效方式。但中国在绿色、可持续指数及投资的构建和推广方面还处于起步阶段，影响力较小。为加快绿色指数的研发与应用，可以考虑采取以下策略：

1. 借鉴国际经验，推进绿色股票指数发展创新

国外绿色投资起步早，已构建起一系列完善的评价体系与指数编制技术。国内相关机构可积极借鉴国际经验，发布更多关注绿色与可持续性的股票指数，推动相应投资产品的市场开发与推广。其间，交易所和指数公司要发挥平台功能，支持可持续指数的发布与信息公开。国内指数编制机构应与国际知名指数机构深入合作，引入先进经验和研究成果，加快构建和完善我国绿色指数体系。此外，要激励财富管理机构和中介组织加大绿色指数研发力度，共同推动绿色投资领域发展。

2. 完善社会责任信息披露机制，强化绿色指数的表征性

目前，国内绿色指数的影响力还比较弱，这与上市公司环境及可持续发展信息披露不足、指数编制方法缺乏针对性有很大关系。境外指数机构在实践中有不少经验值得借鉴，它们的数据采集渠道广泛，既包括公司官方信息披露、公共信息资源，也通过问卷调查、直接沟通等深入了解情况，还会引入第三方审验来保证数据的准确与全面。所以，要提高绿色指数的影响力，就要完善上市公司环境与可持续发展信息披露制度，并且积极促使非营利性研究机构和第三方机构客观披露企业可持续表现并进行评级，这些评估结果能够成为绿色指数构建和绿色投资产品研发过程中的重要筛选依据。

3. 积极推动机构投资者开展绿色指数的投资应用

绿色投资产品的蓬勃发展，离不开机构投资者的积极参与。从海外市场来看，养老基金已成为绿色投资领域的核心力量之一。要进一步发展这一领域，就应鼓励大型投资机构更多地采用绿色指数，借此将绿色投资理念深入植入市场，进而推动绿色投资产品的发展和繁荣。

4. 鼓励资产管理机构开发多种绿色可持续投资产品

资产管理机构要借鉴绿色指数，积极开拓绿色产业基金、可持续投资基金和道德责任基金等多种主题基金。在基金管理方式方面，除了保持公募基金的传统优势，还应大力推广集合理财和专户理财等多样化的绿色投资工具。尤其是专户理财，因其定制化的特性，能更好地符合客户的价值观与投资偏好。

（四）建立绿色数据库

目前，中国核算体系在评估项目和企业运营的环境成本时存在很大局限，这些成本在投资决策、商业战略和政策制定中常常被严重忽视。由于未来环境政策可能大幅提高排污费和环境违规成本，建立一个能准确核算企业环境成本的机制，对帮助企业和投资者进行风险管理、推动环境保护发展非常重要。国际上有大量环境成本估算框架和实践经验，为中国建立和应用自己的环境成本评估体系提供了有价值的参考和借鉴。

1. 加快构建企业环境成本评估体系

目前，中国还没有一个被广泛认同的环境成本核算框架，所以生态环境部应该主导构建标准化的企业环境成本评估体系。该体系要包含环境负荷信息收集机制以及相应经济成本的估算流程。为使评估体系具有普遍适用性，数据采集要与现行统计标准和信息披露惯例相契合。由于国内已经实施了环境影响评价、上市公司环境信息披露等多项制度，在构建体系时要充分利用这些现有机制，优先采用环境监测数据和企业公开报告中的相关信息来评估。在确定单位环境负荷的经济成本时，可以考虑以下途径：一是参考排放权交易市场中污染物的交易价格；二是依据地方环保税费政策；三是借鉴公开研究中关于环境影响货币化评估的结论，如人体健康损害成本估算；四是基于环境治理成本进行核算。每种方法都有特定的局限性，实际应用时要结合具体情况灵活调整，从而合理确定单位环境负荷的经济成本。

2. 构建公益性的企业环境成本数据库

构建企业环境成本数据库的目的在于全面整合与高效管理企业环境成本数据。该数据库有着强大的信息存储功能，并且借助在线服务平台，为投资者、政策制定者以及研究机构提供方便的数据分析支持。目前，国外同类数据库大多采用商业化运营模式，用户需支付高额费用才可访问，这对我国环保意识较薄弱、资金投入有限的投资机构来说，是一种额外负担，加大了其进行环境投资分析的难度。基于此，建议由生态环境部联合金融业学会或协会，发起并资助一个公益性质的企业环境成本数据库建设项目。这个数据库将以非营利为宗旨，依靠公益资金支持，尽可能以最经济的方式向广大投资者开放。这会大大提高环境数据的可获取性，有效减轻投资机构和科研机构开展项目环境评估时的经济压力，进而推动环保理念的普及和实践。

3. 逐步丰富数据库的信息

在初步阶段，可先在数据易获取的上市公司与重点排污企业开展评估工作。汇集它们公开的环境数据，如企业社会责任报告中的相关信息，以获取环境成本核算的基础资料，如污染物类型、排放数量、当地排污费用标准等，进而算出这些企业的环境成本。环境信息透明度要求不断提高时，数据库会逐步扩展，涵盖更多企业。

4. 应用环境成本核算开展投资管理

政府可指示有政府背景的投资实体和基金管理公司，在中央与地方的政府采购流程、地方建设项目招投标活动等投资决策过程中，把环境成本分析作为必要环节。公募基金在投资决策时，要系统地考虑环境成本，将其作为重要决策依据。同时，政府应鼓励私募基金探索运用环境成本核算体系，增强环境风险管理能力。还应将环境成本核算机制纳入环境影响评估体系、企业环境管理体系和排污许可制度等，使其成为一种综合性评估工具。

（五）构建绿色投资者网络

在全球范围内，绿色投资者网络在促进自发性绿色投资实践、普及绿色投资理念与策略、提升绿色投资领域专业能力和推动政策革新等方面发挥着关键作用。因其重要性，中国也应积极推动有影响力的机构投资者合作创建中国绿色投资者网络，从而在国内更好地推进这一积极变革。

绿色投资者网络有着多重关键作用。它引导机构投资者在投资决策时纳入环境考量，参照并优化联合国负责任投资原则组织（The United Nations Supported Principles for Responsible Investment，简称 UNPRI）提出的环境、社会和公司治理（Environmental，Social and Governance，简称 ESG）框架，使其更契合中国投资者的实际需求。此外，该网络推动上市公司及其他被投资实体积极承担社会责任，强化其信息透明度建设。同时，它影响政府政策走向，倡导实施强制性环境信息披露等举措。该网络还负责研发与推广绿色投资策略与知识，提高公众对绿色消费的认知。

金融行业中具有政府背景的协会和极具影响力的机构投资者共同倡议并组建了绿色投资者联盟。政府支持的金融业协会与大型机构投资者共同倡议构建绿色投资者网络，这会极大地提升该网络的权威性与影响力。如联合国发起的"联合国环境规划署金融行动机构"和"负责任投资原则"项目，凭借联合国的全球影响力、号召力以及先进技术支撑体系，有效地推动了绿色投资者网络的发展。所以，要积极促使大型政策性银行、商业银行、保险公司、证券公司、基金公司、全国社保基金、地方养老基金、汇金公司、丝路基金等机构成为绿色投资者网络的核心创建成员。这些机构积极参与，既能起到强有力的引领作用，又能引发更广泛的行业响应。地方政府管理的企业和融资平台也应被纳入绿色投资者网络。地方企业加入其中，既能加深对绿色发展理念的理解与实践，又能增强绿色投资评估能力，拓宽绿色融资渠道，为绿色经济发展做出重要贡献。

1. 开展绿色投资政策研讨并建立试点

可借助网络平台开展关于相关政策的深入研讨和广泛意见征集活动，同时选择网络中的投资机构作为试点，首先实行相关政策，积极探索绿色投融资模式的创新实践和应用路径。

2. 推动绿色投资和绿色消费教育的能力建设

当前，国内许多投资机构对环保责任的认识还不够充分，尤其在绿色投资对生态文明建设的推动作用方面缺乏深入理解。在实际运营中，这些机构没有全面开展环境风险评估、环保尽职调查以及投资环境效益分析等重要环节，所以缺乏一套有效支撑绿色投资管理的工具系统。

绿色投资者网络在绿色投资教育领域起着关键作用。其活动包括创建并推广评估投资项目环境影响的方法体系、帮助构建绿色投资数据库、为投资者提供专业培训课程、推动投资信息的交流共享以及策划相关研讨会等。

绿色投资者网络在提升绿色消费意识方面发挥了关键作用。其可引导消费者偏好发生转变，进而增强绿色产品需求与市场议价能力。具体而言，该网络可开展环保责任教育项目，向消费者传递企业环保实践信息，大力推广绿色项目和产品，以提高公众对这些产品的认知和市场需求。此外，还可借助公众舆论对非环保消费行为进行负面评价，推动绿色消费的普及。

四、建立和完善法律基础

（一）建立绿色保险制度

绿色保险是一种风险治理的市场机制，能有效推动环境污染风险的防范与转移，还可为风险损失给予必要补偿。强制高环境风险企业参与环境污染责任保险（即绿色保险），可使潜在污染成本明晰化，从而限制股东对高风险环境项目的投资意向。结合国际实践与中国国情，可采取如下策略：

1. 构建并完善相关法律法规体系，加强执法力度

在法律体系里，首要之事是明确界定环境事故责任方的赔偿责任。按照国际通行做法，这种赔偿应包括人员伤亡补偿、财产损失赔偿、生态环境恢复成本以及相关的评估费用。其次，要加强对环境违法者的法律追责机制，从单一的行政处罚模式转变为多元化的责任追究方式，包括刑事和民事方面。必须通过强化立法和严格执法来落实责任追究制度，让违法者深切体会到法律的威严以及赔偿执行的强制性，进而自觉意识到预防环境污染风险的重要性。同时，建议推行环境污染责任保险与排污许可挂钩政策，对参保企业给予排污费减免或者用排污费抵扣部分保险费用的激励。

2. 构建专业的风险评估体系和损失界定准则

确立环境污染责任保险制度的核心技术要素为明确环境污染风险评估准则与损害赔偿标准。持续完善这些标准，可提高保险定价的精准性，让保险费率与赔偿机制更细致合理，从而借助保险机制使社会分担"环境成本"，达成差异化负担。可联合环境保护部门与专业社会机构构建涵盖环境污染风险评估、事故现场勘查、损失确定和责任界定的综合机制。同时，制定详尽的环境污染事故损失核算标准与操作指南，为理赔流程提供明确依据，保证其规范有序。还应扶持独立的第三方评估机构发展，以非官方力量介入污染方与受害方的纠纷调解，提升风险损失评估的公平性与客观性。

3. 把企业环境信用评级与保费补贴等优惠政策关联起来

根据《企业环境信用等级评价办法》，全面开展企业环境信用评价工作，为环境污染责任保险的实施构建稳固的数据基础。借助中国人民银行征信中心建立企业环境信用数据库，整合企业环境信用基本信息与等级评价内容，并向保险公司开放，助力其精准确定保险费用。为激励企业加强环保管理、实现达标排放，规定达到特定信用标准的企业才能享受相关优惠，促使企业积极提升环保治理水平。具体来讲，按照企业环境信用评级的差异实行差异化的保费补贴策略。同时，把企业投保环境污染责任保险及其理赔记录纳入环境信用数据库，为环境污染责任保险和其他绿色金融服务的有效衔接提供信息支持。

4. 构建环境污染责任保险与绿色信贷等金融服务联动机制

在"两高"企业名录里，企业能否获取绿色金融服务支持，与是否投保

环境污染责任保险直接相关，由此构建起"绿色金融服务附属于环境污染风险保障"的体系。企业申请绿色信贷或者发行绿色债券时，需符合环境评价标准且投保环境污染责任保险。这种联动模式把绿色保险和绿色金融紧密联系起来，目的在于激励有融资需求的企业加大环保投资力度，推动绿色转型。此外，该机制也为金融机构在"两高"项目融资中可能面临的环境法律责任提供了分担渠道，还能借助市场机制有效抑制高污染行业的无序扩张和低水平重复建设。

（二）强制要求上市公司和债券发行公司披露环境信息

国际经验表明，推动上市公司和债券发行企业公开环境信息，是一种高效且无需财政投入的策略，有助于提升企业的社会责任意识、优化环境表现，还能引导投资者规避污染投资、增加绿色投资。

1. 由证监会和证券交易所制定强制披露规定

中国证券监督管理委员会和证券交易所应认识到公司环境信息的核心性，将其列为公司信息披露的必要元素，构建有约束力的环境信息披露制度。具体来说，证券监管部门可凭借信息披露管理办法与定期报告编制标准，交易所则可利用上市规则和专门的社会责任报告指南，明确企业在定期报告和临时报告里可持续性信息的披露责任。

2. 强制要求上市公司和发债公司定量披露

上市公司和债券发行企业要遵循生态环境部门规定的环境信息披露基本准则与核心内容，并且必须公开与公司经营业绩密切相关的环境数据。监管机构或证券交易所应制定严格标准，强制这些公司定量披露关键环境信息，以提升信息披露的实质价值，减少空洞表述，增强信息的量化和可对比性，方便市场参与者和其他利益相关者有效利用这些数据。环境信息强制披露可分阶段进行：开始阶段，针对重点排污企业、特定类型的上市公司以及发行绿色债券的金融机构或企业设定强制披露义务；之后，逐步把强制披露范围扩大到所有上市公司和债券发行企业。

3. 发挥中介机构的评价、监督、引导和激励作用

为增强环境责任和透明度，需激励中介机构对上市公司与债券发行企业的环境信用和信息披露开展第三方验证与评估工作，对环境绩效差、披露不充分

的企业进行曝光，从而实施有效的监管与制约。鉴于环境信息包括法定披露和自愿公开两部分，对于自愿公开部分，中介机构可凭借最优披露范例加以引导，提供必要的技术支持，推动更全面的环境信息公开。

加大环境信息披露协同监管与执法力度。证券监管机构、行业自律组织和生态环境保护部门要加强信息交流与合作。对于上市公司和债券发行企业，需严格控制其环境信息披露质量，重点关注信息的时效性、准确性和横向可比性。对违反环境信息披露相关法规的行为，应实施明确的惩戒机制，包括责令限期整改、公开谴责、处以罚金，甚至退市处理等严厉措施。

（三）确立银行环境法律责任

在发达国家，商业银行若为污染项目融资进而引发环境损害，将承担法律风险。这种风险能有效制约金融机构，使得商业银行和其他贷款机构在投融资决策时必须考虑环境因素。我国现行的环境立法与金融立法却未明确商业银行的环境法律责任，这致使部分商业银行或是追求高回报，或是受到各方压力，过度投资污染行业。为改变这种状况，提高商业银行的环境意识与责任感，现提出几点建议：一是完善相关法律法规，明确商业银行在环境保护方面的法律责任，促使其在投融资活动中严格遵循环保要求；二是加强监管，严惩违反环保规定的商业银行，以警示和纠正其不当行为；三是鼓励商业银行建立内部环保管理机制，将环境风险评估纳入信贷审批流程，从源头上防范环境风险；四是通过政策引导和市场机制，激励商业银行增加绿色产业投资，推动其向可持续发展转型。

第一，要增强商业银行的环境保护责任意识，就必须修订《商业银行法》。要通过法律条文明确规定，商业银行在投资项目时，需对环境影响进行审查。修订内容应详细说明商业银行承担环境法律责任的具体情况，明确归责原则，确定责任方式，并设置合理的责任限度，进而构建完整、清晰的环境法律责任体系。

第二，要强化监管效能就必须制定配套细则。《商业银行法》只能对商业银行的环境法律责任做原则性阐述，基于此，原中国银行保险监督管理委员会和中国人民银行应按照修订后的法律框架，联合发布具体实施条例。这些条例的目的在于明确指导和监督商业银行在贷款审批与发放时履行环境审慎审查职责。

第三，强化环保执法部门对商业银行的法律追责能力。要使商业银行环境法律责任制度得到有效执行，就需要提高地方生态环境部门的自主性。具体来说，建议赋予中央和各级环保执法机构一项新的职权：在发生环境污染事件、出现环境损害或者面临重大环境风险时，这些机构能够代表本区域公众的环境利益，对实际污染者和有过失的商业银行提起法律诉讼。

第二节　绿色金融体系制度安排

一、绿色金融体系中的货币政策选择

（一）货币政策工具影响绿色金融发展的原理

1. 一般性货币政策的作用路径

货币政策是一种关键的调控工具，可有效调节货币供应量与信用规模，对绿色金融的运行有着深远影响。其主要包含法定存款准备金政策、再贴现政策和公开市场操作，这三项共同组成了货币政策的"基本支柱"。

（1）差异法定存款准备金政策对绿色金融进步的促进

差异化存款准备金政策是中国人民银行针对商业银行与其他储蓄机构施行的一种策略，其核心是按特定标准对存款准备金要求予以区分性调整。该政策通过设定不同缴存比例，直接作用于商业银行的超额准备金水平，以此引导绿色金融发展方向。例如"赤道银行"，由于适用较低的存款准备金率，可积累更多超额准备金，增强派生存款潜力，也就是提升提供绿色金融服务的能力。这一举措也是一种政策信号，能促使商业银行采用"赤道原则"，加快向绿色经营模式转型。

差异法定存款准备金政策属于货币政策工具，其显著特点是可大规模调整货币供应量，从而有效调控商业银行的信贷扩张能力。这一政策实施效果迅速且明显，不过也有局限性，即不宜频繁运用，调整不够灵活。

（2）再贴现政策对绿色金融发展的支持与告示

再贴现是商业银行等金融机构为提前获取资金，把贴现得来的未到期商业票据转让给中央银行以得到资金支持的一种方式。目前，中国实施的再贴现政策对"绿色信贷"发展提供了有力支持。再贴现政策作为中央银行的货币政策工具之一，通过购买商业银行等金融机构持有的商业票据并投放货币，来调节货币总量。对商业银行来说，再贴现是解决融资困难的一种方法。再贴现本质上是一种证券转让关系。中国人民银行运用再贴现政策，根据信贷资金供需情况调整再贴现利率，从而介入市场利率并影响货币市场供需，成为调节市场货币供应量的一种金融调控手段。从宏观经济影响方面看，再贴现政策具有辅助和引导双重特性。从再贴现业务发展历程来看，该政策有五大职能：

第一，金融机构通过向中央银行办理再贴现可实现资金融通，这一功能较为基础且原始。表面上，再贴现与中央银行的再贷款操作类似，但二者本质和实现机制不同。再贷款是中央银行直接调控金融市场的手段，重点在于解决金融机构短期资本缺口。再贴现则是重要的货币政策工具，其以已贴现的商业票据为核心开展运作。随着票据市场不断成熟，再贴现的应用范围持续扩大，成效也更加显著。

第二，货币政策的信息传递功能在再贴现政策里非常突出，对公众预期有着深刻影响。再贴现政策的关键机制是调整再贴现率，这种调整实际是中央银行对经济状况评估和政策导向的信号传递。中央银行公布再贴现率的调整情况，就是在向市场表明其货币政策态度，这会影响商业银行的信贷规模，从而调控货币供应量，最终引导市场利率变化。具体来说，中央银行上调再贴现率时，往往被看作实行紧缩性货币政策的信号，这会使商业银行减少贷款发放，进而抑制企业借款和消费。反之，中央银行下调再贴现率，则意味着实施扩张性货币政策，会鼓励商业银行扩大贷款规模，刺激企业增加信贷、提高产量，带动整个行业信用提升。再贴现政策是国家货币政策调控的重要手段，在西方发达国家应用广泛且效果良好。这些国家灵活调整再贴现率，既有效控制了货币供应量，又深刻影响了市场利率水平，引导社会经济行为按预期方向调整。

第三，再贴现政策具有间接宏观调控职能。在金融体制改革进程中，宏观调控从直接模式向间接模式转变，再贴现政策也随之逐步发展起来。与其他货币政策工具相比，再贴现政策在协调货币供应量和利率调整上有着独特的优势。中国人民银行对再贴现总额进行管理，并且适时调整再贴现率，如此一来，既能有效调节货币供应量，又能精准控制利率水平。这一政策机制能让商业银行灵活调整信贷业务，从而引导市场利率朝着预期的方向变动。

第四，推动商业信用票据化进程，在一定程度上彰显了中国再贴现政策的独特性。完善的票据市场是再贴现政策成熟的体现，而高效有力的再贴现政策也能反向推动市场进一步发展。中国人民银行开展再贴现操作，向市场注入信用资源，商业银行可借助再贴现机制缓解资金压力，进而提高开展票据贴现业务的积极性。随着票面贴现业务的快速增加，会进一步推动商业活动中的票据应用，促使商业信用向票据化转型。

提升中国金融体系资本运作效率、增强借贷资本管理能力是当前改革的关键。针对现存问题，在金融操作中增加贴现与再贴现业务占比，构建银行与企业间牢固的借贷关系，对化解银行不良信贷资产很重要。首先，贴现与再贴现业务基于真实商品交易的合法票据，银行资金的发放与回收同商业贷款回收紧密相关，能保障借贷资本稳定运作，实现借贷规模适度扩张。其次，国内贴现期限一般为120天，相比其他银行贷款，再贴现期限短，这有助于缩减信贷规模，提高信贷资金使用效率和质量。再次，随着再贴现业务增加，中央银行对商业银行的再贷款需求会减少。所以，再贴现政策在加速资本流转、提升借贷资本管理水平上作用显著。中央银行灵活调整再贴现率并严格把控再贴现申请资格，就能有效调控商业银行等货币存储机构从中国人民银行获取再贴现贷款的规模，从而精准调节绿色信贷供应量，推动绿色金融稳健发展。

第五，中央银行的再贴现政策对调节货币供应总量至关重要，且能通过两种机制有效调整信贷结构，使其与产业政策更好地协同。其一，中央银行设定贴现资格标准来明确再贴现票据种类，从而引导商业银行的资金配置方向。其二，中央银行实行差异化的再贴现率，以此精准调控再贴现数量，实现对货币供应结构的精细管理。在推动绿色经济发展方面，中央银行可积极行动，例如优先为节能环保产业票据提供再贴现服务，或者限制高污染、高能耗、高排放产业的票据贴现，从而引导资本流向绿色产业，为绿色经济提供有力的金融支持。并且，中央银行若为绿色产业设置更优惠的再贴现率，就能降低其融资成本，推动其稳健快速发展。再贴现政策还有宣示效应，它向市场传递货币政策支持绿色发展的明确信号，影响公众预期，吸引更多社会资本投入绿色产业，共同推动绿色转型。虽然再贴现政策已成为中央银行调节信贷结构、引导资金流向的有效方式，但其实施效果受一定条件限制。中央银行能确定再贴现率结构和票据种类，却不能强制商业银行借款。随着金融市场不断深化，商业银行等金融机构融资渠道日益丰富，中央银行运用再贴现政策时，往往只能被动等待借款者申请。与公开市场业务相比，再贴现政策的调控效果不确定性更强，再贴现率不宜频繁变动，缺乏灵活性，这在一定程度上限制了再贴现政策效能的充分发挥。

（3）公开市场操作对绿色金融环境的维稳功能

公开市场操作是人民银行的一种重要手段，人民银行借此在金融市场买卖有价证券，从而对商业银行等金融机构的准备金水平予以调节，间接管控市场资金供应量与利率水平，达成货币政策目标。和再贴现政策、法定存款准备金率调整相较，公开市场操作在直接激励绿色金融或者推动绿色发展方面，效力略显不足。不过，作为被诸多国家央行广泛运用的货币政策工具，它可以为绿色经济的稳定增长构建稳定的金融生态环境。

2. 选择性货币政策工具的运作路径

选择性货币政策是中国人民银行用于在特定经济领域对非传统信贷活动进行信用调节的一系列工具，包括消费信用调控、证券市场信用监管等多个方面。该政策对绿色产业及绿色产品实施有利的信用激励措施，可有效推动绿色经济的增长与发展。

（1）以消费者信用控制引导绿色的消费模式

中央银行可通过调控除不动产外的耐用消费品销售融资，有效引导消费者的消费模式。绿色金融与绿色经济联系紧密，而绿色消费是绿色经济在消费层面的直接体现。绿色经济和绿色消费观相互促进，前者推动后者的形成，后者促进前者的发展。绿色消费观包含的价值评判和主观倾向，既影响消费者的购买偏好和选择范围，也制约其实际购买行为。绿色消费方式在生活各方面广泛存在。在中国当前的经济社会状况下，广义的绿色消费模式包含五个主要层面：一是"恒温消费"，即在消费时将温室气体排放降到最低；二是"经济消费"，即重视资源和能源消耗的最小化与经济性；三是"安全消费"，即使消费结果对消费者自身和环境的危害最小；四是"可持续消费"，即减少对人类可持续发展的负面影响；五是"新领域消费"，即提倡转向新能源消费，鼓励新绿色技术研发、绿色产品创新和新消费领域开拓，以推动经济转型，形成生产力发展新趋势，将拓展生产者就业途径、提升生产工具能效和增加生产对象新价值作为衡量依据。

推动绿色消费模式发展可从四个方面着手。第一，调整耐用消费品贷款购买的首付政策，设置较高的首付款比例，以有效抑制过度消费，减少资源密集和破坏环境的"大量生产、大量消费、大量废弃"的消费模式。第二，管控消费信贷的最长还款期限，缩短还款期限可进一步约束超前消费行为。第三，界定分期支付购物借贷的适用范围，明确哪些耐用消费品可分期付款购买，哪些不可，从而引导消费者做出更环保的选择。第四，构建并优化绿色标识体系，借助明确的标识引导消费者识别并选购环保产品。

（2）以证券市场信用控制推动绿色证券的发展

证券市场保证金制度，也叫保证金要求（Margin Requirements），是中国人民银行针对有价股票交易制定的一项规定。它明确了交易者应缴纳的保证金数额，进而对借款购买有价股票的比例进行调控。该制度运用多种方式限制股票交易平台的借贷规模。其被称为保证金制度，是由于其规定了购买有价证券时所需支付的"保证金"比例。举例来说，若保证金比例为60%，投资者购买证券时就要支付60%的现金，其余40%可向经纪人借款筹集。

这一制度在推动绿色证券业发展方面有应用的潜力，为绿色证券或绿色基金设置较低的保证金标准，能有效满足绿色股票平台的资金需求，稳定其市场价格，优化借贷交易结构，引导资本流向绿色证券和绿色基金领域，间接促进绿色产业蓬勃发展。

（3）以差异化的不动产信用调控促进房地产行业绿色转型

不动产信用调控是中央银行对商业银行及其他金融机构房地产抵押贷款业务实施的一系列监管与约束措施，如设定贷款额度上限、规定最长贷款期限、确立首付比例下限等。其核心目的是遏制房地产市场投机行为、防止房地产泡沫产生，借由对总需求的影响实现宏观经济调控。灵活的不动产信用调控策略能有效引导房地产行业向绿色发展转型。比如，降低绿色环保住宅首付比例并延长贷款偿还期限，可激发购房者贷款购买绿色住宅的意愿，促使建筑业采用更环保的技术和材料，推动行业绿色升级。而对于高能耗、非环保商品房，提高首付比例并缩短贷款期限能限制其市场需求，降低市场吸引力。实施这种差异化不动产信用调控的前提是建筑科技不断进步以及商品住宅绿色评价体系标准化和广泛推广，这既需要建筑行业提升自身技术水平，也依赖政府和相关机构积极制定和推广绿色建筑标准。

（4）通过优惠利率推进绿色行业发展

优惠利率是中国人民银行针对特定机构、组织和商品制定的特殊低利率政策，目的在于推动其发展，促进国家金融行业整体的协同与创新。该政策与绿色经济发展战略相配合发挥作用。对于新能源、新技术、新材料和生化等战略性新兴产业，优惠利率以较低水平提供资金支持以促进其成长。具体有两种实施方式：中国人民银行针对重点支持的领域、企业和商品设定低利率，引导商业银行提供贷款；中央银行通过降低重点行业票据贴现率，调控商业银行资金流向和投入规模。

3. 其他货币政策工具的作用机理

中央银行可运用直接信用管控和间接信用引导手段，推动金融业向绿色化转变，为绿色经济发展注入金融动力。

为推动绿色金融蓬勃发展，可采取一系列策略。如拓宽绿色金融项目贷款的利率浮动范围，建立与绿色信贷相关联的信贷规模指导机制，以此有效引导资本向绿色金融领域流动。中央银行可通过工作会议、窗口指导等沟通渠道，明确传达推动绿色金融发展的政策导向，激励金融机构主动调整资金配置，使更多资金流入绿色金融项目。

（二）支持绿色金融发展的货币政策选择

1. 实施有差别的货币政策

绿色经济转型所需资金数额巨大，当前产业资金分配不均衡，各地区绿色经济发展速度也存在差异。在中国，区域经济发展的多样性与国家金融政策的统一性之间存在明显的不匹配现象。为解决这一问题，监管部门应摒弃"一刀切"的传统方式，构建适应中国区域特色的差异化货币政策体系。通过提高政策制定的精细化程度，引导资本流入需求更迫切的领域和地区，以有效推动绿色经济均衡发展。

（1）实行有差别的再贷款政策

中央银行体制改革后，中国人民银行各分行依经济区域重新划分。在总行授权下，各区域分行有了一定的调控自主权，可依据当地的经济金融状况，灵活发放再贷款，适时调整贷款期限，从而有效推动绿色经济发展。

（2）实行灵活的利率政策

当前利率还没有完全实现市场化。在这种情况下，中央银行制定利率管理政策时，要依据绿色经济的发展特性做出调整。探索实行结构性的差异化利率策略，严格执行优胜劣汰机制，针对科技、环保等可持续发展的关键领域，制定更优惠的低利率政策，从而充分满足绿色企业和环保项目的资金需求。同时，中央财政要合理分担支持绿色经济带来的利率损失，推动利率差别化政策有效地服务于绿色经济发展。

（3）实行区别性的信贷管理政策

国家推出一系列灵活信贷举措，如适度放宽建设项目资本金要求、延长银行贷款期限等，旨在引导商业银行资金流向，提升绿色金融对绿色经济发展的推动作用。这些举措重点鼓励商业银行加大对绿色技术创新的支持，加快科技进步速度，对符合标准的科研探索、绿色产品制造以及技术创新项目给予优先贷款支持，为绿色经济发展筑牢资金根基并营造良好政策环境。同时，中国人民银行通过实行差别化法定存款准备金率、再贴现政策，灵活运用选择性货币政策工具，为绿色经济打造多元、全面的金融政策激励与支持体系。

2. 充分利用外汇储备发展绿色经济

外汇储备是国家经济实力的重要组成部分，对弥补国际收支逆差、提升风险抵御能力、稳定汇率和维持国际信用起着关键作用。中国雄厚的外汇储备为其经济社会发展打下了牢固基础，不过过高的储备量也产生了诸多挑战。要有效解决外汇储备过剩的问题，需综合采用平台构建、货币政策、财政政策等多种策略，引导外汇储备投入绿色经济领域。绿色经济发展以将资源优势转化为经济优势为核心任务，且离不开科技支撑。由于绿色经济技术创新难度大且需要大量资金，政府应恰当运用外汇储备，积极引进并吸收发达国家在绿色经济领域的先进技术和设备，同时强化高素质人才的引进与培养，提高自主创新能力，为绿色经济的快速发展提供强劲支撑。虽然中国在绿色科技产品采购方面有了一些成绩，但总体采购水平还有待提高。所以，中国应充分利用外汇储备，加大绿色金融产品与技术的引进，这既能减轻外汇储备过剩的压力，又能加快绿色金融的发展速度，成为推动金融创新的重要方式。在完善外汇管理政策方面，相关部门应深入结合碳交易机制的研究，开通"绿色金融快速通道"，以促进跨境绿色金融资本自由流动，并将其作为逐步实现资本项目可兑换的重要目标之一。

3. 促进绿色经济发展的其他金融扶持政策

加强与地方政府的合作，推动政府项目有效落地，发挥其在绿色经济中的引领作用。借助实施指导性政策，向区域金融机构推介绿色经济重点项目，鼓励和支持商业银行加大对绿色经济产业的信贷投放力度。在政府主导的经济刺激项目里，优先考量绿色信贷表现出色的商业银行，从而推动绿色领域专业人才的培养和相关机构的构建，加快绿色经济的产业化和规模化发展。

（1）适度采取有助于绿色经济发展的金融自由化政策

为推动民间借贷健康发展，必须强化对其的规范与引导。当下，私人资金募集已是中小企业获取运营和流动资金的关键方式。随着私下金融交易活动的迅速增加，政府应重视民间资本，深入研究并及时调整政策以激发其活力。要大力扶持民间金融活动依法依规发展，取消对民间资本的不合理约束，拓宽和优化民间借贷渠道，借助充裕的民间资本来化解中小企业融资难题。同时，应重点投资绿色经济和环保企业，增加绿色经济项目，使民间资本成为地方绿色发展的重要推动力量。还应适当开放金融领域，准许符合条件的民间资本或外资参与金融服务，这不但能减轻商业银行等金融机构的贷款压力，而且能促进金融资源有效配置、丰富资本市场，更好地满足市场的多样化金融需求。

其次，推动民营银行的建立和发展是完善金融机构体系的重要措施。这能使农村信用社真正成为推动地方绿色经济的关键因素，增强资金市场对绿色产业的支持。为此，建议对现行再贷款利率进行适当下调，以推动绿色农业和中小型绿色企业发展。同时，发展民营银行也是促进绿色经济的有效途径。具体可通过以下方式达成：一是创建民营企业全资控股的新型银行；二是引导民营企业收购或参股信用社，使其转变为非国有银行；三是鼓励股份制银行进一步吸纳民间资本；四是在经济较发达地区，将现有的城市信用社和农村信用社改制为商业银行。在农村信用社向农村商业银行转型过程中，要引入新的资本，农村专业户、城乡居民、乡镇企业、民营企业等都可成为新股东。也允许私人收购信用社，通过重新确定市场定位、建立清晰的产权制度，促使民间银行机构积极参与市场竞争，进而为绿色经济建设提供有力支持。

最后，要推动中小银行发展。具体来说，可以细化业务分工以优化分支机构网点布局，从而调整现有的机构架构。这种调整会让中小银行在推动绿色经济发展上做出独特贡献。

（2）建立金融业相互配合机制

中央银行应优化环境，推动农村金融机构整合与拓展，使其对现有金融体系形成有效补充，与其他金融机构密切协作、良性互动，构建支持绿色经济的强大合力，为绿色经济蓬勃发展提供全面而坚实的金融支撑与服务。

二、绿色金融体系中的金融监管制度安排

（一）绿色金融监管方案的制度经济学研究

国际上有多种融资管理制度安排，不存在普适的最优制度结构模型。这些制度的理论依据源于新制度经济学。新制度经济学是一个综合性研究领域，整合了产权理论、法律的经济分析、公共选择理论、宪法经济学、集体行动理论和比较经济学等多学科体系。该领域的开创者诺斯把制度定义为人类交互行为中的制约因素，这种制约包括法律法规等正式规则，也包括行为准则、道德规范等非正式规则。

1. 制度和金融体系的关系

只有当制度能有效协调并保障经济发展时，资源分配才会对经济增长起到积极的推动作用。制度框架的构建是经济增长的核心动力。制度对金融体系的影响很大，它扎根于国家的历史与政治文化背景。金融体系的繁荣不是在真空中产生的，其高效运行需要健全的制度环境，这种环境可降低交易成本、提高社会信任度、保障私有财产安全，从而激发个人与企业的活力，增强创新的意愿与能力。一些国家金融发展滞后，原因在于制度存在缺陷以及缺乏构建稳固金融体系所需的制度基础。

制度与金融绩效息息相关，这表明金融体系改革必须建立在坚实的制度基

础之上，不然改革效果将难以达到预期，甚至与预期背道而驰。就我国绿色金融监管体系的改革而言，构建独立的绿色金融监管机构需要有强有力的制度做保障。

2. 绿色金融监管改革的制度支撑

由于制度与金融体系联系紧密，金融监管改革需基于以下四个关键制度支柱：

首先，充分发挥政府职能非常关键。在推进绿色金融监管改革进程中，政府处于核心地位。由于改革常面临挑战与风险，政府要维护绿色金融体系的稳健性，把握改革方向，保证金融体系持续稳定、健康发展。同时，政府应遵循适度干预原则，积极鼓励私营部门参与，激发市场活力，推动金融行业蓬勃发展。

第二，监管机构要保持独立并构建完善的问责机制。监管机构的独立性体现在管理、监督、机构和财务四个方面，其中管理与监督的独立性处于核心位置，机构与财务的独立性是必要的支撑。管理独立是指监管机构在法律范围内有足够的自主权，能制定规范并开展管理工作，这在实践中非常重要但也极难达成，因为其所需的支撑往往与现有制度存在严重冲突。监管职责包括授权、监督、制裁和危机管理，监督独立也面临着巨大挑战。机构独立表现为监管机构独立于政府机构和立法部门，这关系到高级人才的任免、治理结构的构建以及决策过程的开放透明。财务独立是指监管机构在预算规模和资金使用上有自主权，这种独立于政府的财务安排有助于保证金融监管不受外部干扰。同时，构建并施行监管机构问责制极为关键，这需要明确权责关系，保证监管机构能从社会利益出发，明确界定监管目标，对绿色金融业务进行精准有效的监管。通过这些制度安排，能有效保证监管机构的独立性和问责性，从而推动绿色金融健康发展。

第三，健全的法律框架和司法机制对绿色金融极为关键。绿色金融业务除了有市场、信用、流动性和操作等常见风险外，由于其自身特性，还面临着较大的政治与法律风险。所以，推进绿色金融监管改革、设立专门的绿色金融监管机构，必须依靠完善的法律和司法体系。该体系为监管提供了必要的法律依据和执行保障，促使绿色金融在规范中稳步发展。

第四，构建高效的信息披露体系对增强绿色金融监管效能、遏制违规行为意义重大。当下，中国急需建立一套标准化的绿色金融业务信息公开机制，以全面、即时公开绿色金融业务数据，提高信息透明度，进而缓解信息不对称可能导致的问题。

（二）金融监管模式比较

中国在绿色金融监管模式上主要有两种选择：一是维持现有的分业监管体系，把绿色金融业务归入金融创新范畴，继续采用分业监管方式；二是调整金融监管架构，通过专业化分工单独设立绿色金融监管机构，对绿色金融业务进行统一监管。这两种模式各有优劣。目前中国采用的绿色金融分业监管模式具备一定优势。它与现行金融监管体系相协调，中国金融行业现行为分业监管，在这种情况下，绿色金融的分业监管能够很好地融入现有监管框架，使各监管机构在自身职责范围内有效发挥监管职能。它也与中国现行法律体系相契合，在分业监管模式下，多数金融监管法律法规是按行业制定的，绿色金融的分业监管与之相适应，符合法律体系要求。此外，它有助于避免因监管模式改革引发的冲突，绿色金融监管改革往往涉及权力资源重新配置，可能引发不同利益主体间的矛盾，增加监管成本并降低监管效率。而设立专门的绿色金融监管机构也有明显优势。它能提升监管效能，随着金融行业不断发展，行业界限逐渐模糊，对银行、证券、保险的分业监管面临挑战，统一的绿色金融监管更契合金融混业经营趋势。它可提升规模经济效益，统一的监管体系有利于信息高效流通，减少重复工作，达成规模经济。它还能强化责任机制，统一监管可明确监管责任，解决分业监管可能产生的责任不明确问题。同时，它能增强监管权威性，统一的绿色金融监管机构能够提升监管机构的权威地位，为有效开展绿色金融监管提供有力保障。

对分业监管与构建综合监管机构进行对比分析可知，分业监管的一大明显优点是成本中性，也就是不会产生额外的监管成本。而绿色金融综合监管模式从长远看虽比分业监管更具优势，但短期内会有改革成本的投入。并且，绿色金融监管模式的改革进程要以坚实的制度为基础。所以，这两种监管模式各有优劣，在选定具体监管路径时，必须全面考量中国的法治环境、经济发展阶段、金融市场规模等诸多因素。

（三）对绿色金融监管模式的比较分析

各金融体系都遵循特定的金融监管范式。产业结构不断发展，新兴技术持续出现，金融系统正发生深刻变革，金融创新不断挑战既有制度设立的前提。绿色金融交易市场兴起，必然使金融机构和金融系统的风险构成更复杂，这种新金融形态的出现，自然要求监管模式革新。

1. 现行监管机构的制度结构面临挑战

金融监管体制一般可被划分为机构型、目标型和功能型三类。在机构型分类里，主要按照金融业务性质，把监管对象划分为银行业、保险业以及证券业三个板块。中国现行的金融监管体系就是这种分类方式的体现。绿色金融属于金融领域的新兴事物，同样要遵循现有的监管框架。具体来说，包括基金运作管理、财务顾问服务等在内的多种绿色金融活动，也都被纳入监管范围之中。

当前金融监管体系在管理方面存在一些不足之处。由于监管类型和力度的不同，各类监管机构之间可能产生监管竞争的问题。对于受监管的实体来说，要面对各种各样的监管措施，这通常会造成监管效率不高以及出现责任推诿的现象。在中国，就绿色金融而言，现行的分业监管模式的局限性越来越明显，难以有效地识别、预防和控制风险，也就很难为绿色金融的蓬勃发展提供有力的制度支持。分业监管模式会降低监管机构的监管效能，造成监管空白，影响对风险的及时识别与有效管控。

其次，分业监管难以达成规模经济效益，联合监管、信息共享、技术交流和经验传递会带来较高成本。与同一机构内部不同部门的协作相比，不同监管机构合作的成本明显更高。在信息收集、处理和共享过程中，若不同机构对同类或相似信息进行操作，成本分摊问题会凸显，还可能引发机会主义行为。由于绿色金融业务往往涉及多家金融机构，监管技术与经验的共享及相互支持就格外重要。但在分业监管框架下，跨机构的支持与合作成本必然高于同一机构内部门间的协同成本。

第三，分业监管体系有碍专业监管人员的成长和进阶，从而限制了绿色金融监管的效能与成果。在分业框架中，绿色金融监管被当作金融创新的边缘部分，监管人员缺乏深入学习和实践绿色金融的动力。这既限制了监管人员专业技能与经验的积累，又影响其职业发展与晋升机会。所以，专业人才匮乏和技术经验不足，给绿色金融监管的实际效果带来了明显挑战。

第四，当前分业监管架构在监督外资金融机构绿色金融业务方面存在局限。这些外资机构多为综合金融集团，业务覆盖银行、证券、保险、基金、担保等多个金融领域。分业监管成本高，还可能存在监管盲区，影响监管效能。构建监管体系时，要追求监管成效与效率的双重提升，避免两者相互产生额外负担。在绿色金融领域实施分业监管，可能导致监管机构间产生摩擦与争执。由于绿色金融项目常涉及多国和多种金融产品，当不同监管机构对同一对象目标不一致时，潜在冲突难以避免。若此类问题能在单一机构内部通过部门协作解决，将大幅减少金融监管成本。在设计监管框架时，规模经济效应很关键，精简监管机构有助于降低监管成本。绿色金融是新兴经济形态，采用综合监管可利用资源共享、信息技术和服务等优势提高监管效率。与分业监管相比，综合监管体系下的机构能更有效地优化人力资源配置。

建立独立的绿色金融监管机构统一监管金融机构的绿色金融业务，对绿色金融的健康发展极为关键。要实现金融行业的有效联动监管，应采用综合监管模式以提高监管效率。由于绿色金融市场还处于初级阶段，规模较小，综合监管可凭借其规模经济性为绿色金融提供更优质的监管服务。

2. 绿色金融综合监管模式的选择

按照金融部门的架构，金融监管可细分为宏观审慎监管、微观审慎监管、侧重消费者保护的商业行为监管以及竞争政策调控四个方面。这四个方面分别针对系统性风险、信息不对称、市场不当行为和反竞争行为这些特定的市场失灵现象。在很多国家的实践里，竞争相关问题一般由独立机构通过规范经济活动予以解决，中央银行则着重进行宏观层面的调控与监督。综合起来，监管模式主要有三种：完全部门整合、部分部门整合以及分业监管。

（1）完全部门整合

此模式意在指定一个特定的监管机构，对经济体中各类主要金融机构和金融市场进行监督。完全部门整合模式有三种具体的实施方式：

①全部门与全功能综合监管模式。其特点是监管机构对金融系统各次级部门进行全方位监督，且对商业活动开展审慎性监管。英国金融服务监管局（Financial Service Authority，简称 FSA）是这种模式的典型代表。

②双峰监管模式构想。在此模式下，计划构建两大监管机构，从而全面满足金融系统的监管需求。其中，一个机构着重履行审慎监管职能，保障金融体系稳健运行；另一个机构负责市场监管、消费者权益保护以及公司治理结构的监督工作，推动市场公平与透明。

③全部门与部分功能融合型监管模式。该模式要求构建一个综合性监管机构，其核心在于中央银行的部分职能与监管机构职能共享、整合。

（2）部分部门整合

这一模式下的监管机构负责监管三个主要部门中的两个。该模式有三种子模式：

①监管保险公司和银行，如厄瓜多尔、马来西亚和加拿大所采用的模式。

②监管证券市场和银行，如瑞士、墨西哥、卢森堡和芬兰所采用的模式。

③监管保险公司和证券市场，如智利、牙买加和保加利亚所采用的模式。

（3）分业监管

该模式设立专门监管机构，分别监管银行业、保险业和证券业。到目前为止，这种分业监管模式一直是国际金融监管领域的主导范式。按照国际货币基金组织的标准评估监管模式优劣时，应综合考虑以下核心要素：一是监管活动的执行力度，包括监督、管理、执法、协作和许可审批等；二是管理的灵活性与适应性，这与监管目标是否明确、责任追究机制以及监管机构是否具有独立性有关；三是金融诚信体系的构建，涵盖打击经济犯罪行为和保障消费者权益；四是审慎监管框架的确立，保证资金充足、内部管理规范、公司治理结构完善、风险管理到位。

国际货币基金组织的评估准则表明，双峰监管模式比其他监管模式更具优越性。此模式构建的监管体系更加严谨细致，在监管实施方面成效也更为显著。

在双峰监管模式下，各监管机构全面监督整体金融系统。一方侧重于审慎监管，另一方负责市场行为监管、消费者权益保护和公司治理结构。这两大机构与中央银行及其他专门机构协作，共同应对系统稳定性挑战与反竞争行为，精确划分职责，分别专项监管信息不对称导致的市场失效和市场不规范行为，构建起全面完善的金融监管体系。相较于其他监管架构，强化商业行为监管是双峰监管模式的显著优势。具体表现在六个核心方面：其一，两监管机构职责、目标和责任界定清晰；其二，追责时能准确划分责任归属；其三，两机构并行运作，相互制衡，可避免单一机构过度干预；其四，两监管领域若有分歧，更易通过外部机制解决；其五，监管权力分散，不会过度集中；其六，该模式有助于降低信用风险发生概率。所以，就中国现状而言，若能在现有分业监管框架中融入双峰监管模式，有望提升绿色金融监管效能，有效缓解与其他分业监管模式的潜在冲突。

（四）强化中国绿色金融监管的对策建议

绿色金融是一种新兴的经济模式，其监管体制构建亟待更多关注。当下，许多金融机构对绿色金融的盈利领域、运营策略、风险管控、实施路径和项目审批流程等缺乏深入认识。而且，绿色金融业务领域专业人才和机构的短缺以及新型业务风险的出现，导致行业参与度低，绿色金融发展模式也较为单一。为提升全球影响力，中国需加强对绿色金融监管的重视，从多方面着手尽快制定相关规范与标准，从而在绿色金融领域占据领先地位。

其次，应考虑设立专门的绿色金融监管机构。与传统分业监管模式相比，该机构在成本控制方面优势明显。不过，中国的绿色金融业务还处于起步阶段，规模小且形式单一，所以还没有建立独立绿色金融监管机构的充分制度基础。

最后，要加快制度建设进程。国家制度受历史、文化、经济等诸多因素影响，其发展是逐步演进的，难以一步到位。中国可从四个方面强化制度建设：其一，明确界定政府在绿色金融发展中的角色，营造良好环境，减少不必要的市场干预，使市场机制充分发挥作用，调动市场主体的积极性。其二，提升绿色金融监管效率，保证监管机构审慎履行监管职责。其三，完善相关法律法规体系，为绿色金融的规范化发展提供依据。国家相关部门要加快制定并明确绿色金融监管的具体操作流程和法律条款，以保障绿色金融业务健康发展。其四，实行高效透明的信息披露机制，政府要构建统一的绿色交易信息交流平台，并建立严格的监管和披露制度，为绿色金融创造良好的市场环境。

第三节 绿色金融平台建设

一、绿色金融平台的设置

金融平台，本质上是企业为获取资金构建的一种结构性安排。比如，企业在国内或国际股票市场上市后，可把这个上市实体当作融资载体，这就是金融平台。将这一概念延伸到绿色金融领域，绿色金融平台可定义为，专门为促进绿色投融资、推动绿色技术与项目转化和实施等绿色金融相关活动而搭建的沟通桥梁。

目前，我国已自主研发出若干个绿色金融平台。在政府机构的引导下，借助科技企业的技术支持，这些平台旨在构建一个信息公开、数据共享且具备多种功能服务的综合性平台。中国金融信息网专门设立了绿色金融专区，其全面涵盖绿色政策导向、绿色产业发展状况、绿色债券详细信息、项目库资料、最新新闻以及深度分析报告，为行业内外提供了丰富的信息资源。

（一）绿色金融平台的构建原则

1. 政府主导、多方参与原则

绿色金融发展过程中，市场失灵问题（外部性、公共物品属性、信息不对称等）非常突出，这就需要政府运用宏观调控能力有效干预。政府行为通常被看作地区或国家政策导向的标志，能借助税收优惠、财政补贴等多种政策工具，激励银行、证券机构、投资公司、担保机构、行业协会和企业等众多参与者积极参与。在此期间，政府既引导绿色金融平台构建与运营，又深入参与实施策略制定，体现出其在推动绿色金融发展中的核心引领作用。

观察全球和国内绿色金融或可持续金融平台构建过程可知，这些平台的诞生多源于国家机关倡议，由国家机关联合金融机构、绿色经营实体以及技术型企业共同推动平台创建与发展。

2. 政策引导原则

政策颁布是国家机关履行领导职责的重要方式。通过广泛征集意见制定出的有效政策，能够为行业发展明确方向与路径。在构建绿色金融平台时，绿色金融政策的引导作用非常显著，其体现了绿色金融发展的核心观念。在现有政策框架下，政策重点引导绿色金融平台关注关键建设内容，如绿色信贷、绿色基金、绿色保险等金融产品的创新，以及碳排放交易体系的完善，为这些重点领域提供必要的数据和信息支持。并且，随着平台不断建设和优化，持续积累经验，努力探索并构建更符合未来绿色金融发展的制度框架和管理机制。这一过程会推动更高效引导政策的出台，达成理论与实践的相互促进和迭代升级，形成良性循环。

3. 市场化运作原则

绿色金融平台的发展需要社会各界广泛参与，包括绿色资金需求方、供给方、绿色行业协会以及网络技术服务商等众多主体。其本质是金融资本与绿色资源依据各自需求自然融合的过程，市场化运作机制是推动绿色金融平台发展的核心动力。在此过程中，政府起着引导与监管的关键作用，负责平台的初始构建和规范框架设定，平台的日常运营遵循市场原则，为资金供需双方构建高效对接与交流的桥梁，使市场机制在资源配置中起决定性作用，从而优化绿色金融平台的整体效能。

4. 共建共享原则

绿色金融平台意在推动政府、金融机构和企业之间资源的高效流通与整合，改变过去数据、信息和资金在各部门相互孤立的状况，加快社会资本的循环利用与优化配置。该平台全面搜集、系统梳理绿色金融市场信息并使其公开透明，这大大减轻了供需双方信息不对称的问题。作为政策与信息的汇聚之处，它促使政策导向、绿色产业动态和金融资讯在各主体间顺畅共享。构建绿色金融平台时，资源共享要成为核心观念，促使原本分散、封闭甚至被垄断的资源朝着集中、开放、协同转变。平台要努力探索创新的管理架构和运营模式，依靠法律法规、规章制度、应用指南的制定和施行，构建一套激励社会资本积极参与、推动生态良性循环的激励机制和运行体系，从而形成资源高效配置、各方互利共赢的共享与互动新局面。

（二）绿色金融平台的功能定位

1. 引导

绿色金融平台在政府引领和政策导向下设立，通过一系列优惠措施与激励机制，促使金融机构、多元投资服务主体和私人投资者优先关注和支持平台所推介的环保企业、绿色技术和项目。这有效推动了绿色产业内初创和成长期项目的资金募集，激发了绿色金融产品的创新。该平台是资金供需双方的桥梁，集成了信用评估、担保服务等中介功能，协同构建绿色金融信用生态系统，实现金融机构投资风险的前置管理。这样，风险投资机构、担保公司等中介服务实体就能借助平台高效筛选高信用、高质量的投资对象，加速资金流转，实现自有资金的最大化利用。平台构建了完备的绿色产品与项目审核、估值、担保和交易流程，为初创和发展中的环保企业开拓了融资渠道。同时，这一机制能引导金融机构将投资重点放在绿色可持续发展领域，强化了金融融资平台的服务效能，有力推动了行业的整体发展。

2. 绿色投资与融资服务

为契合国家发展需求，秉持可持续发展原则与绿色金融导向，要深入分析节能环保型企业的运营现状、基本概况、信用评价、盈利状况和绿色技术创新程度等重要信息。据此向风险投资机构、银行等金融实体推荐有成长潜力的绿色环保型企业，挖掘更具价值与发展前景的绿色投资项目。结合具体情况，提供专门的融资方案、存贷款服务和担保措施，使所选项目与企业可持续发展战略相匹配，推动精准对接。一个全面而细致的信息与数据库系统，是汇聚银行、风险投资、保险、担保等多种金融资源的关键因素。整合中小环保企业的大量信息后，该系统能有效吸引寻求拓展客户的金融机构。此平台由政府主导构建，多方利益相关者参与其中，政府背书提升了平台的公信力，确保了信息的真实性。随着金融资源不断聚集，企业信用信息持续交换与共享，绿色金融服务平台的资源整合能力显著提高，进而推动绿色经济与金融领域的深度融合与协同发展。

3. 资源收集与共享

绿色金融平台汇聚政府、金融机构、行业协会和环保企业等多元主体，全面涵盖绿色可持续发展的各类数据和资讯，包括绿色金融政策导向、金融工具创新以及绿色投融资项目详情。企业能够在该平台上传并公示绿色环保技术和项目资讯，经过严格的信用核查与风险评估流程后，这些信息会被纳入绿色项目数据库。金融机构和投资机构可借助这个平台发布绿色金融产品信息，与绿色项目数据库实现无缝对接，推动信息高效共享。这一流程保证金融产品和绿色资金能精准对接绿色项目或资金需求方，既减少金融机构投资误判风险，又提高资金配置效率。政府、银行和监管机构也通过该平台发布相关法规政策，为绿色产业发展提供明确导向和支持。

4. 综合服务

构建绿色金融平台彰显出向环境可持续型经济转型的迫切性。这一平台像桥梁一样，连接政府、银行、监管机构、风险投资实体、中介服务组织和担保机构等多种金融机构，给企业提供一站式金融解决方案，推动市场参与者协同合作、共同发展。将各类金融机构的服务功能融合起来后，绿色金融服务平台加快了我国金融行业的深度整合，提高了绿色金融领域整体运营效率。该平台尤其着力于为绿色中小型企业提供支持，如引荐风险投资、解读咨询政策、给予专业培训指导、提供参与行业会议与活动的机会等多种增值服务。同时，通过深入挖掘和分析绿色金融数据，平台定期发布研究报告、专题分析和操作指南，目的是为政府决策、企业经营、金融投资以及所有相关利益方提供科学、全面的信息参考。

5. 平台设置

金融机构和投资机构是绿色金融的资本供应者，它们与作为绿色金融需求主体的环境友好型企业合作，共同推动绿色技术和项目的创新。在政府积极引导和扶持下，双方建立良性互动和监督机制，共同构建绿色金融平台。中介服务机构、行业协会等实体的加入，提升了绿色金融平台的效能，使其成为推动绿色金融发展的重要环节。通过这个平台，环保企业能够更顺利地获得融资支持，加快绿色产业的扩张并提高效率；金融机构也能够有效利用资金资源，实现投资回报的最大化。

（1）绿色交易平台

绿色金融平台的构建目的在于推动我国绿色交易市场的健康发展。作为集成化的信息交流中心，它服务于绿色资金的供需双方，在绿色金融体系里起到桥梁的作用。该平台连接政府、金融机构、企业和许多相关主体，凭借风险共担、务实高效的机制，精准对接绿色金融需求侧和供给侧资源。对于节能环保企业来说，平台有助于其降低融资风险、提升信用评级，保证绿色项目运营和绿色技术转化能得到所需资金支持，进而有效解决融资难题。同时，平台也化解了金融机构和投资者筛选项目的难题，加快资本向可持续发展领域的配置。

绿色金融交易的开展需以交易双方良好的信用为前提。绿色交易平台是绿色金融体系中需求方、供给方和中介金融机构之间的桥梁，其运用信用审核机制并引入第三方信用评估服务来全面评估交易双方。同时，风险评估机构会对绿色交易项目和金融产品进行专业测评，对于风险较高的项目，担保机构会提供必要的担保以推动交易顺利开展和合作关系建立。该平台的构建大大降低了信息不对称和信用风险，让企业融贷款信息更公开透明，信用更可靠。这既减少了金融机构审批时的考察成本，也有效缩短了企业的融资时间成本。

（2）信息平台

资本市场高效运作离不开充分的信息流通，但实际中信息不对称的情况十分常见。构建绿色金融平台，目的在于建立专注于绿色资金流向的信息共享机制，从而提高资金运作的透明度，大幅提升绿色金融的运行效率。

信息平台包含环保企业运营状况、资金需求、人力资源以及绿色项目信息等内容，连接行政部门、企业实体、金融机构等众多利益主体。由于信息和数据收集管理对安全性要求严格，所以要依靠有科研管理服务经验的专业机构负责平台的构建与维护，保障信息安全。平台管理机构基于在绿色项目管理、绿色产品创新策略和政策分析方面的丰富经验，以及在信息搜集、校验优化、深度分析和数据挖掘等方面的专长，对国内节能环保企业和绿色项目的基本情况进行系统梳理。通过与企业、金融机构建立长期合作框架，平台致力于集中整合信息资源并持续稳定地采集数据，为环保企业、金融机构、监管机构和政府部门提供标准化、高质量的信息服务。同时，平台积极吸引环保企业和金融机构加入，努力探索建立高效的对接机制，目的是打破信息资源分割闭塞的局面，促进资源共享、互联互通和良性互动生态机制的形成。这有效弥补了信息资源的空缺，减少了市场参与者之间的信息不对称，大大提高了数据资源的利用效率和共享程度。

（3）数据平台

在互联网和大数据交融的时代，历史交易与项目数据有着丰富的信息价值。绿色金融数据平台致力于汇集、梳理绿色金融产品、项目和其交易的相关数据，利用分析技术与预测模型把这些数据转化为各种绿色指标。此举有效满足了政府、金融机构、企业、监管机构和众多利益相关者决策与评估的需求，从而推动了绿色金融体系效能的提升。

在绿色金融平台框架下，我们构建了一个综合性信息资源数据库系统。该系统整合企业核心数据，包括基本信息、信用评估、信贷容量和成长轨迹，重点关注有资金需求的环保型企业，鼓励它们主动更新企业详情和历次信用评级报告。同时，我们也为风险评估机构、担保组织和其他相关中介建立数据库，全面收录其基本信息、过往评级结果和详细报告。构建这一数据库体系有助于促进信息深度共享和高效流通。通过精细化管理机制和协同作业，我们不断提升数据库的应用效能和核心价值。例如，对于高信用评级企业，我们简化审批流程，显著提高融资效率，从多方面降低融资风险和操作成本，为绿色金融健康发展提供强劲动力。绿色金融产品和交易的历史数据被系统存储于数据库，便于后续数据提取、指标分析和研究报告编制。平台与各大金融机构、交易所建立数据链接，实现对绿色金融市场动态实时监控，覆盖绿色证券、碳交易等关键指标的存量、流量和变化趋势。为进一步提升绿色金融国际化水平，我们积极寻求与国际绿色金融平台合作，构建全球统一的绿色金融数据库。这一举措将极大促进绿色资金在全球的自由流动和高效配置，为绿色金融全球化发展奠定基础。

（4）服务平台

绿色金融服务平台要充分履行需求协调这一核心职责，深度融入知识生态系统与商业生态系统。平台应秉承创新生态系统的多元化、开放性和互利性原则，把高效提供信息服务、推动精准对接、优化交易流程以及强化支持服务作为关键职能。

绿色金融服务平台对绿色交易平台、信息平台和数据平台有着必要的辅助与拓展功能。它先凭借绿色交易平台与数据平台所积累的历史数据资源，联合各类监管和分析机构深入挖掘数据价值，研究绿色交易项目，总结成功案例和经验，进而创新设计与开发绿色金融产品。平台积极与国际绿色金融组织、研究机构和同类平台交流合作，丰富绿色交易平台和数据平台的基础数据库与信息库，有力支持数据库扩容和项目库完善，促进经验积累。依托绿色金融体系长期运行积累的信息和实战经验，服务平台进一步拓展服务范围，为现有和潜在客户提供专业咨询服务，编纂详细的应用指南以指导实践。平台组建了专家团队，为绿色金融领域的新手提供系统辅导与培训。平台还积极联合其他相关机构，共同组织或参与各类推动绿色金融发展的会议和活动，以实际行动推动绿色金融生态的繁荣发展。

二、绿色金融平台的管理

（一）绿色金融平台的参与主体

1. 政府

政府在绿色金融体系中具有独特地位，是主要推动者与关键促进者，有制定和决策多项政策的权力，能够引领和驱动绿色金融发展，为其提供政策支撑。绿色金融能够推动经济增长与环境改善，与政府的社会责任相契合。在此情况下，政府具有供给与需求的双重身份，其秉持公平、公开、公正和高效原则的行为，有助于缓解绿色金融供需的信息不对称问题，降低市场失灵风险。

2. 资金需求方

资金需求主体包括中小型绿色技术创新企业、个人创办的及社会自主创立的科技研发机构，还有处于成长阶段的节能环保企业。这些主体专注于绿色技术研发，致力于把技术成果转化为实际产品和服务，从而支撑自身运营活动。它们在遵循国家产业政策导向的同时，积极探寻多元化融资渠道来满足资金需求。

3. 绿色金融供给主体

绿色金融的供给主体主要包括金融机构和个体投资者这两大类。按照融资模式的不同，这些主体可进一步划分为多种类型，如提供各类信贷服务的银行、侧重于投资管理的公司、具备资质的企业债券投资者以及公众投资者等。另外，政府在绿色金融领域也发挥着积极的作用，其通过设立绿色技术专项基金、直接财政拨款等方式，直接参与绿色金融的供给。

4. 中介机构

中介机构包含担保机构、资产评估机构、信用评级机构、风险评估机构、会计师事务所等盈利性实体，还有行业金融协会等非盈利性组织。这些机构能提供专业配套服务，有效推动了绿色金融体系的高效运行。

（二）绿色金融平台的管理单位

绿色金融平台的构建基于政府引导、多元主体参与和市场机制驱动的理念，其日常运营也需遵循这一核心理念。目前，国内外已成立的绿色金融平台大多由政府机构、国际环保组织或地方政府发起，吸引各类相关实体共同参与建设。

与市场主体自行构建的绿色金融平台相比，政府引导且依靠市场机制运营的绿色金融平台具有独特优势。其公信力大大提升，这为平台的初期构建和市场推广提供了有力支撑。该平台深度结合市场机制，对绿色金融供需双方、行业协会、中介机构等多方参与者的需求变化和关注重点十分敏感，能有效提高平台的运行效率。在组织架构方面，平台设置了精简的运营中心或专业管理团队。决策层着重于确定平台的战略规划和长远发展方向，管理层则细分到各个部门，各部门履行各自职能以保障平台日常运营的顺畅。其中，信息技术运营部承担维护平台基本功能与网络安全的重任；国际事务部负责与海外绿色金融组织和机构建立联系，拓宽合作渠道，构建互利的信息交流网络；运营中心是连接绿色金融体系各参与方的纽带，它不但与金融机构、中介机构、监管机构密切合作，而且积极与高校及研究机构联动，借助会员注册制度，实现对平台用户的科学分类与高效管理。

三、绿色金融平台的运行

绿色金融平台包含四个核心子模块，其中绿色交易模块是核心，处于整个平台的主体地位。信息模块和数据模块起到导向与支撑的作用，为平台的顺利运行和持续发展夯实基础。平台还专门设置了服务模块，其功能是提供与绿色金融相关的辅助信息和实用工具，并且负责与国际绿色金融市场对接以及业务拓展。绿色金融平台的构建，有力地推动了绿色金融的蓬勃发展，为绿色金融体系的完善提供了关键要素和基础功能。

（一）绿色交易平台——主体

绿色金融平台有效整合政府部门、多元金融机构、节能环保企业、担保机构和资信评估实体，促使信息全面透明、高效流通，加快政策传播和信贷审批流程，极大优化了节能环保企业的信用生态。该平台为有潜力、资质优的节能环保企业营造了有利的融资条件，提升了金融机构资金运作效率。平台的核心是严谨的信用审查机制，这是绿色交易顺利开展的关键，其会对申请项目进行细致评估。对于风险高或初次申请的企业和项目，平台会引入担保机构给予必要保障。然后，通过平台合作的银行和投资机构实现项目的精准匹配对接。交易完成后，相关信用评价会录入平台的信用管理体系，为后续项目审核评估提供重要参考。平台还构建了全面的产品与项目信息库，包含申请中、已批准、进行中和已完成的投融资项目。

有投融资需求的企业要向绿色金融平台递交融资申请，同时附上审计报告、财务现金流记录、注册资本证明、抵押产权证明等必要证明文件。企业还可寻求平台内担保公司支持以获取担保。绿色金融服务平台会联合银行机构与专业评估团队，深入分析评估符合要求的企业融资需求。在这一过程中，平台会参考信用审查数据库中的企业信用评级和历史信用数据来确定企业信用状况，进而决定是否批准申请。针对申请项目，专业风险评估机构会进行风险评估，划分风险等级，为中高风险项目提供保证金支持以减少潜在风险。审核与风险评估通过后，平台将在合作银行或投资机构里为企业匹配最合适的合作方，并搭建沟通渠道，推动双方协商资金交易细节。融资项目成功对接完成后，相关信息会录入产品及项目信息库，该库也包含申请中、审核中的项目数据。交易结束后，企业的还款情况与绿色金融产品交易记录会保存到企业信用管理信息库，以此逐步构建和完善绿色金融信用体系。

（二）信息平台——引导

政策及信息服务平台着力构建综合性信息服务体系，包含政策信息、绿色产业信息、金融信息这三个核心部分，从而全方位提供信息服务、交易支持与服务保障。构建绿色金融信息平台主要有以下核心目标：其一，提高政策信息的透明度，使各级环保政策能及时、准确地传达到平台各参与主体，帮助需求方及时跟上政策导向并获得必要支持。其二，增加绿色产业信息的公开性，借助平台把节能环保企业的绿色项目和技术创新成果推广到金融机构，有效对接企业的融资需求。其三，完善金融信息披露机制，把金融机构的绿色投资意向和信贷产品详细展示给环保企业，推动双方精准匹配和高效合作。

绿色金融平台的信息主要来自政府官方渠道、国家机关政策公告、合作伙伴企业与金融机构的公开信息以及行业协会的信息交流平台。这些信息经精心处理和提炼后，被系统分类并展示于绿色金融平台的信息展示模块。

（三）数据平台——支持

绿色金融数据平台有着广泛而精细的架构，包含数据采集、整合、维护和深度分析等环节。数据库的不断更新和全面优化，在推动绿色产业发展以及精准指导绿色金融投资决策方面起着核心作用。目前，绿色金融的数据框架正处于持续优化和升级的过程中。

构建绿色发展体系时，首要工作是全面收集相关数据。这些数据来自绿色金融平台的众多参与方，包括绿色产业运营情况、绿色金融产品的市场表现以及环境交易活动记录等。之后，要对收集到的数据仔细梳理和筛选，去除冗余或相关性不强的信息，再在绿色金融平台上明确展示各类数据，如基础数据概览、历史数据回顾、实时监测数据更新等，具体包括绿色证券的市场规模基数、日交易量和库存水平等。原始数据的积累虽是基础，但直接指导意义不大。所以，深入分析这些数据，挖掘可持续发展背后的深层次联系和规律，对指导绿色金融体系构建和优化十分关键。依据现有数据特征和成熟的理论框架，设计了一系列绿色发展评估指标，如绿色环境绩效指数、绿色金融活力指数、绿色经济增长指数等，这些指标与全球绿色金融大数据平台发布的上证180碳效率指数相呼应。最后，所有这些市场大数据及其分析成果将被安全存储于绿色金融平台的云端服务器，构建一个综合性的绿色金融数据库。该数据库将通过会员服务机制，为有需求的各方提供数据支持和查询服务。

（四）服务平台——辅助

绿色金融平台在绿色金融体系里居于核心枢纽地位。它为资金供需双方搭建了高效的交易场所，同时向市场参与者完整地传递信息和数据资源。此平台进一步拓宽服务范围，包括推动绿色成果转化、培育绿色金融专业人才以及参与制定绿色金融相关标准等工作，从而从多方面促进绿色产业和绿色金融的全面发展。

绿色金融平台以现有的产品与项目信息库、信用信息库、绿色金融数据库和广泛的合作网络资源为依托，通过和合作伙伴深入合作，不断拓展服务内容，强化平台与体系构建。凭借丰富的数据资源，平台与高等院校、可持续发展研究机构密切合作，发布绿色产业、绿色金融、绿色经济等领域的深度研究报告，以及绿色交易体系优化的实践案例。同时，平台联合政府、金融机构、行业协会等多方力量，共同策划举办绿色可持续发展、绿色金融创新等专题会议和活动。为提升平台专业性，平台组建专家顾问团队，为平台用户和潜在利益相关者提供绿色金融知识培训与技能指导。平台还积极拓展国际视野，与全球绿色金融组织建立联系，拓宽国际合作与交流渠道，推动国际绿色发展合作协议的签署和绿色资金的全球流动。基于运营经验的积累，平台编制了应用指南，提供全方位咨询服务，优化用户体验，推动平台广泛应用。

四、绿色金融平台的风险控制

绿色发展的核心是推动经济、生态、资源和环境的和谐共生，其本质具有很强的公共利益导向性。金融业以盈利为首要追求目标，利润是其发展的动力。但绿色金融风险较高、回报相对较低，这就导致了具有公共利益导向的绿色发展与金融业盈利本质之间存在内在矛盾。在这种情况下，有效预防和管控绿色金融风险是推动绿色金融发展时不容忽视的重要问题。

（一）绿色金融平台的潜在风险

绿色金融平台的构建及其核心架构以成熟的网络互联技术为基础。在互联网金融平台的发展进程中，其内部组织结构和运营机制起到了关键的作用，并且平台也需要应对政策调整、市场波动、环境变化等外部因素的潜在影响。

1. 声誉与信用风险

绿色金融平台属于网络金融范畴，能借助互联网实现无边界的信息交流，享受空间上的便利，不过也面临线上交易信用风险增大的难题。平台要在绿色金融参与者中建立信誉，而在政府引导下开展的平台建设，需要为投融资双方以及中介机构营造信任、安全的环境。平台在筛选合作伙伴和客户进入系统时，必须严格评估其信用情况，防止后续交易出现信用危机损害平台声誉。目前，在我国乃至全球，都尚未构建起完善且高效的信用体系与个人征信评价机制。所以，网络金融平台一旦出现问题，可能会因缺少风险处理依据而陷入僵局，并且由于信用体系的缺失，跨地区处理不良资产的难度会明显增大。

2. 技术漏洞风险

绿色金融平台借助互联网技术得以构建和发展，其本质特点为开放的数据交换与信息流通能力。由于部分商业信息具有敏感性，所以必须采取"加密"保护措施。从基础设施到软件应用，绿色金融平台在技术方面均面临挑战，存在信息泄露、系统故障等风险点。金融机构利用网络拓展业务时，常通过外包或采购的方式构建网络金融平台。若平台未能掌握线上线下的核心操作技术与加密方法，就可能因第三方技术服务存在缺陷而产生交易障碍与信息安全隐患。

3. 平台管理风险

绿色金融平台的构建结合了政府引导和市场化运营策略，其组织架构与运作机制是平台可持续发展的关键要素。运作机制的合理性以及规则设定的匹配度，对满足实际应用和对接需求非常关键，直接影响平台管理的风险水平。例如，很多 P2P（peer-to-peer，个人对个人）网络借贷平台因采用不合理的超高利率策略而倒闭，这种利率设计失误严重危及平台的资金流动性安全，扰乱了信息、规则和利益流的有序流动，使平台结构遭受毁灭性破坏，最终导致互联网金融平台功能衰退和生态系统瓦解。

（二）绿色金融平台搭建对绿色金融风险的控制

绿色金融把金融资本引向绿色环保领域，从而需要考量金融风险与环境风险两大因素。金融是现代经济的核心，对经济发展的推动作用十分明显。不过，这一过程存在很多不确定性，外部的经济波动、政策调整、自然灾害冲击，以及金融市场内部的利率变化、信用违约等，都可能使金融市场产生波动，让金融活动偏离预期目标，面临信用风险、利率风险和经济周期波动风险等。绿色金融属于金融生态的一部分，其稳定和可持续发展也需要对这些金融风险高度警惕。人类社会和经济的无节制发展对环境造成了很大损害，极端气候事件不断发生，如雾霾、沙尘暴等，严重危及人类的生存和健康。在这种情况下，绿色金融出现了，其主要任务是推动环境保护，为环保相关的投资、融资和金融服务构建平台。环境状况直接影响绿色金融运作，二者联系紧密、相互依存。

1. 信用风险

我国金融市场存在信用风险，其根源主要是信息不对称和政策体系不完备。在绿色金融领域，当下政策多聚焦于减少污染和提高能效等方面，强制性的信息披露要求还处于缺失状态。所以，绿色金融领域的金融机构和投资者大多按照自愿原则披露信息，这既加重了绿色资金供需双方的信息不对称程度，又致使历史信息缺乏可比性。绿色金融平台的构建目的在于全面公开信息和数据，提高投融资过程中的信息透明度，进而有效识别与防控信用风险。在信用评级报告里，该平台专门披露发行人的绿色信用历史、募投项目的绿色属性以及环境因素对信用风险的潜在影响，给绿色市场参与者提供风险识别的重要依据。同时，平台积极推动信用评级机构、资产评估机构、会计师事务所等专业机构参与绿色金融相关业务，尤其是引入第三方机构评估绿色金融项目。在此前提下，探索构建绿色金融的第三方评估与评级标准体系，明确第三方认证机构在绿色金融评估中的质量要求。借助信用审查机制，严格审核平台参与主体的身份，为绿色交易顺利开展夯实基础。在交易期间，平台持续监测和评估信用风险，不断完善信用信息库，全面提升绿色金融的信用管理水平。

2. "洗绿" 风险

绿色金融与环境保护联系紧密，面临着有别于传统金融的风险挑战。这些特殊风险包括：伪造绿色项目或篡改相关证明文件，欺诈性地从银行和投资机构获取信贷资源；以小型绿色项目为掩护，将企业整体包装成绿色企业，或者把单个绿色项目拆分成多个小项目，从多渠道获取银行贷款和债券资金；以绿色环保名义申请融资，资金到手后却挪作他用，未投入实际绿色项目；甚至故意制造事故使项目受损或停滞，骗取保险赔付等违法行为。这种 "洗绿" 行为违反金融市场公平竞争原则，让金融机构和投资者遭受重大损失，还产生劣币驱逐良币的现象，对绿色金融市场危害深远。为应对这一挑战，绿色金融平台设置交易板块，记录绿色融资项目申请者、债券发行方以及评估机构等中介的违规欺诈行为，并把这些信息整合进绿色金融信用信息系统。这既为监管机构建立常态化、官方化的监测机制提供有力支撑，也能充分激发社会监督的潜力。借助平台内的绿色金融实践案例，平台联合专家团队和高校研究机构深入探讨绿色金融资金运用的专项规范和政策导向，进一步细化和强化绿色债券、绿色基金等融资工具的使用标准。

3. 监管风险

在传统金融发展过程中，当金融监管水平落后或失效时，往往会给资本市场乃至整个金融体系带来风险隐患。网络与信息技术的兴起，为解决信息不对称或隐蔽操作导致的监管误判提供了机会。绿色金融平台是汇聚政府、企业和金融机构等多源信息的枢纽，能大大提升监管者对绿色金融市场整体情况的了解程度。该平台通过严格审查绿色金融交易、综合评估、全程追踪并使信息透明化，让监管部门能够精准追踪资金用途和效率，有效减少监管评价与实际状况的差距，从而降低监管风险。

4. 环境与社会风险

在绿色金融发展时，既存在传统金融风险，又面临环境退化和社会不利状况带来的额外风险。若环境恶化等使绿色投融资产品或项目遭受重大损失，绿色投资机构就要承担项目的环境与社会负面后果的赔偿责任。在此情况下，投资者持有的以自然资源为基础的金融资产价值难以得到实体企业经营绩效的有力支撑，可能因市场恐慌抛售而遭受重大损失。绿色金融平台授权公开各方信息，结合实时发布的环境信息和相关指标数据，把绿色金融工具、绿色发展项目信息与环境因素深度融合，促使金融机构和个人投资者更全面准确地分析判断，有效降低环境不确定性带来的金融风险。

绿色金融平台借助现代科技，大幅提升了绿色金融风险的防控能力，能够快速对潜在风险做出响应并实施有效防治策略。具体来说，平台运用丰富的云端大数据资源，精确评估绿色金融客户的信用与履约能力。凭借云计算技术强大的数据处理能力，高效匹配资金需求与投资意向，推动金融资源的优化配置。通过整合机器学习、神经网络和知识图谱等先进技术构建的先进分析模型，为金融企业信贷审批、债券发行等环节提供量化风险评估与支持。区块链技术的引入降低了金融机构的产品成本，帮助企业精准锁定风险点，有效减少绿色金融业务的风险暴露，实现风险最小化。

第三章　绿色信贷与绿色保险

第一节　绿色信贷概述

一、绿色信贷的概念、核心要素及目的

　　绿色信贷在国际上也被称为环境金融或可持续金融。银行业金融机构在审批贷款时，会把企业项目的环保信息考虑在内，评估其对环境资源可能产生的负面影响，而这一评估结果是决定是否发放贷款的重要依据。在我国学术界，对绿色信贷的定义有多种观点。一种观点认为，绿色信贷的关键是对高能耗、重污染企业和项目进行信贷管控，同时加大对绿色产业的资金支持力度；另一种观点则指出，绿色信贷要求银行业金融机构在兼顾环境保护和可持续发展的基础上，有选择性地向符合条件的企业或项目提供授信，使信贷资金优先进入低污染、绿色低碳产业以及节能环保项目。总之，绿色信贷是银行业金融机构依据环保标准，减少对可能造成环境污染和资源浪费的实体的信贷投放，积极推动绿色低碳产业和节能环保项目发展的信贷策略。

　　绿色信贷包含两个核心要素。一是运用调整贷款利率、额度、期限和担保条件等机制，激励低碳循环企业与节能环保项目，推动此类产业和项目的发展。二是针对不符合环境保护相关法律法规标准的企业或项目，绿色信贷通过减少或停止信贷支持加以约束。政策强调，银行业金融机构要主动优化升级信贷结构，在贷款审批和评估时严格遵循国家环保法规，识别和应对潜在环境风险。银行要密切监测环境风险带来的社会影响以及企业信贷状况，对于存在重大环保违规问题、发生严重安全事故或者涉及落后产能的企业，要有计划且坚决地减少信贷或者退出，监督企业整改并有效管控风险。同时，银行要有全局

意识和政治敏锐性，在国家倡导的节能环保领域积极行动，增加资金投入，主动提供服务，及时满足需求，扩大信贷规模，保证节能环保项目与服务贷款余额不断增长。

绿色信贷的目的在于引导资金进入节能减排、低碳环保、清洁能源以及循环利用等绿色领域，推动传统经济模式转型，构建新的经济增长动力，促使经济社会在新常态下加速转型，实现经济与环境的和谐共生与可持续发展。与传统信贷相比，绿色信贷存在明显区别。在客户选择方面，绿色信贷重点支持节能降耗、资源高效利用的企业和项目；在审批流程中，环境评估报告是重要的评估内容；在发放贷款时，更注重项目的实际进展情况，而非局限于固定的放贷时间；在盈利模式上，绿色信贷兼顾经济效益和银行业金融机构的社会责任；在实施方面，因其涉及范围广，需要全局统筹，从政策传达、制度设计到信贷执行，都需要跨行业、跨部门密切合作，保障信贷工作有效开展和全面落实。

二、绿色信贷的主要理论依据

绿色信贷的理论基础包括可持续发展理论、企业社会责任理论、金融创新理论和环境风险管理理论等多个方面。

（一）可持续发展理论

可持续发展的目标是平衡当下需求和未来世代的需求，保证经济活动既能满足当代人的生活需求，又不会损害后代满足自身需求的能力。该概念包含两层含义：一是发展要充分满足当前人口的经济和社会需求，特别是保障基本生存条件；二是要对当前需求加以合理限制，防止侵蚀后代的发展潜力。也就是说，当前代际主动控制自身"需求"，才能为后代留出足够的"发展空间"，推动发展形成良性循环。主张可持续发展理念的学者表示，传统经济发展模式往往偏向粗放式扩张而非集约型增长，过度追求经济总量的提高，却忽略了在此过程中产生的生态环境和社会福祉成本。相较而言，真正可持续的经济增长应以生态可持续性、社会公平和公众积极参与为根基。在此理论框架里，经济、环境、资源和社会形成了一个紧密联系的有机系统，需要综合运用多种政策手段来推动这四者的和谐共生与协同发展。

商业银行是金融业的核心部分，也是社会结构的重要一环。其信贷活动有明显的乘数效应，借助资金配置杠杆，深刻影响资源利用、环境保护和社会发展。社会、资源和环境状况也会反作用于银行业金融机构，限制其运营。具体来说，如果银行融资支持的项目导致严重的社会、资源或环境问题，会直接危及贷款资金安全，产生诸多负面影响。相反，推动资源、社会和环境和谐发展的项目，能给银行贷款带来积极影响。在中国高度重视环境保护的当下，银行业金融机构要积极实施可持续发展战略，必须抛弃传统信贷管理模式。这需要银行深入了解能效提升和节能项目的融资需求特点，优化信贷业务流程，改革内部控制和风险管理体系。具体而言，要建立一套完备的绿色信贷机制，包括绿色信贷标准制定、审批流程、利率定价、风险合规管理和激励约束机制等。其中，绿色信贷标准制定要与国家产业政策紧密结合；审批流程要高效灵活，以满足节能环保项目的融资需求；利率定价要保证收益覆盖成本和风险；风险合规管理要兼具环保和金融两种特性；激励约束机制要适用于分支机构和从业人员，且具有很强的可操作性。

（二）企业社会责任理论

西方发达国家较早引入了"企业社会责任"理论，即企业在追求高额利润、履行对股东和国家的法律义务时，也要关注对员工、环境、消费者等利益相关者的潜在影响。企业积极承担社会责任是实现可持续发展的关键，这既能回应社会对企业的合理期待，又不会削弱竞争力，还可提升企业的声望和信誉。企业在开展活动、制定决策、向消费者和公众提供产品与服务时，必须权衡社会成本和效益，其战略选择不能只考虑技术可行性和经济利益，还需深入评估对社会的长远和即时影响。企业作为社会的一部分，和自然人一样能从社会进步中获益，有义务为解决社会问题出力。从社会责任角度看，绿色信贷给银行业金融机构带来了新挑战，对其经营管理理念和运营模式有了更高要求，这已引起业界广泛关注，是银行业未来的重要发展方向。具体来说，银行业金融机构要确立可持续的先导发展策略，在信贷审批中严格遵守污染防治、环境保护法规和生态保护原则，优先支持符合环保标准和节能要求的企业和项目。同时，要不断推动环保产业发展和节能减排技术创新，促进资源高效利用和生态环境有效保护，遏制资源浪费和生态破坏。通过优化信贷资源配置，实现经济社会与环境资源的和谐共生，保证银行业金融机构持续稳健提高流动性、盈利性和安全性。

（三）金融创新理论

随着经济社会快速发展，传统金融体制难以满足多元社会群体需求，金融创新应运而生，目的在于化解经济发展与金融体制间的矛盾。金融创新是对传统市场、制度和工具的创新性重组，以构建新型金融体制与工具，适应经济社会发展需求。金融创新是经济发展的自然产物，能提升银行业金融机构竞争力和风险承受力，灵活满足社会群体多样化金融需求。当下，公众生活水平不断提高，环保问题备受公众关注。传统金融服务模式与产品无法满足经济、社会和环境协同发展的新要求。基于此，银行业金融机构的体制机制创新应以绿色信贷为核心。绿色信贷不仅是对传统信贷制度的创新，还广泛涉及金融工具、产品、方法和渠道的多维度创新，能有力推动经济、社会和环境的和谐可持续发展。

（四）环境风险管理理论

风险管理是企业在复杂多变的环境下，运用特定策略和方法，将潜在风险最小化的系统性流程。该流程从企业全面识别风险开始，经精细分析准确评估风险程度，然后采取针对性措施，有策略、有目标地管理风险，以最经济的成本将风险控制在最低程度。有效的风险管理可保障企业持续稳定发展，维护各利益相关方的稳定，推动社会资源合理配置和高效利用。

环境风险管理理论，本质上把环境看作潜在风险因素，借助精细的识别、评估与控制方法，尽力以最小成本把环境风险的负面影响降到最低。在银行业金融机构范畴内，环境风险管理的关键在于实施高效管理策略，最大程度减少企业环境状况引发的信贷损失风险。

环境风险管理理论启示银行业金融机构细化和优化业务流程，提升环境与社会风险的防控能力。在授信管理的整个链条中，银行需注重环节把控和细节雕琢，使贷前评估、贷中监控和贷后管理都能被有效纳入环境与社会风险的考量。首先要构建完备的制度框架，为尽职调查和审查人员明确任职资格与培训计划，保证其具备必要的专业知识和实践经验。同时，银行要制定并严格执行统一的环境与社会风险调查与审查标准，形成规范的操作指南和清单。其次，银行要按照客户的环境与社会风险特征，实施有差异的授信流程和权限分配，达成对不同风险类别客户的精准管理。再次，要进一步明确借贷双方的权利和义务，通过完善合同条款，引导和督促客户强化自身的环境与社会风险管理。最后，银行要依据相关法律法规，建立完善的客户重大环境与社会风险报告机制和应急预案，做到对风险早发现、早预警和有效防控，进而全面改善绿色信贷业务的环境与社会风险管理水平。

第二节　绿色信贷实施

商业银行推动的"绿色信贷"建设是一项综合性工作，涉及组织架构、政策规划和业务运营等多个维度。重点是使绿色信贷原则深入融入银行的信贷理念、长期战略、信贷导向、管理程序和产品创新里。所以，要建立一个包含环境监测、绩效评估和能力建设的综合支持体系，目的是构建并保持一个高效、持续的绿色信贷发展框架。

一、绿色信贷的组织管理

（一）绿色信贷的组织管理架构

绿色信贷与银行的发展战略和经营决策密切相关，其成功施行要依靠从董事会、管理层到各部门以及基层分行的全面贯彻执行。构建完善的组织管理体系，对在全行培育和弘扬以可持续发展为核心的绿色信贷文化极为关键，这会极大推动绿色信贷目标的实现。按照原中国银行保险监督管理委员会发布的《绿色信贷指引》，银行的董事会、高级管理层和专职管理部门在推动绿色信贷进程中负有明确而具体的职责。

1. 董事会的管理职责

银行经营的核心决策层是董事会，其对银行发展方向有着决定性作用。银行将绿色信贷作为长期可持续发展战略，该战略的成功施行离不开董事会的有力支持。推行绿色信贷战略要着眼于集团长远规划，部分必要举措可能会给银行短期财务状况、客户关系管理以及市场竞争力带来暂时挑战。所以，董事会要从战略高度出发，深入理解并接纳绿色信贷的发展理念，把它融入银行长期战略规划里。并且，董事会要充分发挥监督职能，确保全行绿色信贷战略有效实施并持续推进。

董事会在推行绿色信贷方面承担核心职责，包括推动绿色信贷理念与银行发展战略、日常运营深度融合。其战略委员会负责审核、决策绿色信贷重大议题，如战略方向、目标设定、绿色信贷报告等，评估银行绿色信贷战略执行效果并向董事会提交改进建议。审计委员会负责安排专项审计，通过引入第三方审计机构或指定内部审计局，严格审查环境与社会风险管理的实际效果。薪酬委员会加强监管职能，确保绿色信贷执行情况在高管和员工绩效评估中得到合理体现。

2. 高级管理层的管理职责

高级管理层承担着统领银行日常运营与管理工作的重任，在绿色信贷方面，其关键职责为规划和制定绿色信贷的长期战略以及具体目标。所以，管理层要建立完善的工作体系，以确立并维护支撑绿色信贷战略实施的高层管理制度。具体来说，高级管理层的职责包括：

（1）制定绿色信贷战略。其目的在于推动环境保护、资源高效利用、污染治理与生态保育协同发展，强化环境与社会风险的管理机制，全方位提升银行的环境与社会责任表现。

（2）确定绿色信贷发展指标。要明确规划绿色信贷的远景目标，经董事会审议后，根据地域与业务领域的特性，细化具体的实施目标。

（3）建立绿色信贷实施的机制和流程。根据银行的组织管理结构细化职责分配，明确界定各部门在推进绿色信贷工作中的具体职责和权限范围。

（4）开展内控和考核。针对绿色信贷战略的主要目标实施内控和绩效评估。需确立定期报告制度，每年至少一次向董事会全面通报绿色信贷战略的执行状况及关键事项。

3. 绿色信贷归口管理及协调机制

绿色信贷是银行战略的核心部分，与银行业务运营和日常管理的各个环节密切相关。其有效施行是一项综合性系统工程，需要多部门协同合作。所以，银行要指定明确的高管责任人和主导部门，构建跨部门协作框架，以推进绿色信贷顺利进行。

（1）归口管理职能概览

归口部门在绿色信贷工作里起引领作用，负责统筹协调全行资源，推动绿色信贷业务顺利开展。由于国内银行组织结构存在差异，绿色信贷的牵头部门也不尽相同，有的由风险管理部门牵头，有的由前台营销部门负责，还有部分银行专门设立了独立部门。所以，各银行牵头部门履行职责时会依据自身实际情况有所侧重。

（2）其他参与部门及其职能概况

在国内银行的实际操作里，绿色信贷往往被纳入现有的工作流程，这就使其无法靠单个部门独立完成，而需要公司业务、授信审批、风险管理、法务、内控合规和行政办公室等多个职能部门协作。由于各银行的组织架构、运作机制和流程管理体系有所不同，参与绿色信贷的部门要在明确自身职责的基础上，紧跟银行战略方向，促进绿色信贷措施有效施行。同时，对于领域内重大的绿色信贷问题，各部门要共同制定应对策略，并及时向高级管理层汇报，保证就绿色信贷的关键事项和信息与其他相关部门进行及时、有效的交流。

二、银行内部绿色信贷政策制度

（一）绿色信贷的战略与目标

1. 绿色信贷发展战略

绿色信贷发展战略着眼于长远发展，意在整合全行对环境与社会风险的认识，制定并实施一套全面的环境与社会风险管理政策及其配套支持机制的核心指导方针。

（1）总体导向

不同银行在经营规模、业务多元化程度、客户群体以及业务风险多样性等方面存在差异，这就使得它们的绿色信贷战略有不同的特点。各银行要依据自身的经营特点和战略规划，把绿色信贷理念融入践行社会责任、强化风险防控、助力绿色经济发展、促进业务与客户长远可持续发展这四个核心领域之中。

绿色信贷与银行社会责任深度融合至关重要。银行应把社会责任融入经营核心理念，谋求经济、社会和生态效益的和谐共生。通过推行绿色信贷政策，银行既能推动业务增长，又能有力地加强环境保护，达成双赢。

防范环境与社会风险的重要性日益显著。环境污染、气候变化和资源枯竭已然成为全球关注焦点，国家对环保违规行为的惩处力度大幅增强，社会公众和非政府组织对企业环境行为的监督也不断强化。这些情况致使环境和社会风险给银行带来的潜在声誉损害和财务风险更加严重。所以，银行需增强危机管理意识，采取有效举措防范相关风险，保障业务长期稳健发展。

加大对绿色经济的扶持力度。银行业要积极抓住低碳经济中的业务机遇，通过金融服务推动低碳技术广泛传播和应用，帮助客户实现节能与减排目标。比如德意志银行，已把产品当作其低碳金融战略的核心部分；汇丰银行也将低碳业务列为战略发展的重点内容。

银行在业务运营中的核心目标是实现自身与客户的可持续健康发展。银行要把绿色信贷理念融入经营管理，构建长期发展的经营模式。在此基础上，银行应以维护客户长远利益为出发点，主动引导、助力客户优化环境行为，有效规避经营风险，增强市场竞争力，使银行业务与客户发展同步，共创可持续发展的未来。

（2）主要内容

银行绿色信贷发展策略是引领全体员工达成共识、高效开展绿色信贷实践的核心。该策略文件要全面包含银行对绿色信贷的深入认识，明确绿色信贷建设的宏观目标和基本原则，详细列出支持的领域以及重点投放方向。文件还需详尽阐述对环境与绿色风险的管控流程、实际操作规范，并为特定行业制定专门的授信指导原则。银行的企业社会责任实践要求也应被包含在内，从而使绿色信贷战略与可持续发展目标紧密关联。

（3）总体原则

绿色信贷工作应遵循的总体原则是效益性、审慎性、可持续性。

效益性原则是银行发展的核心导向。银行在积极开拓新兴绿色信贷市场、保障信贷业务稳健持续增长时，要兼顾经济效益与社会效益，平衡短期收益与长期回报，通过创新盈利模式不断提升自身盈利能力。

审慎性原则是绿色信贷的基础。银行要把环境与社会风险管理放在绿色信贷业务的核心，在信贷审批和管理的各个环节严格执行风险管理措施，有效预防可能出现的信贷风险和声誉损害。在开展绿色信贷工作时，银行需遵循严格的环保标准，持续关注并精准把握国家产业政策动态与调整方向，深入评估相关产业的潜在风险状况，充分预见政策和行业的未来发展趋势。在此基础上，银行应制定有预见性和适应性的政策框架与管理机制，保障绿色信贷业务稳步推进。

可持续性原则是银行履行社会责任的关键所在。银行需充分发挥信贷功能，积极推动经济社会的可持续发展。借助信贷资源的科学配置，银行既能持续为股东创造价值，又可实现自身的长远与可持续发展。

2. 绿色信贷目标

确立绿色信贷目标有重要意义，能促使银行把绿色信贷理念融入长期发展规划。银行可据此按照绿色信贷标准全面优化信贷结构，包括调整行业分布、客户群体和产品组合，推动运营模式转型升级。明确的绿色信贷目标为绿色信贷项目有序开展和绩效评估构建起牢固的制度框架。

对国内外先进银行绿色信贷进行旨向分析可以发现，国际银行业金融机构涉足绿色金融领域的时间较早，构建了较为成熟的目标框架。在碳足迹核算方面，它们有着丰富的经验，借助能源管理、建筑设计优化等有效措施，依靠碳补偿机制实现减排目标，部分机构更是朝着碳中和的长期愿景努力。

（二）绿色信贷政策

1. 定位与作用

我国当前的经济发展阶段和产业结构特点决定了绿色信贷建设的核心任务是加快信贷结构的优化调整。具体来说，要削减对"高污染、高能耗、产能过剩"行业的信贷支持，积极开拓环境友好型领域的信贷业务。银行的绿色信贷政策通过调整信贷结构、引导资金流向、控制环境风险来实现与绿色信贷总体目标的协同推进。

2. 主要内容

银行按照国家环保政策和安全生产绿色信贷导向，参照不同产业特点与行业要求，制定出包含能源消耗、水资源利用、污染物排放限值等关键指标的行业绿色信贷准则，同时确定环境与社会风险管控要求。这些准则是银行绿色信贷体系的核心部分，目的在于引导和推动全行绿色信贷业务的优化调整，其信贷政策突出两大核心要点。

（1）准入政策

本机构在信贷审批时，为推动资源节约型和环境友好型项目及企业发展，会严格考察客户及其主要关联方在构建、运营和生产活动中潜在的环境风险因素，包括环境、社会、公共卫生、安全隐患、人口迁移安置、生态保育、气候变化等方面。若存在能耗过高、环境污染或者社会责任缺失等问题，客户及其关联项目或企业就不能得到信贷支持。

（2）退出政策

有效的退出政策对绿色信贷结构的实施以及高风险领域风险防控的强化至关重要。对于现有客户与已发放的贷款，若项目或企业存在环保违规情况，或者环境与社会风险大幅增加，银行需快速行动，加快信贷资金的退出速度。

3. 国际领先银行做法

国际先进银行广泛采用基于各行业特性的环境风险管理策略来强化风险控制。这些策略具体涉及石油、天然气、大型水电、核能等能源领域，还有矿业、军工、林业等众多行业。一些银行根据自身风险承受能力，明确划定不予支持的负面行业（含特定国别与地区），严格限制对这些领域的融资服务。

（三）绿色信贷分类管理

在《绿色信贷指引》的要求下，银行机构要构建客户环境与社会风险评估体系，开展持续性的风险评估与细分工作。该评估结果应成为判定客户信用等级、信贷准入资格、管理策略以及退出机制的重要依据。并且，在贷款的贷前调查、贷时审查、贷后检查流程，还有贷款定价和经济资本配置方面，银行应实施差异化的风险管理举措，从而充分考虑环境与社会风险。

"赤道原则"以国际金融公司的《环境与社会可持续性绩效标准》和《环境、健康和安全指南》为基础，按照项目可能带来的环境影响与风险程度，把项目分为 A、B、C 三类。"赤道原则"构建了一套完备的环境与风险管理评估体系和操作流程，但其核心目的主要是规避风险，在积极支持绿色经济领域方面表现不足，这与我国绿色信贷理念存在一些差异。我国绿色信贷的分类管理策略包含行业、客户、项目等多个维度，从而能够实现更精细化的管理。

1. 行业维度

按照行业特性对绿色信贷进行分类，是一种直观且易于操作的策略。原中国银行保险监督管理委员会在《绿色信贷实施情况关键评价指标》里，结合"赤道原则"的分类框架和我国实际情况，明确了高风险与中等风险的 A 类、B 类项目（客户）所属的行业范围。

2. 客户维度

交通银行按照原中国银行保险监督管理委员会《节能减排授信工作指导意见》，根据授信客户对环境影响的程度，对有信贷关系的客户开展分类管理，用红（环保风险）、黄（环保警示与关注）、绿（环保合格及更优）三种颜色及细分的七类标签来标识客户。招商银行针对所有企业贷款采用更细致的"四色"分类体系：环保绿色贷款（面向环境友好型企业）、环保蓝色贷款（符合环保标准）、环保黄色贷款（需环保关注）、环保红色贷款（环保不达标）。该行通过调整贷款额度上限、风险权重和经济资本占用比例等策略，积极促使贷款结构朝着环保绿色和蓝色类别倾斜，推动绿色信贷发展。

3. 多重维度

企业业务日益多元化，跨越不同行业领域渐成常态，部分银行已运用综合考量客户与项目的多维度分类管理体系。中国工商银行就是典型，它融合"赤道原则"和个人金融业务客户经理（Financial Consultant，简称 FC）绩效标准，构建了涉及客户与贷款两个层面的四级十二类细致分类体系。该体系包括环境友好、环境合格、环境观察和环境整改四大类，目的是使绿色信贷理念深入融入银行业务流程。中国工商银行通过建立绿色信贷与企业信用评级、资产质量评估的内在联系，进一步明确绿色信贷分类管理规范，实现了绿色金融理念的实践与应用。

"赤道原则"信息披露的特点如表3-1所示。

表3-1 "赤道原则"信息披露的特点

方 面	特 点
披露标准	相对于我国仅规定银行有披露的义务，披露的内容由银行自主决定，无任何具体标准的情况，"赤道原则"在其第十条"赤道原则的报告制度"中进行细化规定，具有统一的披露标准
披露形式	报告形式可以多样化，并没有严格的格式。赤道银行可自主决定报告的方法、格式，依据各个地区和产业的不同情况进行披露
披露内容	披露内容丰富，并且兼具定量和定性指标。"赤道原则"规定了加入"赤道原则"的金融机构应当制作年度报告，并定期公开。年度报告的内容包括执行"赤道原则"的过程和经验，各个赤道金融机构的交易数量、交易分类，赤道银行的信用和在风险管理体系中的适用情况，"赤道原则"的执行情况以及赤道银行适用"赤道原则"的程序、措施、安排和员工培训，还规定了报告公开的地点、方式与频率以及宽限期等等，非常全面
披露强制力	"赤道原则"是完全自愿性的行业自律原则，赤道银行需自觉遵守披露标准进行披露，由于披露形式较为多样，并且因地而异，各个赤道银行在披露方面的工作水平差距较大，所以"赤道原则"在披露方面的强制力还有待提高

（四）绿色信贷的实施措施

1. 鼓励绿色经济领域信贷投放

银行可采取诸多具体措施，如明确界定优先发展的领域、设立专门的支持资金、创新绿色金融工具等，有效引导信贷资源向绿色经济领域倾斜。

（1）明确鼓励发展的领域

银行在绿色信贷发展战略与行业信贷政策文件中明确界定了重点扶持领域，包括生态保护、绿色农业、清洁能源、节能环保以及循环经济等多个行业。为实现风险与收益的精细化管理，银行可针对不同行业设置差异化的经济资本调整系数。

（2）设置专项资金

政府与金融机构设立绿色信贷专项基金，目的在于为环保、节能和清洁能源等绿色项目给予专门的资金支持。该基金意在推动金融机构加大对绿色项目的贷款发放量，缓解企业融资压力，进而加速绿色项目的实施进程。

（3）绿色信贷创新

绿色信贷创新可主要从产品创新、流程创新、业务模式创新等三方面开展。

在产品创新领域，国际先进银行在绿色金融产品研发方面走在前列，其业务涵盖公司金融多个环节，如公司贷款、项目融资、首次公开募股、咨询顾问服务以及金融租赁等。同时，这些银行在投资与资产管理、个人金融服务方面也成果显著，推出不少鼓励环保行为的创新产品。比如设计低碳信用卡，为购买低碳产品的消费者提供优惠；推出绿色建筑贷款，如支持个人安装太阳能屋顶的项目；推出可用于碳补偿的信用卡服务等。这些银行还涉足碳交易及其相关金融服务，进一步扩充了绿色金融的产品线。国内浦发银行和兴业银行在构建绿色金融产品体系方面表现优异。浦发银行推出十大特色绿色金融产品，兴业银行打造"绿金融全攻略"专项方案。这些做法体现了两家银行在绿色金融领域的实力，也有力推动了它们在绿色金融市场的业务拓展与深入发展。

银行要抓住国家加大节能改造补贴力度的机会，与专业节能服务机构合作，构建建筑节能改造专项贷款及多元金融服务模式。在环保产品政府采购方面，银行可拓展订单融资服务，为有政府持续订单且交易信誉良好的环保产品制造商提供支持。此外，银行还要密切关注全国碳排放权交易市场建设情况，及时推出创新金融产品与服务来满足市场需求。

流程优化与创新是银行的关键策略。银行在面对环境和社会风险不同的客户或项目时，要构建差异化的审批流程与权限体系。对于节能环保类和环境友好型项目，需设立专门的"绿色通道"来加快审批速度。比如，民生银行提高授信额度上限，推行绿色信贷快速审批机制，大大强化了对资源消耗低、环境友好型行业的金融支持力度。

银行需开展业务模式创新，从而减少业务运营期间的碳排放。具体而言，要提高网上银行、手机银行等数字化服务渠道的业务占比，同时逐步削减甚至停止纸质信用卡对账单的使用。

2. 实施风险信息监测

为深入了解并妥善管理客户（项目）相关的环境与社会风险，银行要更加重视环保风险监控，不断优化信息获取渠道，与当地生态环境部门建立良好的沟通协作机制。银行需密切留意环保监管部门重点督办的案件、公开的环保违规情况，以及媒体曝光和公众反馈的各类环保违规事件，以便及时采取风险缓解策略。

（1）分级监测、及时预警

应构建总行与分行协同的分层监测体系，对于国家环境保护部门公开督办或者通报的重大环境保护违规事件及相关企业，总行需快速向相应分行传递风险预警通知，指导并监督分行有效落实环境风险管理措施。

（2）采取措施、化解风险

当上级银行发出风险提示通知，或者银行自主监测到环保违规企业时，银行要迅速行动，指导下属各分支机构全面核查相关贷款的风险状况。按照银行内部既定规章制度，严格执行相应管理要求，实施一系列针对性和效果俱佳的风险缓解与资产保护措施。

（3）持续跟踪、动态管理

银行要持续跟进、监督其管辖范围内环保违规企业的整改进程、贷款风险状况以及风险防控措施的执行效果，严格遵循总行制定的贷后管理规范。

（4）及时报告、如实反映

银行要构建常态化的环保风险监测登记机制，根据监测工作的实际进展，详细记录环保风险监控情况。各分行在其管辖范围内发生重大环保风险事件时，需快速向总行提交报告。报告内容应包含企业环保违规行为的查证结果、所受处罚的详细情况、客户经营状况与贷款风险评估、环保分类调整动态以及已采取的风险防控措施等关键信息。

3. 加强重点领域风险防控

银行要按照国家产业政策导向，持续关注政策动态和行业发展趋势，展开深入的前瞻性分析。结合自身风险偏好，银行需明确当下以及未来中长期风险防控的关键领域和具体管理目标，并有针对性地制定风险防控策略。尤其要把"两高一剩"行业、落后产能企业、重金属排放企业和高危化学品企业等作为近期环境与社会风险防控的重点对象。为有效应对这些风险，银行可从以下三个方面采取措施：

（1）控制融资总量

各银行需按照自身风险偏好、经济资本配置以及客户行业分布特征，深入剖析国家政策导向与行业发展趋势，为环境与社会风险较高的领域设置行业信贷上限，从而有效防范系统性信用风险，稳步削减信贷资产组合的碳足迹。

（2）严格准入

在项目（客户）准入标准里，银行应整合反映企业核心竞争力与风险状况的关键要素，包括工艺水平、能源消耗效率、技术创新能力、环境保护成果以及国家产业政策导向等核心指标。其目的在于促使银行信贷资源向业绩优秀的企业和项目倾斜，并且逐渐从高能耗、低效能的落后产能企业退出，从而实现信贷资金的高效配置。通过该策略，要引领并推动全行信贷结构朝着绿色、可持续的方向转变。

（3）加强流程管理

银行要应对环境与社会高风险领域的客户与项目，就需构建一套涵盖尽职调查、授信审批、贷后管理各环节的全面制度框架，达成流程管理的差异化策略。当前及未来一段时期，化解严重产能过剩风险是国家产业结构调整的核心任务，也是银行业金融机构实施绿色信贷时需重点关注的领域。银行要双管齐下，一是严格防控产能过剩引发的融资风险，二是积极推动产能过剩行业向资源节约型、环境友好型转变，进行包含技术革新、产品换代和整体经营结构的优化升级。银行处理产能过剩行业风险时，应遵循分类指导、精准施策的原则，避免"一刀切"的简单处理方式。

三、绿色信贷的流程管理

（一）绿色信贷流程概述

银行要把绿色信贷标准全方位融入信贷业务流程，包括客户筛选、贷前评估、授信决策、合同订立、贷款发放和后续管理等环节，严格执行绿色信贷要求。在风险评估体系里，重点考虑节能、环境保护、生态平衡、安全和社会风险因素，将其作为评价客户与项目的重要指标，检验项目在节能环保方面的合规性、完整性和程序合法性。借助信贷资金的导向功能，加大对绿色经济领域的投入，推动信贷资本与国家新兴产业发展战略有效对接，最大程度地节约资源、降低消耗。

1. 尽职调查阶段

（1）主要管理目标

在尽职调查阶段，细致探查与精准识别环保与社会风险是银行风险防范体系的核心。在此阶段，系统搜集并初步评估相关环保及社会风险信息，对后续决策流程的导向和奠定基础有着巨大价值。

（2）主要工作内容

尽职调查阶段一般由客户经理或前台业务部门首先进行，在某些情况下需要法律部门给予法律评估。这一阶段包含的主要任务如下：

客户经理要全面掌握客户信息，结合客户及其项目的行业与区域特点，采用实地调查和间接调查并重的方式，系统地收集信贷业务所需的各类资料和数据。深入挖掘客户遵守环保法规和环境表现的历史记录，若涉及担保，还要详细评估担保人资格和抵（质）押物价值，从而对客户（项目）潜在的环境与社会风险做出客观、初步的判断。信息收集不应仅源于贷款主体这一单一来源，而应扩展到多级环保、工业和信息化、安全生产监督管理等政府部门的官方网站公开信息，还可利用中融网"环保监测信息"、公众环境研究中心"污染地图"等第三方咨询机构资源，并参考中国人民银行征信系统中的客户环保信息，构建全面的信息获取体系。

要实施绿色信贷分类管理。根据已收集的信息与初步评估结果，按照银行内部绿色信贷分类准则，快速在管理系统中标注相应分类标签。

在完成信息的收集与整理工作之后，客户经理要根据所获取的资料开展初步评估，撰写尽职调查报告。若遇到复杂的法律问题，需引入法律部门的专家给出审查意见，保证报告的严谨性。之后，将该报告提交前台业务部门主管，再送到相关部门进行复核。

要进行重点风险要素审查。尽职调查时，客户经理要深入核实企业遵守环保法规的实际情形。对于环境敏感性行业的企业或项目，要详细考查其环境与社会风险管控能力、应急响应机制的有效性以及社会接受度等基本情况并进行初步评估。若贷款以房地产或土地做抵押担保，则需细致调查抵押物所在地块的历史用途、是否有土壤及地下水污染情况。对于可能对生态环境、文化遗产产生明显不利影响，或者导致员工与居民健康问题、存在安全生产隐患的项目，必须在调查报告中明确说明潜在的环保、健康和安全风险状况。

（3）国际领先银行做法

许多国际顶尖银行在业务前台设置了初步甄别高环境与社会风险点的程序。之后，按照既定制度框架，环境与社会风险管理团队会利用专门研发的评估工具和核查清单进行更详细的审查。部分银行还采用排除性原则，严格筛选拟投项目或客户群体，明确标识出被归为"受限"或"禁止"类别的客户与项目。

2. 审查审批阶段

（1）主要管理目标原则

银行要按照客户环境与社会风险的特点和严重程度，设置合适的授信审批流程与权限分配。在评估客户信用风险时，要深入思考环境与社会风险对信用风险的潜在增加幅度，依据整体风险情况做出授信决策和额度分配。对于环境与社会风险较高的企业或项目，即便其资产负债率等传统授信指标表现良好，理论上能够得到授信或较高额度，银行也可基于自身风险承受偏好，灵活把最终授信额度调整到测算值以下，或者在极端情形下拒绝授信。

（2）主要工作内容

在授信审批流程里，授信审批部门肩负核心职能，必须仔细核查借款人或者项目环保审批手续是否全面、合规，审批流程是否合法。具体来讲，要确认项目环境影响评价是否得到相关部门的正式批准，审批或核准机构有无法定权限，是否存在越权违规审批的情况。银行要综合考虑客户（项目）的整体风险情况，包括环境与社会风险，再结合征信措施进行全面评估，进而制定最终的贷款方案，明确贷款发放的前提条件与后续管理要求。对于存在明显环境风险隐患的客户，银行应采用名单式管理，系统剖析各类环境风险点的特征、风险等级以及可能对客户偿债能力产生的潜在影响。在风险缓解策略方面，除了传统的提高资本金比例、开展银团贷款等方式，银行还应积极探寻创新方法，例如要求贷款客户投保环境污染责任保险（尤其针对易发生污染事故、储存运输危险化学品及进行危险废物处置的企业），推动客户进行节能减排、安全生产等技术改造项目。为了有效施行上述措施，银行应在贷款合同里明确相关条款，要求客户定期提交环境与社会风险报告，做出加强环境与社会风险管理的声明与保证。同时，合同中也要有客户接受贷款人监督的承诺条款，以及在客户于环境与社会风险管理方面违约时银行可采取的救济措施条款。

（3）国际领先银行做法

国际银行业金融机构评估特定项目的环境和社会风险时，主要参考客户的关注度、管理能力与历史业绩。客户的环保与社会责任政策、年报、可持续发展报告等文件是评估关注度的关键依据。客户在组织管理、财务状况和技术方面的实力，直接体现其管理环境与社会风险的能力。银行还会仔细考察客户过去的环境行为，如是否受到过环保处罚，以及在环境事件后的应对与改进效果，这些因素都对风险评估结果有重要影响。

3. 贷后管理阶段

（1）主要管理目标原则

贷后管理是银行信贷风险管控体系的重要组成部分，与贷款本息能否顺利按期回收直接相关。为有效应对此问题，银行需采取一系列策略，尤其要重视那些易受环境因素影响或存在重大环境与社会风险的客户群体，加强对其贷后的监督管理。

（2）主要工作内容

贷后管理阶段包括放款流程监控、持续性贷后风险评估与预警、适时调整绿色信贷分类标签和确立并执行定期报告制度。

实施放款环节的管理优化策略。在审批放款阶段，信贷作业监督人员要仔细核查从贷款审批日到放款核准申请日，客户是否有未经环保审核就擅自投产、因环保违规被勒令停产或者发生重大安全生产事故等情况。若发现这类情况，需综合考虑其对客户生产经营以及银行贷款安全的潜在影响，进而决定是否放款。为防控环保与社会风险，要在已授信项目的全生命周期（设计、筹备、建设、竣工、运营、关停等阶段）嵌入环境与社会风险评估机制。对于评估中发现的重大风险隐患，应及时采取措施，暂停甚至停止信贷资金的发放，以保证资金安全和可持续发展。

建立贷后监测与预警机制贷款发放后，客户经理要积极关注生态环境部、工业和信息化部等政府机构发布的最新政策动态与信息更新情况。与地方生态环境管理部门、工业和信息化部门以及安全生产监督机构密切合作，深入了解所负责企业的环境保护和安全生产合规情况。重点密切监控企业运营过程中污染物排放指标、污染治理设施运行状态等关键环境与社会风险因素的变化趋势。同时，要敏锐洞察国家政策法规和监管标准变动对企业环保及安全生产合规性的影响，若发现客户面临重大环境或社会风险，或者发生环境违法行为、重大安全生产事故，即刻启动风险预警程序。

及时优化绿色信贷分类标准。绿色信贷分类标识是信贷管理的核心参考，其持续更新与精确维护对贷后管理意义重大，有助于构筑信贷风险防线。为强化这一机制，银行可尝试将绿色信贷分类纳入贷款质量评估体系。具体做法是，设定环保违规企业或存在重大环境风险企业的贷款质量上限，使这类贷款在评估中受到严格限制。同时，对于环境敏感行业的贷款，在综合考虑其他因素时，应使其贷款质量分类不高于环境友好型企业，以体现绿色信贷政策的导向性。

（二）构建绿色信贷信息共建共享机制

生态环境部门和银监机构应合作构建一个信息共享平台，以实现绿色信贷信息的充分披露和高效运用。

1. 绿色信贷信息共享平台的内容

该信息共享平台包括以下三方面内容。

政策法规资讯。包含环境保护领域诸多关键内容，如法律条文、规章制度、技术标准、环境经济激励措施，还有减排实施进度、区域限制审批动态和行业准入条件等。

企业环境信息。包含多个方面，具体有企业所获环境评优荣誉、环境违法处罚情况（包括经济处罚、挂牌督办、限期治理要求、责令关停措施、排污许可证的发放与吊销等）、环境行为信用等级评估结果、环境影响评价审批情况、"三同时"验收进展、清洁生产实施状况以及减排任务完成情况等。

企业环境信息的应用情况。包括银行业金融机构根据企业环境信息调整授信额度、决定是否拒贷或终止贷款以及调整利率水平等实践。

2. 各部门职责

在建设和使用过程中，各有关部门应各司其职，保证该信息共享平台有效运作。

（1）生态环境部门职责

省生态环境厅负责构建绿色信贷信息共享平台，此平台会整合并发布环保法律法规、相关标准、环境经济政策以及环保产业政策的官方链接。

各级生态环境部门应按照"产生者负责填报"的原则，积极汇总各类企业的环境保护相关信息并及时提交，于信息生成后的 10 个工作日内准确录入绿色信贷信息共享系统。

各级生态环境管理部门要适时更新企业整改情况和强制性清洁生产审核的最新进展，在相关信息变动后的 5 个工作日内完成核实工作，并且对已有信息进行必要的修订和补充。

（2）金融监督管理部门职责

省金融监管局负责在绿色信贷信息共享平台整合银监部门绿色信贷管理相关规章制度链接。

各设区市的金融监管分局负有监管之责，要定期考核区域内银行业金融机构执行绿色信贷政策的情况，并把考核相关信息上传至信息共享平台以供各方参考。

（3）银行业金融机构职责

各银行业金融机构要把自身施行的绿色信贷授信政策以及上级总行发布的绿色信贷相关指导文件上传至信息共享平台，保证信息的时效性与准确性。

各银行业金融机构应在每季度首月末之前，把前一季度环保信息的具体应用状况、收到的反馈以及应公开的相关信息上传到绿色信贷信息共享平台。

3. 绿色信贷信息共享平台管理要求

绿色信贷信息共享平台的建设由生态环境部门和银监部门共同组织实施。

银行业各金融机构使用平台内环保信息时，若发现企业信息不完整，应引导企业主动联系生态环境部门补办必要手续，生态环境部门要及时补录缺失信息。在获取和使用这类环保信息时，需严格遵守保密规定，保证信息仅用于信贷授信工作的实际需求。

若企业对平台发布的环保信息有异议并向相关部门提出申请，该部门应在收到申请的 5 个工作日内核实，根据核实结果对信息做必要的更新或删除。

在平台内，环评审批信息、"三同时"验收结果、责令关停及排污许可证的发放与吊销记录会被永久存储。其余环保信息的有效期限规定如下：环境行为信用等级评价结果若未更新则永久保存；企业所获环境评优信息的有效期为 5 年；违法违规处罚信息（包括经济处罚、挂牌督办、限期治理等）以及强制性清洁生产审核信息会根据整改与验收的进展适时更新，整改完成且通过验收后，这些信息将保留 3 年。上述信息超过规定有效期后，会自动转至后台系统，不再提供对外查询服务。

（三）健全绿色信贷管理机制

1. 构建绿色信贷管理体系

银行业监管机构需构建面向金融机构的统计监测、评估和责任追究机制。这一机制要全面考察、评定各银行机构对绿色信贷政策的理解和执行效果，并把评估结果纳入监管评估框架。对在绿色信贷实践中有突出表现的机构，要予以表彰，从而激励整个行业的绿色转型与发展。

各银行业金融机构要明确绿色信贷业务的负责部门与岗位职责，构建并健全绿色信贷工作的责任追究制度。若有违反环境保护法律法规，或未充分履行"三查"（贷前调查、贷时审查、贷后检查）职责从而致使贷款遭受损失的情形，必须严格追究相关部门及责任人的责任。

2. 强化绿色信贷全流程管理

各银行业金融机构要将绿色信贷全面融入授信业务的各个管理环节。在进行贷前调查时，除谨慎审核企业提交的申请材料外，还要深入参考生态环境部门披露的信息。在贷款审查和审批环节，企业环保合规性要成为信贷投放的首要标准，并且根据企业的环保表现采取差异化信贷策略。在贷后管理阶段，要持续跟踪企业经营和项目建设中的环境动态，对环境信息的最新变化保持敏感，及时识别和有效防控因环境违法行为导致的信贷风险。

3. 实行差别化绿色信贷政策

各银行业金融机构要使绿色信贷理念深度融入业务实践的各个环节，大力支持绿色环保、清洁能源以及循环经济领域的企业和行业，大幅增加对环境友好型建设项目的资金投入。

在实际操作中，各银行业金融机构要结合自身实际，制定并施行一套内部信贷管理规范，明确把企业环境信息作为授信决策的核心考量因素，据此实施差异化信贷支持策略。

（1）对新建项目

将建设项目通过环境影响评价审批作为信贷投放的必要条件，未通过该审批的项目一概不予发放贷款。同时，对于国家产业政策名录中明确鼓励的项目以及环保设施建设项目，只要符合贷款基本要求，在信贷额度分配与利率设定方面就应予以优先考量。

（2）对现有企业

荣获环保殊荣（如绿色企业、国家环境友好企业）、环境行为信用评级达绿色或蓝色标准的企业，可享受一定信贷优惠政策。对于存在环境违法记录但已整改的企业、环境行为信用评级为黄色的企业、未达成减排目标或处于"限批"区域的企业，银行要依据实际情况审慎授信。存在环境违法记录且未整改、环境行为信用评级为红色的企业，依法应持排污许可证却未取得的企业，新增贷款申请不予批准。环境违法且未在规定时间内完成整改、环境行为信用评级为黑色，或排污许可证已被吊销的企业，不得新增贷款，还要逐步削减贷款额度，直至完全停止贷款支持。

4. 创新绿色信贷产品、服务

银行业金融机构要针对绿色环保企业、环保技术创新项目以及节能减排技改项目的多样化信贷需求主动做出改变，设计出符合绿色信贷政策的金融服务模式、信贷机制和产品体系。重点扶持那些符合经济转型升级趋势且秉持环境友好理念的企业。此外，要结合排污权的有偿使用与交易机制，积极探索并推广排污权抵押贷款的应用。

第三节　绿色保险

一、绿色保险的内涵

绿色保险，即环境污染责任保险，在不同国家有不同的叫法。在英国，它被称为环境损害责任保险或者场地清理责任保险；在美国，它被称为污染法律赔偿责任保险。

环境污染责任保险是责任保险在环境事故方面的创新应用，其把被保险人因污染水、土地或空气而依法应承担的赔偿责任纳入保险范围。要注意，这种污染赔偿有明确限定条件。保险公司只对突发且非预期的污染事件负责赔付，而将任何故意或恶意造成的污染明确列为不赔范围。广义而言，责任保险属于财产保险，是一种被保险人能把应承担的民事损害赔偿风险转嫁给保险人的保险机制。其细分类型有公众责任保险、雇主责任保险、职业责任保险和产品责任保险等。其中，环境污染责任保险是由商业综合责任保险（Commercial General Liablity，简称 CGL）演变发展而来的。

绿色保险的概念可追溯至 20 世纪 80 年代的美国。从 20 世纪 70 年代开始，西方国家掀起了强劲的环保热潮。在这一形势下，公民环境权理论为环境责任理论奠定了基础，促使环境责任理论快速发展，进而推动了环境污染责任保险的蓬勃兴起。该保险对清洁空气权益、居住安宁权益以及清洁水源权益等多方面的环境权益予以保障。

二、绿色保险可行性分析

中国处于全球污染程度较高的国家行列，绿色保险机制在环境保护方面有着重要意义，其有助于解决环境争议，高效分散风险，还能为环境责任主体提供风险监测与管理服务。参考发达国家的成功经验，中国需结合自身实际，合理、适度地推动绿色保险发展。

20 世纪 60 年代以前，环境风险还未显著暴露，环境责任纠纷较少，所以绿色保险未把环境损害赔偿责任列入免责范围，其保单包含污染风险。绿色保险保单有两项污染责任附加条款：一是限定地点的有限污染责任条款，该条款对污染事故造成的身体损伤和财产损失予以赔偿，一般只针对被保险人污染环境引发的突发性损害事件；二是特定地点污染责任条款，该条款除赔偿身体伤害和财产损失外，还承担支付被保险人场所内污染清除费用的责任。目前，绿色保险主要分为环境损害责任保险和自有场地污染治理责任保险两类。

（一）绿色保险的特点

1. 承保条件严格，承保责任范围受限

环境污染责任具有广泛性与潜在不确定性，常涉及高额赔付，有时需动用巨额资金。商业保险公司为维护自身利益、保持财务稳健，承保时会严格界定责任与范围。美国的公众责任保险和欧洲的第三者责任保险都包含"突发且意外事件条款"，该条款明确将任何非突发或非意外原因导致的污染排除在保险责任之外。比如，因废液、废气、废渣排放与处理造成空气、水源、土壤污染，由此引发的人身伤害或财产损失，不在保险赔付范围内。由于法庭对"突发且意外"的解读较为宽泛，保险公司甚至想在商业综合责任保险中将污染风险完全列为除外责任。

2. 个别确定保险费率

绿色保险的独特性在于赔偿责任重大且保险技术要求高。被保险人情况各异，保险人要对承保标的进行现场勘查与评估，有针对性地设定保险费率来管控风险，所以每份保险合同内容都有独特性。

3. 经营风险较大，需要政府支持

污染责任问题的复杂性使绿色保险人面临高额赔付与有限承保范围，其经营风险明显高于其他商业保险领域。为推动绿色保险发展、构建多元环境保护体系，政府的大力支持非常关键，如提供税收优惠措施、通过政策手段强制推行特定绿色保险。

（二）发展绿色保险的意义

1. 有助于经济和环境的"双赢"

绿色保险是国际上通行的一种做法，企业可针对潜在的环境事故风险向保险公司投保，这样污染受害者就能得到相应赔偿。这一制度借助费率调节机制，激励企业加强环境风险管理并提高管理水平。环境保险的保费与企业污染

状况直接相关，污染越严重，保费越高。保险公司除承担赔偿责任外，还积极参与被保险企业的环境风险预防与控制，这种市场监督机制能促使企业减少污染。企业投保环境污染责任保险后，一旦发生事故，保险公司会迅速向受害者赔偿，这既能使企业避免破产，又能减轻政府财政压力，达成企业、政府和受害者三方共赢。国际经验显示，完善的绿色保险体系既能促进经济发展与环境保护的和谐共处，也是高效调配市场资源以强化环境监管的一种策略。

2. 增加环境治理的参与主体

当下，中国面临的环境污染状况十分严峻，在全球范围内属于污染严重的国家。环境污染对民众生命安全和健康构成了切实威胁，很多地区因污染致使疾病发生率大幅提高。随着环境污染不断加重，环境保护不能单靠政府和生态环境部门，而是需要全社会一同参与。绿色保险在这一过程中有着重要意义，它能有效处理环境纠纷、分散风险，还能为环境侵权者提供风险监控，从而积极推动环境保护工作。

3. 转移风险，减轻企业及政府负担

环境污染通常影响范围广、涉及人员多，赔偿数额巨大，污染企业一般很难独自承担全部损失。即便企业能够全额赔偿，巨额赔款也可能极大地妨碍其正常运营和发展。绿色保险的出现，让企业可以用较少且固定的保费支出，换取对未来不确定风险的有效应对方式，保障了生产经营活动的连贯性和稳定性，防止企业因巨额赔偿陷入困境甚至破产，从而维护了经济社会的平稳发展。保险公司为减少赔付风险，会安排专业团队严格监控和管理投保企业的污染风险。借助风险等级评估、调整保险费率等手段，激励投保企业主动采取防灾减损措施，降低污染事故的发生率。这一过程提升了企业的风险管理能力，也间接使企业受益。在制度规范和正面激励的双重作用下，投保企业能最大程度地减少污染事故发生的概率。在许多环境污染事件中，政府往往要承担最终责任。绿色保险通过风险分散机制，减轻了政府在环境保护方面的财政负担，使受损的生产条件和生活环境能快速得到恢复和重建，推动了生态环境的可持续发展。

4. 降低环境纠纷处理成本，维护公众环境权益

在中国，很多污染受害者受经济条件所限，常无力承担高昂的诉讼费用，难以获取应得的公正赔偿。这种状况有时会致使部分受害者做出过激行为，影响社会稳定。所以，引入绿色保险机制非常重要。借助这一机制，保险人会承

担被保险人的经济赔偿责任，既能大幅降低环境纠纷处理成本，又能让受害人及时得到赔付，有效维护公众的环境权益。

5. 转移西部大开发的环境污染风险

西部大开发面临区域环境承载力脆弱的现实，急需走可持续发展之路，绝不能以破坏环境为发展代价。在此过程中，在开发利用能源资源时，必须重视环境污染的潜在威胁。为合理规避风险，不能让有限的西部开发资金用于处理环境污染，而要探索风险转移机制。具体来说，要遵循"污染者负担"原则，鼓励并要求投资者参与绿色保险计划，通过支付小额保费，获得未来可能发生的环境损失的赔偿分摊权，使西部大开发在保护生态环境的情况下稳步推进。

三、发展绿色保险的政策建议

（一）健全保险法规，加强监管体制

绿色保险的推进依赖于环保法规的完善以及监管体系的优化。其发展进程从根本上受法律制度的成熟度和实施效果的影响。

中国环保法制体系有待进一步完善，污染赔偿领域立法缺失问题尤为突出，执法力度也不够，难以对排污者形成有效约束。官方机构评估显示，环境污染每年造成的直接经济损失达数千亿元，但实际赔偿数额极少。在执法过程中，污染赔偿责任多由国家和社会承担，企业承担的压力较小，参与绿色保险的积极性不高。当前中国解决环境纠纷主要靠民事诉讼和行政调解，可污染受害者要承担高昂的诉讼和律师费用，求偿困难重重。排污企业多为地方经济的重要支柱，常受地方政府隐形保护，这也降低了污染者对参与保险风险的认知。随着环保法律体系日益健全，绿色保险有着广阔的发展前景。

（二）险种设计中要避免道德风险和逆选择

环境污染事件发生时，常伴有巨额赔偿与复杂的责任界定，所以，有效防范被保险人的道德风险与逆选择行为十分关键。不同企业造成的污染损失差别很大，在设定保险费率时，要用科学方法全面评估风险，按行业特性制定不同的费率标准，以抑制逆选择，但要把握好度。目前，中国污染责任保险费率较高，按行业分，费率为2.2%～8%，比其他险种千分之几的费率高出许多。这种高费率与低赔付率的情况，大大降低了企业的投保意愿。为推动企业投保绿色保险，要设计相关条款来减少被保险人的不诚信或欺诈行为。具体可通过

限定保险责任范围、明确排除特定责任、对被保险人欺诈行为予以严格经济处罚等，来降低道德风险。在保险实践中，保险人承保前要仔细审查投保企业，准确评估其风险程度，要求企业提供有助于确定损失概率和损失额度的补充信息。保险人还应对投保企业的防灾减灾设施与措施给出专业建议。在合同有效期内，保险人要持续监督企业生产活动，提出预防环境污染事故的具体建议。在保险事故发生后，要根据污染类型和成因确定企业责任，进而确定赔偿金额，同时，根据企业对保险人提出的防污染措施的遵守情况，决定是否进行制裁。

（三）因地制宜确定保险责任范围与除外责任

中国绿色保险还处在发展初期，相关法律法规不够完善，所以制定合适的保险合同条款难度较大。保险人要谨慎界定责任界限，把非正常生产活动、违规操作和故意行为所致的赔偿、预防性支出等列入免责条款。绿色保险的责任范围不应盲目扩大，以免因承保风险过多而无法赔付。合理的做法是在自身能力范围之内，为环境保护切实贡献力量。同时，也不能把责任范围设置得太窄，不然投保企业的环境风险转移不充分，会影响其投保绿色保险的积极性。当前，赔付率低的一个主要原因是保险责任范围狭窄，只把突发性污染事故引发的民事赔偿责任归入保险范围。但污染导致的民事赔偿不只源于突发性事件，逐渐性污染也很严重，当污染物积累到一定程度时，也会给第三方带来人身或财产损失，而且这类事故的发生频率和损失程度往往更高。

（四）宜采用政府强制与政府引导相结合的发展模式

发达国家的绿色保险模式主要有强制性与非强制性两类，越来越多国家倾向于加强强制性责任保险。在此背景下，日本的做法值得关注。日本已制定并实施一系列针对空气污染、水污染和有害废弃物的法律法规，其特色是广泛运用"行政建议"机制。在此机制下，地方和中央政府官员会向企业提出建议，促使双方就工厂运营和工业发展设施达成"污染控制协议"。该协议明确了排放标准，规定了监督和报告要求，虽为自愿性质，无法律强制力，但日本企业重视自身信誉，协议得以有效执行。与日本相比，中国已在部分行业推行强制责任保险，不过绿色保险总体上仍以自愿性为主。许多企业心存侥幸不参保，致使无辜受害者难以获得公正赔偿。鉴于当前环境问题严峻，中国可借鉴国际经验，实施政府强制与引导并重的制度。对于石油、化工、印染、采矿、水泥、造纸、皮革、火力发电、煤气、核燃料生产和有毒危险废弃物处理等环境污染和危害最严重的行业，应实行强制责任保险。对于污染相对较轻的行业，政府可发挥引导作用，参考日本模式提出"行政建议"，借助政府公信力鼓励企业自愿投保绿色保险。

（五）加强保险品种创新

中国可借鉴国际先进经验，在保险产品方面探索风险转移新方式，开发新型保险衍生产品以实现保险创新。深入探究国际市场成功案例，联系本土市场特征与需求，中国能够在风险分散机制上有所突破，设计出有效转移风险且契合市场需求的保险产品。此外，积极探寻保险与金融衍生工具的结合之处，打造出具有前瞻性和实用性的保险衍生产品，给市场参与者提供更多元的风险管理工具。

中国保险业要与各类金融机构深入开展协同合作，共同探索并开发多种碳金融和环境金融衍生工具，借助多元化的融资与交易机制，有效管理资产风险，推动资产保值增值。比如，保险连带证券这一创新产品将保险市场和资本市场连接起来，给投资者提供了更多的固定收益证券投资组合选择。

（六）开展绿色保险再保险配套立法工作

中国地域辽阔，各地环保情况差异明显，环境污染侵权损害一旦出现，后果通常十分严重。由于保险公司单独承保能力有限，单个案件的高额赔付甚至可能使其破产。所以，在实际操作中，不应让单一或少数几家保险公司独自承担这类风险。为有效分散风险，建议按照保险事故的具体类型，灵活挑选参与承保的机构。同时，相关立法机构应精心构建相应制度，引入环境责任保险再保险机制，以大幅提高保险人的风险承受能力，推动绿色保险制度在中国有效施行并广泛推广。

环境责任保险再保险至少具有如下功能：

第一，环境责任再保险能实现特定区域内的风险有效分散。

第二，环境责任再保险机制可有效实现特定时期风险的全面分摊。污染责任保险的承保人能借助再保险方式，从时间和风险标的数量这两个维度，对自身在特定时段内承担的风险进行双重分散。

第三，环境责任再保险可增强保险业务活力，契合保险运营的大数法则，提升保险经营的财务稳健性。

第四，环境责任再保险借助相互分保机制有效拓宽了风险分散范围。在该机制下，保险人既能转移自身所承担的过大或过于集中的风险责任，又能承接其他保险人的业务，达成风险的共同承担。

当特定保险人的总体保险责任恒定不变时，增加风险单位数量并平均分配风险责任，可有效分散风险，显著提升财务稳定性。

第四章　绿色债券与绿色发展基金

第一节　绿色债券概述

绿色债券具备传统债券结构清晰、收益稳定的优点，其特殊之处在于所筹资金必须用于推动环境保护和应对气候的项目，且资金使用具有高度透明性。作为债券领域的创新品种，绿色债券有着广阔的市场发展前景。

一、绿色债券的定义

绿色债券是一种为支持环境保护、推动可持续发展以及应对气候变化而设计的融资工具。近年来，该市场发展迅速，出现了可持续发展债券、气候债券等多种与气候相关的债券产品。还有一类债券，虽未明确标明绿色用途，但其募集资金流向了环境友好型资产或项目，这类债券累计融资额已超千亿美元，在绿色金融体系中占据核心地位，是实现可持续发展目标的关键融资方式。虽然国际上对绿色债券的具体定义有所不同，但其核心理念和界定基础基本一致。

国际资本市场协会（International Capital Market Association，简称 ICMA）对绿色债券的界定为"专门用于资助符合条件的环境友好型项目或为此类项目再融资的债券融资工具"。我国国家发展和改革委员会在《绿色债券发行指引》中则将其定义为一种企业债券，募集资金主要投向节能减排技术改造、绿色城镇化建设、清洁能源高效利用、新能源开发利用、循环经济推进、水资源节约与非常规水资源开发利用、环境污染防治、生态农林业发展、节能环保产业和低碳产业等有助于促进绿色、循环、低碳发展的经济项目。

准确理解绿色债券的定义，有助于使绿色债券资金专项用于绿色项目或其绿色资产部分，明确界定绿色项目的环保技术标准，促使绿色债券项目的技术规范和实施成效与国家环保目标紧密结合，有力推动国家环境治理进程和经济结构的绿色转型。

二、绿色债券的种类

（一）按照发行主体分类

国际上，按发行主体的不同，绿色债券主要分为以下四类：一是多边国际金融组织发行的绿色债券；二是国家政策性金融机构与商业银行发行的绿色债券；三是地方政府或市政当局发行的绿色债券；四是跨国企业或大型公司发行的绿色债券。国际绿色债券种类区分见表4-1。

表4-1　国际绿色债券种类区分

债券类型	首次发行	主要发行人
多边国际金融组织发行的绿色债券	2007年6月，欧洲投资银行发行气候意识债券	欧洲投资银行、世界银行、国际金融公司、欧洲复兴开发银行、北欧投资银行、非洲开发银行、亚洲开发银行等
国家政策性金融机构与商业银行发行的绿色债券	2012年4月，南非工业发展公司，5年期，52亿南非兰特	南非工业发展公司、荷兰发展金融公司、德国复兴信贷银行、印度进出口银行等
地方政府或市政当局发行的绿色债券	2013年6月，美国马萨诸塞州，20年期，1亿美元	美国马萨诸塞、美国加利福尼亚州、瑞典哥德堡、加拿大安大略省等
跨国企业或大型公司发行的绿色债券	2013年11月，法国电力公司，8年期，14亿欧元	法国电力公司、联合利华集团、丰田金融服务公司、法国燃气苏伊士集团、西班牙可再生能源服务公司等

（二）按照气候债券倡议组织标准分类

气候债券倡议组织（Climate Bonds Initiative，简称CBI）按照募集资金用途和偿付次序的不同，将绿色债券细致地分为四个类型（表4-2）。

表 4 - 2　气候债券倡议组织标准划分绿色债券

类型	募集资金投向	债务清偿顺序
绿色"资金投向"债券	要求投向特定绿色项目	对发行者有标准或完全追索权；与发行者其他债券适用同等信用评级
绿色"资金投向"收入债券	要求投向特定绿色项目	对发行者无追索权；收入来源于发行者；信贷风险来自收入流、税、费等抵押现金流
绿色项目债券	限定投向特定项目	只对特定项目的资产和资产负债表有追索权
绿色证券化债券	指定用于某些绿色项目；直接用于未来的绿色项目	对共同抵押的一组项目享有追索权（包括资产担保债券、抵押债券等）

绿色债券是一种资金投向明确的债务工具，已广泛进入公众视野，被归入信用债券范畴。2007 年欧洲投资银行发行的气候意识债券极具代表性，这类债券以发行主体的信用做担保，与世界银行推出的"绿色债券"类似。一般而言，这种绿色债券的信用评级比其他同类债券更具优势。

绿色证券化债券的担保形式较为灵活，发行人当前运营的项目或者未来规划中的绿色项目均可用于担保。其中，资产担保债券比较特殊，这种债券能让债券持有人获得对特定资产的抵押权，同时还保留追索权，从而形成"双重保障"机制。

（三）按照募集资金用途分类

按募集资金的使用目的，绿色债券可细分为七类：运输类、建筑与工业类、废弃物与污染控制类、农林业类、能源类、水处理类和综合多个上述领域的综合型债券。

（四）其他分类方式

绿色债券主要有三种分类方式，这三种分类方式都体现了其"绿色"属性。绿色债券也可按照传统债券的分类标准进行分类。比如，按债券计息方式来分，多数绿色债券为固定收益型，也就是定息债券。世界银行在 2014 年 1 月发行了首支浮动利率绿色债券。同年，中国广核集团发行了一种创新的 5 年期碳债券，这种债券结合了固定和浮动两种利率形式，金额总计达 10 亿元人民币（折合 1.61 亿美元），用于支持内蒙古、广东、新疆和甘肃的风电项目建设，其浮动利率与中国核证自愿减排量（China Certified Emission Reduction,

简称 CCER）相关。根据募集方式的不同，绿色债券还可分为公募和私募两种类型。

三、绿色债券的特点

绿色债券除具备普通债券的基本特性外，还有自身特殊属性。这种独特性在绿色债券的全生命周期中均有体现，涵盖发行前筹备、募集资金的具体使用以及绿色企业在债券存续期间的公开披露等环节。

（一）融资成本较低

绿色债券作为融资工具，其募集资金专门用于推动绿色事业发展，目的是为低碳环保项目和资产提供更充足的资金支持。由于绿色债券对社会公共环境有贡献，它通常可享受政府提供的财政补贴、税收减免等优惠政策，从而有效降低债券发行成本。

（二）信用评级较高

当前市场上流通的绿色债券大多有较高的信用评级。其标的资产具有环境友好和可持续发展特性，且有严格的公开透明信息披露制度，这使债券的违约风险得以有效降低，让绿色债券在投资风险方面较其他债券有独特优势。

（三）发行潜力巨大

中国绿色产业有着巨大的市场需求。随着社会各界对环境保护和可持续发展理念的重视与认同程度不断提高，很多长期投资机构，如主权基金、养老基金等，都开始关注这个领域。这一趋势既为绿色产业带来了新的资金，也推动了发行机构投资者结构的多元化和优化。

（四）发行应满足相关要求

绿色债券发行者在常规债券发行者身份的基础上增加了特定的绿色属性，其发行的债券必须严格符合相关法规对绿色债券的界定标准。例如，国内发行者要确保金融债和公司债所募集的资金用于《绿色债券支持项目目录》中的项目，企业债资金则要被投入《绿色债券发行指引》规定的十二类绿色项目里。由于绿色债券对生态环境和经济增长都有积极作用，往往能得到政府的喜爱并享受相应的政策优惠。绿色债券多为中长期形式，这是因为绿色项目从开始、运营到回报的周期较长，所以债券的存续期限也需要相应延长。

（五）募集资金的使用和管理有专门规定

与普通债券相比，绿色债券的资金运用具有更明确的指向性和规范性。其募集资金限定用于绿色项目或节能技术的升级，且要经过严格审核，保证每笔资金都准确投入预定的绿色领域。在资金监管方面，绿色债券管理更严格，一般要求设立专项账户，专项存储和高效管理资金。

（六）发行后持续披露募集资金使用情况

发行人要持续公开募集资金的使用情况，让投资者清楚知晓资金是否按规定投入绿色项目。同时，发行人需对绿色项目产生的环境效益予以评估，并公开评估结果。因此，绿色债券发行的监管机构会加强对发行方信息披露的持续监管，部分监管机构还会要求发行方聘请第三方专业机构对绿色项目进行审计和评估。

总体来看，绿色债券不同于传统债券的关键之处在于，其募集资金专门用于特定绿色项目，并且资金使用全程要接受跟踪和监测，以保证资金用途与发债目的一致，产生积极环境影响。作为新型债券类型，绿色债券一般具有简洁、透明、可比和高流动性的特点，而且需要进行信用评级，这样能更有效地吸引投资者关注和参与。

四、绿色债券的功能

（一）为发行人提供新的融资渠道

非绿色企业往往有多种融资途径，包括债市、股市、私募基金等。传统绿色融资渠道则较窄，绿色信贷在社会融资总额中占比约60%，这带来不少问题。绿色债券是一种低成本、高流动性、低风险的金融工具，能有效缓解这些问题，提升中长期绿色项目融资的可及性，降低其融资成本，也为投资者提供了参与绿色投资的新途径。

（二）帮助发行人解决期限错配问题

发行绿色债券可使发行方有效缓解期限错配问题，从而得到更长期限的绿色资金支持。银行负债端期限一般较短，大概半年，而绿色项目通常需要长期投入，所以期限错配是一大挑战。全球生态环境保护意识不断增强，国际市场上的主流投资者，如秉持责任投资理念的投资机构、主权财富基金和养老基金等，逐渐成为绿色债券的主要认购力量。这些机构有着显著的长期投资特点。绿色项目所筹资金规模庞大，其期限较长，平均为 3 至 10 年，约 28% 的投资项目期限超过 10 年。

对于绿色债券机构来说，发行绿色债券可有效调整投资者构成，缓解期限错配问题，进而获取更长期的绿色资金来源，这特别适合大型基础设施建设等资金需求大、回报周期长的投资项目。

（三）对发行人来说融资成本更低

绿色债券募集的资金专款专用，严格用于绿色项目，这一特性符合可持续发展理念，所以更易得到政府补贴与税收减免等政策支持。这些优惠直接提高了绿色债券融资的可获取性、稳定性及其成本效益。绿色债券的发行主体多为大型跨国公司、开发性金融机构和政府机构，信誉良好。联合信用评级有限公司发布的《绿色债券及其评级方法概述》指出，当债券发行人或其投资项目有"正外部性"特征时，往往能获得较高信用评级，从而在发行成本上享受"优待"，即较低的利率水平。

传统能源行业污染严重、能耗高，逐渐被视作衰退产业，受到诸多限制。绿色债券则为传统高污染行业的环保转型提供了助力，使绿色、低碳和可持续项目在资本市场更受关注。受此影响，国际资本大规模重新配置，绿色债券需求大增。多种因素共同作用下，绿色债券往往能获得更优惠的融资成本。

（四）有助于改善发行人中长期财务状况

绿色债券发行初期会有一定额外成本，但从长远来看这些成本会逐渐被抵消。债券发行起始阶段，发行者要承担的成本包括：投入资源制定绿色债券框架、构建内部机制与架构的费用，以及在筛选合格项目、设立专项资金管理账户、开展监控与信息披露、获取外部认证等环节的支出。

从长远角度看，绿色标签能很好地满足追求环境可持续性的投资者需求，从而使投资者群体更加多样化，减少发行方面临的融资风险，降低债券市场波动时的风险暴露，优化发行方中长期的财务状况。投资者对绿色债券进行环保认证和深入的信用风险分析时，会给发行方带来长久利益。投资者完成此类详细调查后，出于成本效益考虑，往往更愿意在未来继续关注和投资同一发行方的普通债券。

上述额外成本可被视作发行人为应对未来市场潜在挑战而预先支付的保障费用。当金融体系陷入困境时，发行人可凭借投资者群体的多样性和忠诚度有效降低风险。

（五）可以通过绿色债券提升资本市场形象

绿色债券所筹资金大多被投入资源高效利用和环境保护类项目，有助于发行者向市场参与者与公众传递自身的可持续发展长远规划。这既彰显了发行者的绿色特质及其对绿色投资的坚决态度，也体现出其作为社会责任承担者的身份，有力地提高了企业的社会认可度和品牌美誉度。这种正面形象的塑造会激发消费者对发行者产品与服务的积极兴趣，进而提升企业的市场形象。

绿色债券的发行对发行人有着更严格的自身要求。发行人要追踪绿色债券资金的使用情况与收益报告，借此推动企业内部治理结构的优化，强化项目方和财政方的信息交流。在债券验证流程启动之初，发行人需深入了解绿色债券的外部验证程序，如绿色债券的认定标准、项目评估与筛选准则、募集资金的管理及报告规范等，从而达到投资者的预期。这些高标准要求大幅提升了发行人在资本市场中的品牌形象。

第二节　绿色债券的发行与建议

一、绿色债券的发行和投资主体

绿色债券是绿色金融的关键要素，近年来在全球迅速崛起并备受关注。其为环境保护、节能减排和清洁能源等绿色领域提供了必要的资金支持，有力推动了全球经济的绿色化与可持续转型。在此过程中，绿色债券的发行方和投资者发挥着关键作用。

（一）绿色债券的发行主体

绿色债券的发行主体多种多样，包括政府、金融机构、企业和非政府组织等各个方面。各主体凭借自身特点与优势，在绿色债券市场中发挥着独特的作用。

1. 政府

政府在绿色债券市场中处于关键地位，常借助发行"绿色国债"或者"绿色地方政府债券"进行融资。这类债券意在聚集资本，专门用于支持环境保护、节约能源、开发清洁能源等绿色领域项目，推动绿色产业蓬勃发展。政府作为发行者有着良好的信用评级，使得绿色债券能够低成本顺利发行，对投资者极具吸引力。

政府能够采取措施推动绿色债券发行，比如制定相关政策法规，激励各类主体踊跃参与。具体来讲，政府可设立绿色债券发行专项基金，给此类债券提供必需的资金支持。并且，借助实施税收优惠、财政补贴等策略，减轻绿色债券发行负担，增强其市场吸引力和竞争力。

2. 金融机构

金融机构是绿色债券市场的核心发行主体，包含银行、证券机构、保险公司等多种实体。其发行的绿色债券，意在直接推动绿色金融业务板块的拓展，例如促进绿色信贷业务与绿色保险服务的发展。通过绿色债券发行机制，金融机构可有效募集资金，专门用于投资环保项目，在优化融资结构的过程中降低风险水平。

金融机构在绿色债券领域极具创新能力。它们紧密结合市场需求和投资者偏好，开发出绿色资产支持证券、绿色可转换债券等一系列新产品。这些创新做法有效拓展了绿色债券市场的产品种类和结构，增强了市场的活跃度和吸引力。

3. 企业

企业是绿色债券市场中的重要发行主体，尤其集中于环保、节能和清洁能源等绿色产业领域，如新能源发电与环保设备制造企业。这些企业发行绿色债券的目的在于直接融资，以推动自身绿色项目的建设与运营维护，包括风电场、光伏电站等可持续发展设施。

企业发行绿色债券时，往往会选择信用评级高、融资实力强的金融机构来担任承销商或者担保人。这样做能提高债券在市场的接受度，增加发行成功的可能性。企业也会优化债券的各项条款，提高信息披露的透明度，这有利于降低融资成本，吸引更多投资者。

4. 非政府组织

非政府组织在绿色债券领域扮演着极为重要的发行者角色。其专注于环境保护和社会公益事业，通过发行绿色债券为绿色项目提供发展所需资金。虽然与其他发行主体相比，非政府组织在信用评级与融资能力方面可能稍显逊色，但其在绿色债券市场的独特价值不容小觑。

非政府组织为降低融资成本、提高市场接受程度，常与政府部门和金融机构合作发行绿色债券。在此期间，加强信息披露、提高项目透明度是关键举措，以增强投资者信心并激发其投资意愿。

（二）绿色债券的投资主体

绿色债券的投资主体广泛，包括个人投资者、机构投资者和政府部门。各投资主体根据自身风险承受能力和投资目的，在绿色债券市场中灵活采用不同投资策略并选择相应投资产品。

1. 个人投资者

个人投资者在绿色债券市场中有着非常重要的地位。他们通常有很强的环保意识和社会责任感，因而更愿意投资绿色债券，用实际行动推动环保、节能等绿色事业发展。虽然个人投资者在绿色债券市场的投资金额相对较少，但他们的广泛参与可有效提高市场的流动性，大大提升市场的影响力。

个人投资者在挑选绿色债券时，会仔细考量债券的信用评级、发行方的市场信誉和财务稳健性。债券的收益率水平与交易流动性也是其重点评估的投资参数，以实现投资回报的优化。

2. 机构投资者

机构投资者是绿色债券市场的核心投资群体，包括银行、证券公司、保险公司、基金公司等金融机构，以及养老金和社保基金等长期资本持有者。机构投资者投资规模庞大、市场影响力显著，在推动绿色债券市场发展方面发挥着重要作用。

机构投资者在遴选绿色债券时，会细致进行尽职调查与风险评估工作，以保障投资的安全与回报。他们会严格审查债券的发行方资信、项目性质和资金运用目的，保证所选债券符合自身投资策略与风险承受度。

机构投资者为了减少投资风险、提高收益，往往会运用多种投资策略，如资产分散、组合管理等。同时，他们还会积极参与绿色债券市场的交易和套利活动，从而增强市场的流动性和运作效率。

3. 政府部门

政府部门在绿色债券市场的投资地位至关重要。其通过绿色债券这一金融工具，大力推动环保、节能等绿色产业发展，保障财政资金的稳定增长与高效利用。政府于绿色债券领域的投资规模庞大，且深度结合政策导向，为市场赋予了明确的公共价值取向。

政府部门在遴选绿色债券时，会仔细考量发行主体信誉和项目类型的环保属性，力求投资符合国家环保政策与产业发展导向。同时，债券收益率水平和市场流动性也是重要评估维度，以实现财政资金优化配置和良好回报。

为推动绿色债券市场蓬勃发展，政府可采取多项策略性措施。第一，采用税收减免、财政补助等经济激励方式，减轻绿色债券发行与投资的负担。第二，强化监管框架，构建坚实的风险防控体系，提升市场运作的透明度与稳定性。此外，积极拓展绿色债券市场的国际视野，吸引大量国际资本参与，为市场增添新活力。

在绿色债券市场里，发行与投资主体的作用举足轻重。政府、金融机构、企业和非政府组织作为发行者，积极参与和创新实践，推动着市场向前发展。而个人与机构投资者以及政府部门作为投资方，其多样化的策略和选择进一步推动了绿色债券市场蓬勃发展。放眼未来，随着全球对环境保护和可持续发展的重视程度不断提高，绿色金融体系不断完善，绿色债券市场将获得前所未有的发展机遇，发展空间也极为广阔。

二、中国发行绿色债券的政策建议

中国推动绿色金融改革与创新的核心目标是促进生态文明建设以及经济社会的绿色和可持续发展。绿色债券市场是绿色金融体系的重要组成部分，其健康有序发展需要构建良性、可持续且符合市场规律的生态环境。要达成这一目标，可从以下几个方面推进。

（一）提升发行便利，降低成本

首先，要从项目创新、企业运营、金融工具这三个维度，精准确定合格绿色债券发行主体的范围与具体标准。当下，我国绿色债券发行主要有三种模式。第一种是基于特定绿色项目发行的绿色债券及债务融资工具，其绿色属性判定主要参照《绿色债券支持项目目录》《绿色债券发行指引》等官方文件。部分理论框架还提出，若企业绿色资产与绿色业务占比达到一定比例，就应被认定为绿色企业，其发行的债券也自然属于绿色债券范畴，这一观点在强调资金绿色用途的同时，给予了发行一定的灵活性。第二种是金融机构尤其是商业银行发行的绿色金融债券，这类债券发行初期不与具体项目挂钩，但明确所筹资金必须投向绿色项目。第三种是绿色资产证券化产品，其绿色属性取决于基础资产或底层资产的绿色特性。上海证券交易所对此已有明确界定：只要基础资产为绿色，或者虽非绿色但募集资金投向绿色产业，又或者发行人绿色主营业务收入占比达标，就都能发行此类产品。不过，对于后两种情况，都严格要求至少70%的募集资金用于绿色产业领域。

第二，要把保险、担保、抵押品等常见信用增强手段与新兴绿色债券信用风险缓解措施、利率衍生工具相结合，更多运用市场机制削减发行费用。绿色债券所投项目或基础资产往往更关注环境、社会和公司治理因素和长期可持续性，投资周期长，不确定性相对较高，外部效应更明显，成本也会增加。而且绿色行业中多数企业是民营企业，信用评级普遍不高。在这种情况下，开发专门为这类发行人设计的信用增强工具，如信用违约互换（Credit Default Swap，简称CDS）或其他信用风险缓解工具，有助于提升绿色债券发行人的信用等级、降低发行成本、优化风险管理、减少不确定性，还能有效提高投资者的认购意愿。

第三，要加强发行基础设施建设，优化绿色债券发行流程。簿记、建档、账户设立等发行环节看似微小，若处理不善，既会增加发行成本，又可能打击发行者的积极性。绿色债券发行前有特定的簿记程序，整个发行周期需保持信息透明，筹集资金要设立专项账户以保证专款专用，这些特殊要求可能使绿色债券发行成本较高。所以，应优化上述环节，减轻发行人负担，通过提供便利、减免相关税费等方式，有效降低绿色债券发行成本。

第四，在绿色债券领域，要加快构建和完善包括审计、评估、第三方认证、贴标、信息披露以及社会责任报告发布等基础服务与监管要求的相关体系。要明确统一的标准、原则和政策导向，推动与国际标准的融合。中央银行和各监管机构要积极制定和完善相应的制度框架，引导市场为绿色债券发行提供更优质、更标准、准则更明确的第三方服务。这有助于形成一套透明、规范、统一的行为准则或标准体系，有效帮助发行方降低相关成本。

第五，绿色债券发行审批与核准期间，针对发行与再发行条件，如净资本标准、持续盈利能力等，中央银行和相关监管机构需采取特殊审核措施。这些措施的目的在于调整审核流程与时间安排，从而为绿色债券开辟更灵活、便捷的通道。

（二）完善投资者激励策略

债券发行并非发行方单方面的事情，它还取决于市场中是否有足够多对绿色债券感兴趣的投资者群体。这些投资者要有持有和交易的意愿，并且愿意把有限的资本投入到绿色项目中。所以，中央银行和监管部门需要构建并施行一套有效的制度框架，运用多种策略来激发投资者对绿色债券的投资积极性，从而推动发行与投资之间形成良性互动。主要包括以下几个方面：

第一，在财税政策方面，可对积极持有绿色资产（特别是绿色债券）的国内外投资者，采取一系列税收减免、返还和奖励措施。目前，五个绿色金融改革创新试验区和江苏省已率先开展相关政策的探索与实践。这些政策意在运用经济激励方式，促使更多资本流入绿色领域，推动绿色金融市场繁荣发展。

第二，建议强化机构投资者的社会责任承担。对于具有公共或准公共性质的投资者，如养老保险基金、社会保障基金和主权财富基金，应鼓励其在资产配置中加入一定比例的绿色投资，并定期发布社会责任履行报告。

第三，要增强绿色债券市场活力，需优化做市商机制，扩大做市交易规模。应积极开发多种二级市场交易工具及其衍生产品，如绿色债券指数、期货合约、远期合约和掉期交易等，丰富市场选择。尤其要重点推动绿色债券回购业务发展，可考虑提高绿色债券在回购中的折算比率，以此为突破口，深化绿色债券制度与产品创新。这些措施意在提高市场操作的便利性，吸引更多资本流入。这样一来，投资者既能收获投资收益，又能依据市场变化灵活调整资产配置，有效管理自身的流动性和风险敞口。

第四，中央银行和监管部门应规划一系列正向激励策略，借助货币政策、信贷导向、宏观审慎监管框架和具体监管标准，为绿色债券投资者营造有利环境。具体来说，在宏观审慎评估体系（Macro Prudential Assessment，简称MPA）、中央银行接受商业银行抵押品，还有对资本充足率要求、流动性覆盖率等关键宏观审慎指标进行设定时，可给予绿色债券优先待遇，或者赋予其额外优惠条件与灵活性。同时，对于金融机构（尤其是商业银行）持有的绿色债券，监管部门在风险加权资产计算、资本占用评估和其他相关监管指标方面，应采取特殊优惠措施或者给予更大灵活性。对于保险行业的绿色债券投资，在偿付能力监管方面也需要特殊考量以表示支持。

提升投资者对绿色债券的投资热情需要多元策略，促进绿色债券发行与投资的良性互动，构建健康可持续的绿色债券市场环境。

（三）提高国际化水平

增强绿色债券市场的开放性与国际化水平，可提升中国绿色债券市场标准，推动国内外市场与资源有效整合，有力支撑中国实体经济的绿色转型，构建境内外协同发展的绿色债券市场生态系统。

第一，推动中国绿色债券市场持续开放，提升其国际竞争力。在债券发行方面，要积极吸引、鼓励优质发行者到国内银行间市场发行绿色熊猫债，并且为境内金融机构和企业赴海外发行绿色债券给予支持。中国应始终保持市场开放姿态，给国际投资者提供优质债券产品和高效的流动性管理工具，处理好标准认证、信息披露和税费等相关事务，从而增强中国绿色债券市场对国际资本的吸引力。

第二，加大国际合作力度，深度融入全球绿色金融创新与改革进程。金融机构应提高环境信息透明度，深入开展环境风险评估，为绿色投融资提供有力支撑。目前，中国已与卢森堡、联合国负责任投资原则组织、气候债券倡议组织、国际资本市场协会等多个国家和国际组织在绿色金融领域广泛开展国际合作。在绿色债券方面，中国积极探索与国际接轨的业务和技术标准及规则，以推动全球标准统一，促进国际共识形成。同时，中国还努力在发行与投资相关领域，如市场和产品准入、基础设施建设、第三方服务、会计制度和税收政策等方面与国际标准接轨，全面融入国际体系。中国希望与世界各国分享在绿色金融领域的探索成果、成功经验和先进做法，成为国际绿色金融领域的重要参与者、积极贡献者和引领者。

在"一带一路"倡议里，投资遵循责任与可持续性原则非常关键。中国一直秉持该理念，努力在"一带一路"沿线投资项目中深度融合环境、社会和公司治理标准，让每项投资都体现出对环境的尊重、社会责任的担当以及完善的公司治理机制。这样，"一带一路"框架下的中国投资就会普遍具备责任投资和可持续投资的特性，有效推动沿线国家和地区的绿色转型与可持续发展。这不但能大幅提高"一带一路"投资项目的长期可持续性，还能彰显中国作为负责任大国的国际形象，增进国际社会对"一带一路"倡议的理解与认同。

在"一带一路"倡议下，增强人民币使用是关键策略。这能推动本币结算与人民币跨境流通，还能在沿线国家积累大量"绿色人民币"资源。这些资金有两大有效运用渠道：一是回流中国境内债券市场，投资绿色债券以享受多种优惠政策；二是直接在当地再投资于新的绿色项目或负责任投资项目，中国会在清算结算方面给予持续支持。"一带一路"绿色投资项目产生的现金流和基础资产，可用于在本地市场或其他离岸市场发行绿色人民币债券或资产支持证券，让国际投资者共享"一带一路"投资收益。这样，强化境内外人民币绿色债券市场联动、提升中国绿色债券市场国际影响力，有助于构建跨境且良性循环的中国绿色债券市场生态系统。

构建中国和全球绿色债券市场的健康生态系统，需要中央银行、政府部门、监管机构以及绿色金融行业全体成员齐心协力。各方应遵循市场原则和规律，尊重市场首创精神，精心设计激励机制，提升绿色金融商业可持续性，激发市场参与者的内在动力和活力，推动绿色债券市场繁荣发展。

第三节　绿色发展基金

一、绿色发展基金概述

绿色基金是一种投资基金，专门用于推动低碳经济发展、助力节能减排并实现环境保护目标，其资金能够广泛投入到各类与环保相关的行业和产业中。

绿色发展基金实质上是一种带有社会责任属性的投资工具，其运作的核心思想是将环保与经济社会的可持续发展融入投资实践。这种基金在重视财务回报的同时，更注重投资给环境和社会带来的长远影响，这体现了投资领域的创新与进步。

绿色发展基金属于产业基金的一个分支，专为有环境保护领域投资意向的特定投资者而设。该类基金由具备丰富环保产业知识、投资及资本运作经验的专家团队管理，能有效整合零散资金，直接向环保企业注入权益性资本。构建多元化投资组合的目的在于分散风险，追求长期稳健回报。

中国绿色发展基金随着市场经济的繁荣逐渐发展起来，不过由于起步较晚，还未建立起完善的环保投资基金体系。其投资重点大多放在有科技研发能力的中小型环保民营企业上。从当前绿色发展基金的使用情况来看，资金主要用于污染源治理项目，在环保装备技术研发和清洁技术项目方面的投入较为欠缺。这种配置格局使得绿色发展基金难以从根源上解决问题。

二、设立绿色发展基金的现实意义

（一）缓解环保有效投入不足

社会财富不断增长，仅靠政府财政投入环境保护，已难以满足需求。整合社会闲置资金，在强化监管的基础上，利用市场机制引导其进入环保领域至关重要。这既能提升环境质量，减轻政府财政负担，又能给投资者带来合理回报，达成多方面共赢。在此情况下，作为创新金融工具，绿色发展基金的设立与运用极为迫切。

政府财政资金紧张，环保事业投入不足，不利于国民经济可持续发展。设立绿色发展基金意义重大，它可汇聚社会各方力量，有效吸收闲散资金。在发达地区，该基金可通过市场导向与规范化管理，帮助地方政府优化资金配置，突破交通、能源等城市发展的关键瓶颈。在农村和中西部欠发达地区，绿色发展基金能够提供支持，缓解因长期过度开发造成的环境退化问题，减轻地方财政的环保负担，推动公众环保意识的普遍提高。

总体来讲，动员民间力量推动环境保护的公平性，可为"构建公平社会"和"实现可持续发展"的宏伟目标助力。

（二）改善银行贷款结构

绿色发展基金可创新融资模式与路径，优化融资架构，减轻银行业金融机构的融资压力，有效管控银行风险。环保产业投资规模大、回报周期长、现金流生成慢、政策导向性与专业门槛高，还带有一定公共服务属性，属于资本密集型产业。基于这种产业特性，大规模涌入商业性信贷资金可能产生固有信贷风险，国际上此类融资也普遍较少依赖商业信贷。目前，中国商业银行风险防控体系还不完善，且以盈利为首要目标，用短期资金支持长期项目贷款，潜藏着巨大的流动性风险隐患，还在一定程度上导致了低层次、重复性建设问题。

当前金融体制改革的关键是调整以银行为核心的间接融资体系，提高直接融资的占比。绿色发展基金主要进行直接投资，重点投入环保产业的实体项目和非上市企业的股权，通过对投资项目的资本运作使基金资产增值。很多业内企业融资渠道较窄，经营稍有不慎就可能出现资金链紧张的情况。绿色发展基金的参与，既能有效降低这些企业对银行信贷的依赖，为其增添新的活力，也有利于优化银行的贷款结构，减少长期、高风险的资金投放，进而防范金融风险。

（三）提高环保资金使用效率

绿色发展基金以其专业的投资管理能力，提升了环保资金的使用效率，强化了产权约束机制。该基金多以股权投资形式进入环保企业，借助规范操作流程与严格投资程序，对参股企业施加外部管理压力。由于产业基金具有分散风险的投资特性，一般不会对单一环保企业大量注资以谋求控股，通常持股比例在20%以下。作为小股东，绿色发展基金更关注企业的规范运营，进而强化产权约束，从根源上防止管理混乱、资金滥用和严重浪费等情况。传统的财政拨款或银行贷款即便资金到位，也常因缺乏监管致使资金运营效率低，甚至被随意浪费。从市场角度看，绿色发展基金倾向于投资环保领域的优质企业，这就需要基金构建一套全面的评估体系，包含企业经营战略、专业能力、财务状况、核心竞争力以及投资项目优势等多方面。基金实行专业化管理和独立决策机制，这对推动企业完善治理结构、引导企业行为有积极意义。绿色发展基金的专业理财特性和积极股东主义倾向，有助于提高资本配置效率，对目标企业在规范管理和合理运用资金方面起到了切实的监督与促进作用。

（四）提供环保资金灵活运用的渠道

绿色发展基金的引入与推广，积极优化了资本市场结构，为资本运作策略的多样化开辟新途径。该基金能直接投融资优质环保项目获取回报，还可灵活参与多个项目，保障发起人及投资者收益稳步增长。在投资策略上，可进行全周期投资，也能阶段性介入以获取阶段性资本增值。绿色发展基金有灵活的项目收购能力，整体收购或杠杆收购都能借助高效财务杠杆效应实现股权投资收益。在遵守国家法律法规的情况下，该基金既能涉足环保行业一级市场，也可适度参与二级市场交易活动。当资金闲置时，基金可转投短期资金市场或国债，保障资金安全与流动性，实现资金时间价值最大化和整体收益优化。绿色发展基金本质上是一种创新投资范式，通过提高投资决策市场化水平和投资模式多元性，有力推动投融资体制深化改革。以股权参与方式，该基金可助力目标企业完善经营管理机制，提高资本使用效率，追求更卓越的投资回报。

三、中国绿色发展基金

绿色发展基金在中国起步较晚，但发展迅速。其兴起与政府的绿色发展理念相契合。政府的有效引导和大力支持，为绿色发展基金的发展夯实了基础。政府积极倡导推动投融资机制与财税体系改革，激发金融领域创新活力以促进其稳步发展。

（一）中国绿色碳基金

当前，中国于森林碳汇领域创立了"中国绿色碳基金"，这成为中国绿色发展基金的新起点。该基金是绿化基金会旗下的专项基金，受到绿化基金会统一管理框架的约束。它由国家林业和草原局、中国石油天然气集团公司、中国绿化基金会、美国大自然保护协会、保护国际以及嘉汉公司共同发起，面向全球企业、组织、团体和个人公开募集。按照其暂行管理规定，此基金将着重支持以下活动：

首先，推行植树造林、森林管理和生物多样性保护等措施，以有效积累碳汇。其次，着重进行林业碳汇的量化评估与持续监测，制定技术标准，研究管理政策，并发布碳汇信息。再者，普及森林与气候变化、林业碳汇和生物多样性保护等科学知识，借助宣传、论坛和培训等方式提升公众认知。最后，对在碳汇造林、科学研究、宣传推广和生物多样性保护方面有突出贡献的企业、机构、团体和个人予以表彰和奖励。

中国绿色碳基金设于中国绿化基金会架构内，以专项账户形式进行精细管理。中国绿化基金会是推动国家林业发展过程中民间绿化资本汇聚的核心平台，也是连接社会各界参与林业生态建设与保护的重要纽带。中国绿色碳基金的发展规划拟分两个阶段实施：初期，鼓励企业、机构和个人自愿向中国绿色碳基金捐款。之后，国家林业和草原局按照既定规则和规范，组织植树造林活动，负责碳汇量的测算、监测和评估工作。企业投资造林所获碳汇会记录在专门的网络账户并对外公开，随着树木生长，账户内碳汇量不断增加。后续阶段，在相关条件成熟且遵循特定政策引导的情况下，中国绿色碳基金通过造林积累的碳汇有望实现市场化交易，转变为商业项目进入市场流通。此阶段需要成立专业基金管理机构运营，逐步构建和完善碳汇交易的市场规则体系。

（二）中国清洁发展机制基金

1. 基金来源

国家按既定比例从清洁发展机制（Clean Development Mechanism，简称CDM）项目获取收益，同时接收世界银行、亚洲开发银行等国际金融组织的赠款与合作资金。基金管理中心的基金业务也为其带来营运收入。国内外各类机构、组织和个人通过捐赠等形式为基金注资，还有国务院批准的其他收入来源。中国清洁发展机制基金为中国应对气候变化的专项基金，其管理团队成员包括政府、企业和学术界等多方代表。构建治理结构与监管体系时，该基金充分借鉴国外碳基金的管理经验与监督机制。国外碳基金资金规模普遍较大，各国筹集基金的经验表明，设定资金规模时应首先考虑实现基金设立目标的需求。

2. 基金用途

基金包含四个核心业务领域：能力建设、提升公众意识、减缓气候变化、适应气候变化以及维持基金持续运营的金融活动。基于这些领域，基金细致规划了七个业务方向。第一个方向为强化能力建设；第二个方向是提升公众意识；第三个方向是推动能效提升与节能措施；第四个方向为积极促进可再生能源的开发与利用；第五个方向是鼓励开展对减缓气候变化有明显贡献的其他活动；第六个方向是增强对气候变化的适应能力；第七个方向是专注于金融活动中的投资业务以保障其稳定运行。

3. 运作模式

中国清洁发展机制基金主要以 3 种途径支持 CDM 项目的开发和实施：

首先，基金将起到桥梁和纽带的作用，连接 CDM 项目减排量的买卖双方，通过推动合作以降低交易风险，进而促使 CDM 项目减排量交易有序开展。

其次，基金多将 CDM 项目视作其在"减缓气候变化行动领域"的主要业务支持对象。为推动 CDM 项目大规模开发与实施，基金运用了多种有偿资金工具，优惠贷款便在其中。在支持 CDM 项目时，基金重点关注技术援助与资金筹措两方面。技术援助包含诸多咨询服务，如项目识别、文件编制、依托项目设计以及实施中的减排量监测与跟踪；资金筹措则是为 CDM 项目所依赖的建设项目提供必需的建设资金。

第三，基金以赠款形式聚焦"能力构建与公众认知提升领域"，目的在于推动中国开发与实施 CDM 项目所需的能力建设和公众意识提升。这涉及多项环境优化举措，如增强国内管理机构对 CDM 项目的监管能力；提高国内技术、咨询机构以及企业界和金融界参与 CDM 项目的程度；研发适合中国且减排潜力大的特定 CDM 项目方法论；促使国内企业深入了解和运用 CDM 国际规则；帮助国内相关机构申请成为指定经营实体；挖掘并向国际买家推荐中国有潜力的 CDM 项目；为国内外企业合作，尤其是与主要碳基金的合作提供政策和技术方面的全面指导；加强国内企业在 CDM 项目合作中的谈判能力；持续跟踪国际碳市场动态，为国内企业开发 CDM 项目、把握未来新兴合作机会提供及时准确的国际政策指引。

考察国外绿色发展基金运营管理实践可知，一种由政府主导企业化运作且有专业人士参与的管理模式效果良好。该模式既能有效依靠政府部门宏观政策导向来保障政策实施的准确性与高效性，又能充分发挥专业人士在专业技能与管理经验方面的优势，进而提升基金运营效率与监管力度。中国绿色碳基金和中国清洁发展机制基金是政府应对气候变化的专项基金，也是这种成功模式的范例。

四、中国绿色发展基金运行模式

在大多数省市，绿色发展基金的运作有一个常见模式：地方财政先投入启动资金，之后吸引、引导社会资本和金融机构参与，共同打造基金体系。具体而言，省级政府与金融机构合作成立联盟，一起设立母基金；接着，这些金融机构和本地企业合作设立子基金，为绿色产业提供所需资金支持。在这种架构里，金融机构作为基金的有限合伙人，出资策略主要有两种：一是用理财资金直接对接，二是分期募集资金。投资运作的关键在于项目公司或者基金自身，它们在市场中独立竞争、自担盈亏。在采用 PPP 模式的基金投资中，社会资本一般通过购买股票得到股权，从而参与政府支持的项目，而专门设立的项目公司负责项目的实际运营，该公司拥有政府授予的特许经营权。

（一）组织形式

1. 公司型绿色发展基金

公司型绿色发展基金为法人实体，以股份募集方式筹资开展投资活动。与公司治理机制相比，法人治理结构稳定性更高，其基金决策权集中于投资者组成的董事会。实践显示，这种基金较受投资者欢迎，主要因为在此模式下，投资者知情权和参与权更充分，资金管理与运作策略更灵活。企业满足发债条件时，可发行公司债券以实现融资渠道多元化。该模式在基金管理人选任方面灵活性较高，可自行管理，也可委托外部机构管理。不过，这种基金也面临诸多挑战。其一，谈判成本高昂是不可忽视的障碍。其二，决策过程冗长，效率较低。在委托代理关系中，管理权和所有权分离增加了道德风险发生的可能性。最后，双重征税问题是该类基金急需解决的一大难题。

2. 契约型绿色发展基金

私募资金、资管计划与信托是常见的形式。在契约有效期内，投资者作为受益人和直接参与者起作用，一般不参与管理决策。这种模式流程较为简洁，由于基金业协会的备案制度，投资者无需合并资产负债表。操作契约型绿色发展基金要委托基金管理公司，因为基金不是法人实体，必须依靠管理公司来运作。资产的经营权和所有权应分离，归属于不同机构，这有利于绿色发展基金的稳定发展。不过，基金的非法人地位也有明显劣势，例如在资金募集时，账户托管和股东登记可能出现困难。认购项目公司股份需经由基金管理人，在此过程中存在潜在的财产混同风险。

3. 有限合伙型绿色发展基金

该基金架构包含有限合伙人、普通合伙人两类参与主体。一般而言，经验丰富的运营者或者资金管理专家会担任普通合伙人，负责有限合伙基金的投资管理工作，且其投入的资金占总资本的比例相对较低。

一般而言，机构投资者是有限合伙人的主要构成者，其投资数额在基金总额中占比极大。这种基金有明确的存续期，如需延期，应遵循规定条款。普通合伙人出资虽少，责任却不轻。由于他们常为企业管理者，采用该基金模式可有效调动专业技术人员与专家团队的积极性，推动企业管理与整体发展。有限合伙人不直接参与基金管理，分红权和责任范围有限，但经精心设计规划，其资本投入能实现风险与收益的平衡。

（二）募集对象和结构

绿色发展基金募集对象主要包括政府机构、金融机构、公司企业、集团等。

在有限合伙型基金模式下，结构设计具有非结构化特征。比如，当普通合伙人投入的份额仅为基金总额的1%时，却可能获取约20%的超额收益。在享有收益的同时，该普通合伙人要承担相应职责，积极参与基金日常管理与投资决策。这期间的管理费用按照基金资金总额的一定比例合理确定。

在投资构成里，有限合伙人出资比例若达99%，便有权得到80%的收益分配。但这类合伙人没有公司经营和管理的权限，只能获取基金信息，无法对基金运作产生实质影响。深入剖析基金的风险分配机制，可把有限合伙人分为优先级和劣后级两个层级。绿色产业基金实际运作时，可参考传统产业基金运营模式，将项目中的社会资本方设定为普通合伙人，负责基金日常运营和管理。金融机构作为投资方，往往追求长期稳定的投资回报，所以倾向于以有限合伙人身份参与，以获取更丰厚收益分配，不过这类投资者不参与基金的具体管理运营活动。

五、中国绿色发展基金存在的问题及政策建议

（一）存在问题

1. 认识不足

绿色产业，简单来说就是以环境保护为核心的产业形式。其凭借环保、科学的生产技术，努力达成低能耗、高产出的循环生产模式，包含废物回收利用、污染治理等多个环节。由于当前社会生产理念越来越偏向环保，绿色产业有着广阔的发展前景和巨大潜力。

近年来，中国绿色产业面临着前所未有的发展机遇，绿色发展基金模式已正式确立。不过，该模式刚起步，政府和社会公众对其了解不多，技术支撑体系也不完善。在这种情况下，沿用的是传统的管理方法，这就使得决策失误频频发生。更严重的是，部分政府官员凭借职权，把这当成谋取私利的机会，大肆贪污腐败，严重侵吞国有资产，给国家财政带来新的损失。同时，有些政府部门可能过于看重财政负担或者自身职责，在项目还没完成时就急于推卸责任来保全自己。由于政府责任缺失，这种行为可能损害公众利益。

2. 政府引导作用弱

中国绿色发展基金刚起步，面临不少挑战。如政府管理方面专业人才短缺、相关法律法规体系不完善、项目资金募集渠道窄等问题，都可能给基金运作带来负面影响。政府引导不足，极有可能成为限制绿色发展基金持续健康发展的关键阻碍。

政府推进环境项目时，常面临项目公益性强但经济回报少的挑战。这类项目利润有限、回报周期短，甚至可能无盈利，使得不少政府面对这种转化难题时倾向于回避。

在传统的政府管理模式中，环境问题多靠财政拨款来解决。但随着环境问题不断加剧和深化，中国面临的任务和责任变得更加繁杂。低收益项目的增多，进一步加重了资金负担。这种情况下，再让政府完全承担，可行性已大大降低。

当前，引入社会资本十分迫切。社会资本和政府资本有着本质区别，社会资本最关注盈利性。绿色发展基金在推进时，需兼顾绿色目标与经济效益。要是没有市场准入、税收等方面的政策优惠支持，吸引社会资本参与就会非常困难。

3. 基金模式中缺乏对各方角色的有力监管

推动绿色基金发展的关键在于有效整合公共财政和私人资本的优势，促进二者协同合作。为此，需构建稳固的保障机制，充分吸引和激励社会资本积极参与。绿色基金的筹集渠道多样，如银行贷款、债券发行、资产证券化（Asset-Backed Securitization，简称 ABS）等，每种渠道在提供资金时都伴随着相应的责任。但在实践中，由于权责界定不明确，部分绿色基金运营可能偏离预期目标。所以，明确权责划分、优化管理机制对绿色基金的健康持续发展极为关键。

首先，政府对绿色发展基金领域的监管力度不均衡。虽然绿色发展基金工作已逐步开展，但是很多地方政府还未建立完善的法律法规体系，这使得监管力度缺乏明确性，波动较大。在中国市场机制尚处初步发展和转型阶段的情况下，市场准入规则执行不力，绿色基金发展过于关注吸引社会资金，忽略了严格设定准入门槛，筛选标准也模糊。由于政府监管缺失，腐败现象在利率、服务、金额等多方面时有发生，监管漏洞不断。收费标准混乱、收费过高等问题常见，部分私营机构借此谋取不当利益，严重损害公共利益。相反，若政府过度干预投资活动，可能产生反作用，引发权力寻租，增加经济活动成本。而且，政府各部门职责划分不明确，权限界定模糊，进一步加重了监管的混乱，既增大了风险，也阻碍了绿色基金的健康发展。

第二，外部监管机制存在空白。名义上虽在推进绿色基金发展，实际操作却偏离既定方向。绿色基金初创时，部分地方政府虽组织多层级管理人员实地考察并获取经验，但因外部监管缺失，即便成功募集大量绿色基金，也很快出现投资人欲获取控股权遭证监会调查、不良资产运营等问题，这显然背离绿色基金设立初衷。

（二）政策建议

1. 完善绿色发展基金治理架构

参考国际经验，中央政府需明确绿色发展基金的具体范围、投资方向、运营架构、长远目标和监管体系，以此规范参与者的操作。对于在绿色产业基金方面已有经验的地区，应予以积极肯定，推动其细化实施策略以提高可操作性。同时，倡导多种绿色基金共同参与，通过优化设计细节提升基金效能，保障绿色发展基金长期稳定发展，促使其进入良性循环。

在经济新常态下，绿色产业面临的挑战越发严峻，创新与财政投入方面的问题尤其突出。中国绿色产业的发展受困于资金瓶颈，迫切需要金融创新提供有力支撑。针对融资市场的空白，引入私人资本可实现资源互补，促使政府与市场协同融合，推动绿色金融模式升级，这一点已成为广泛共识。投资者依据市场化原则做出投资决策，在法律法规框架内与政府合作，共同推动基金发展。

2. 政府合理引导绿色发展基金投资

政府应构建绿色发展基金的绩效评估框架，每年对基金运营成果开展综合评价。据此健全基金内部的责任追究机制，推行信息透明披露制度，严格界定基金的投资目标范围、资金应用领域以及具体配置比例。同时，政府要监督和激励基金积极参与投资项目，持续监测其运营情况，确保资金准确投向绿色产业。

要提升绿色项目评价的精准度，就需要构建一套全面、科学的评估指标体系。并且，要积极推动绿色产业评估研究与咨询服务走向专业化，扶持、引进有权威性和公信力的第三方机构来承担绿色项目的评估和认证工作。强化绿色项目认证结果的应用和效果反馈机制，能够进一步优化基金运作，提升其整体效率。

政府在公共管理中需积极推动绿色发展，构建基金激励机制，强化绿色与责任投资理念的传播。政府可通过税收减免、贷款贴息、引入第三方担保机制、优化风险共担框架等政策扶持，为绿色发展基金提供有力支持。对于绿色项目，政府能够采用财政贴息、特许经营等方式适当提高项目回报率，增强对社会资本的吸引力。创建绿色发展基金指数，挑选环境表现优秀的企业纳入评价体系，展示绿色企业及项目稳定的预期收益，进一步激励社会资本进入绿色投资领域。

3. 加强内外部监管

绿色产业基金的运作有政府和私营部门参与，运营方、投资方等也在其中。政府的重点措施是制定监管政策，进而建立科学的监管体系。

政策制定时，要深入调研，广泛吸取各利益相关方的意见，共同构建科学合理的监管体系，以平衡各方权益，促使绿色发展基金高效运作，释放效能。

（1）强化外部监管

构建全面的评估与绩效考核体系，精准量化绿色发展基金的经营成果、可持续发展能力以及对社会的实际贡献。通过股份认购等多种途径参与企业决策，股东提案、代理权竞争等机制都可成为引导资本流向绿色产业的有效方式。以美国为例，州政府和联邦环境保护局共同监管绿色基础设施建设资金。各州在申请资金之前，要制定详细的基金使用规划并提交给环保局审核。环保局按照政策导向对规划予以指导，批准后持续监督各州资金的使用情况。英国碳基金也遵循此原则，在申请拨款之前需提交详细的工作计划，并经协商达成框架协议，保证资金有效利用。

（2）严格内部监督

英国绿色投资银行确立了绿色投资的七大核心准则：一是推动能源节约与减排，有力控制温室气体排放；二是重视绿色效应的广泛与深远性；三是在信息公开上，保证透明度与清晰度；四是设定明确且积极的绿色目标；五是明确投资标准以指导投资决策；六是建立健全绿色影响评估机制，全面衡量投资项目的环境效益；七是保证合同签订公正有效，并引入严格监督机制，确保绿色投资原则得以贯彻执行。

4. 培育绿色 PE、VC 投资者

这方面工作可从以下几个方面入手：

首先，为推动绿色投资发展，当下应强化私募基金领域绿色理念的渗透和普及，营造积极倡导绿色投资的公共舆论氛围。借助激励手段，引导私募基金投资者主动遵循绿色投资原则，把 ESG 要素深度纳入投资分析和决策流程，以逐步实现转型，让原本非绿色导向的私募基金成为符合绿色发展要求的基金产品。

其次，政府作为投资方，积极参与创建新兴绿色 PE 与 VC 基金。政府投资占比设定为 10%~20%，其余资金通过融入社会资本获取。通过这种机制，每投入一元政府资金，就能吸引五至十元社会资本进入绿色 PE 或 VC 领域，这种融资模式在欧洲已较为常见。

第三，构建绿色 PE 与 VC 投资者联盟，促进业内交流，共享绿色资产评估与投资策略、工具，提升绿色投资的专业能力和实践水平。

第四，企业需完善环境与项目信息公开机制，为机构投资者践行绿色投资理念提供可靠的信息支撑。

第五章　与天气相关的金融衍生产品

第一节　天气衍生品概述

天气衍生品是一种与特定气候条件（如湿度、温度、降雨量等）挂钩的金融创新产品，它突破了金融领域的传统交易框架。这类衍生品的兴起及其交易的蓬勃发展，拓宽了金融衍生产品市场的参与范围，丰富了交易手段，促使金融衍生工具的功能从单一的价格风险转移和管理，向数量风险转移和管理的多元化转变，极大地丰富了金融市场中的风险管理策略和工具库。

一、天气衍生品发展的背景

（一）一般天气风险及对经济实体的影响

一般天气风险是指气温、湿度、降水、降雪和水流等非极端天气条件的波动，使特定商品生产成本与市场需求发生变化，从而导致经济主体现金流和盈利状况出现不确定性。其具有如下特点：

一般天气风险来自非灾难性的天气变化，指温度、降水、日照、霜冻等日常天气变化。

一般天气风险发生频率较高。和巨灾风险相比，它出现得更频繁，且有时持续时间较长。虽然短期内影响可能不太明显，但长期积累的后果不容轻视。

天气风险常表现为数量风险，即天气变化使特定商品需求产生波动，从而影响经济实体的现金流与盈利状况。相对应的是价格风险，该风险由商品价格波动引起，也会给经济实体的现金流和利润带来不确定性。

一般天气风险属于系统性风险，这类风险会对众多经济实体产生普遍影响，其不确定性难以被单个经济实体凭借自身努力规避或消除，这表明它是客观存在且不可忽视的。

天气和气候对众多行业有着广泛且深刻的影响，像农业、能源、建筑、旅游、交通运输、批发零售以及制造业等行业都包含在内。从雪灾、台风、洪灾等极端天气事件，到气候异常、全球变暖这类全球性气候问题，天气相关话题经常成为媒体报道的热点。虽然科技发展已经让部分易受气候影响的行业（如农业）减少了对天气条件的过度依赖，但是日常天气的变化，如气温高低、降水多少、阳光强弱等，依旧对各行业的经济效益有着细微却不容忽视的影响。比如，日照不足或者雨水过多会直接对农作物的生长和收成产生影响；暖冬可能会使天然气等能源的需求降低，从而导致供应过剩；湿冷的夏季不仅会减少电影院、游乐园等娱乐场所的客流量和收入，还会降低航空旅行需求，进而影响航空公司的客座率和酒店的入住率。

各行业在天气风险暴露方面存在共性与差异。能源领域、能源消费者、饮料制造商、建材企业、建筑行业和农业都会受到温度波动的影响，所以都能运用以温度为基础的天气衍生工具管理风险。建材业、建筑业、滑雪场、农业、市政机构和融雪盐生产商受降雪量变化的影响，可采用基于降雪量的天气衍生产品规避风险。这些行业的实际需求是推动天气衍生品多样化发展的关键因素。

天气风险是指天气变化导致的现金流和收益波动，包括异常高温或低温，还有特大暴雨、暴雪、狂风等非温度相关的极端天气事件，它们会对企业和个人的财务状况以及股票价格产生明显影响。天气风险是生产经营中不可轻视的一部分，它直接关系到员工的生命财产安全和企业的经济效益。

（二）天气衍生品的出现

天气因素对全球经济活动有着多方面的广泛影响。企业越来越关注气候变化给运营带来的潜在影响，这催生了天气衍生品。天气衍生品市场起源于美国能源领域，是一种应对天气风险的创新型风险管理模式。构建天气衍生品市场是强化天气风险管理的策略，已被证明是有效的天气风险规避方式。

二、天气衍生品市场的现状

传统金融衍生产品以商品、股票、债券、利率或货币等基础资产为依托，天气衍生品却与众不同，它以经过精心处理的天气变量，如气温、降雨量、降雪量和风力级别等为基础构建，这些变量被转化为可用于交易的基础指数。定价机制高度复杂，使得天气衍生品的发展之路充满曲折与挑战。

（一）市场参与者类型多样化

天气衍生品市场随能源行业管制放宽而兴起，初期能源企业参与较多，但随着市场发展，能源行业的先导地位逐渐被撼动。农业、零售业、建筑业和交通业等易受天气影响的行业开始积极进入天气衍生品市场，将其作为规避经营中天气相关风险的有效方式。同时，天气衍生品合约流动性增强、效率提高，且与股票、债券等传统金融资产收益的相关性低，这让商业银行、共同基金、养老金机构、保险公司和再保险公司等机构投资者对这类产品的兴趣大增，其市场参与度显著提高。机构投资者通过策略性地交易天气衍生品，可调整和优化投资组合的风险与收益结构，以追求更高投资回报和更低风险。由于不同机构投资者在风险承受度、金融目标等方面存在差异，其适度投机行为已成为天气衍生品市场发展的内在逻辑之一，对推动市场发展有重要作用。

（二）全球化趋势初见端倪

天气风险市场发端于美国，随着市场不断拓展，其参与者已不限于美国机构，还吸引了欧洲和亚太地区多个发达国家的广泛关注，如法国、瑞士、德国、英国、日本等。需要注意的是，埃塞俄比亚等发展中国家也在积极探索天气衍生品的金融创新应用，这是由世界粮食计划署（World Food Programme，简称 WFP）在该国开展的试点项目所推动的。

（三）交易规模和数量迅猛增长

全球气候变化持续加剧，天气风险日益成为企业和投资者必须应对的关键问题。为有效管理这一风险，许多企业和投资者将注意力转向天气衍生品交易，促使交易规模和数量大幅增长。

随着时间的流程，金融机构和投资者对天气衍生品市场的接受度明显提高。他们越发认识到天气衍生品在风险管理、资产配置多元化以及提高投资回报方面的独特价值，所以更愿意增加资源和资金投入，积极参与市场活动。这一趋势极大地推动了交易规模和交易量的扩大。

技术创新和市场监管体系的完善为天气衍生品市场的快速扩张提供了有力支撑。大数据、人工智能等先进技术不断发展，极大地提高了天气数据获取的便捷性和处理的准确性，从而降低了交易成本，加快了交易进程，促使交易规模和数量得到增长。同时，世界各国政府和监管机构正在努力优化市场监管框架，加强对天气衍生品市场的监督和风险管控，以维护市场的公平、公正和透明，提升市场的整体吸引力和竞争力。

（四）交易品种日趋多元化

天气衍生品市场的交易品种不断增加。早期，人们围绕温度、降雨和风力等天气因素，设计了多种衍生品用于交易。这些产品旨在应对天气变化风险，帮助企业和投资者进行更精准的风险管理。

随着市场不断发展，交易品种变得更加多元化。部分金融机构开始研发综合天气指数衍生品，这种衍生品综合考虑多种天气因素和广大地域范围，能更精确地把握天气风险的变化情况。同时，一些机构积极探索为特定行业或地域定制的天气衍生品，以满足不同企业和投资者的个性化需求。

多样化的交易品种能很好地满足市场参与者的广泛需求，还可激发市场的创新与进步。金融机构和投资者借助不断出现的新交易品种，能够更从容地应对天气风险，探寻更多投资可能。这会增强市场的竞争力与吸引力，为天气衍生品市场的稳定发展提供持久动力。

三、天气衍生品与传统金融衍生产品的比较

国际互换与衍生品协会（International Swaps and Derivatives Association，简称 ISDA）对金融衍生产品的定义为：一种双边协议，用于交换现金流并为交易双方转移风险，其最终结算金额取决于基础商品、证券或指数的价格变动。经济合作与发展组织表示，衍生交易通常是双边合约或支付交换安排，其价值源于基础资产、基准利率或指数。由此可知，传统金融衍生产品以各类商品和金融工具为基础，但从更广义的理论角度看，任何影响经济、金融活动的风险因素都可能成为构建金融衍生产品的基础。近年来，金融衍生产品市场创新活动频繁，表明基础产品正从传统的商品和金融工具向更广泛的风险承载对象拓展，标的范围不断扩大，新型金融产品不断涌现。天气衍生品作为这一趋势下的典型新兴代表，既保留了传统金融衍生产品的部分特性，又呈现出独特的差异特征。

（一）天气衍生品与传统金融衍生产品的相同点

1. 产品形态相同

按照产品形态，天气衍生品和传统金融衍生产品都能分为远期、期货、期权以及掉期这四类。首先，远期合约与期货合约都包含交易双方关于在未来某

一确定时间，按约定价格交割特定数量和质量资产的承诺。但二者有着本质区别：期货合约遵从期货交易所制定的统一标准，对合约到期日、交易资产类型、数量以及质量标准都有明确规定；远期合约则是根据买卖双方的个性化需求定制的，由双方直接协商订立。所以，期货交易的市场流动性往往较高，远期交易的流动性则相对较低。其次，掉期合约是交易对手达成的协议，目的是在未来某段时间内交换双方认为经济价值相等的现金流。最后，期权交易实质上是一种权利买卖，期权合约给予持有人在特定时间、以特定价格购买或出售特定数量、质量基础产品的选择权。

2. 交易模式相同

天气衍生品和传统金融衍生产品都有场内与场外两种交易模式。在场外交易时，参与者多用互换、期权和掉期等工具进行交易，这些合约大多非标准化，形式灵活，能让市场参与者按自身需求定制一对一的个性化交易协议。场内交易主要围绕期货与期权进行，其合约规格统一，结算体系完备，能提供更强的信用支持和更高的流动性。场外交易的优势是灵活性高，不受标准产品、统一定价或集中竞价的约束，交易双方可在交易所外协商具体条款，精准满足客户特殊需求，且场外天气衍生品交易是双边协议，双方能根据实际需求定制交易产品。但场外交易也有明显劣势。一是交易分散，产品流动性受限；二是交易缺乏透明度，双方在价格和其他交易条件上可能信息不对称，难以保证公平的交易价格和条件，增加了违约的信用风险；三是交易多集中在少数主要报价商之间，这容易导致价格操纵，还可能滋生"道德风险"。

场内交易的独特优势正好能弥补场外交易的不足。其主要特点为采用标准化产品、统一价格体系与集中竞价机制，这极大提升了市场的流动性。场内交易还通过保证金制度与统一结算流程，避免了交易双方的违约风险，强化了交易的信用。在场内交易中，所有交易价格、成交量、持仓情况和隐含波动率等关键信息都会在公开信息平台上实时显示，透明度很高，这就极大降低了价格被操纵的可能，有效防范了交易商的道德风险。不过，场内交易的标准化特点也制约了产品的多样性，在满足交易者特定个性化需求方面存在一定局限。

3. 交易都具有杠杆效应

天气衍生品和传统金融衍生产品（如股票衍生工具、利率衍生产品、汇率衍生工具以及商品衍生产品）都采用保证金交易机制。在该机制下，交易者只需交纳一定比例的保证金就能参与全额交易，不必实际转移全部本金。合约一般以现金差价方式结算，只有在合约到期日以实物交割时，买方才需全额付款。需要注意的是，不管是天气衍生品还是其他传统金融衍生产品，保证金水平越低，杠杆效应越明显，相应的风险就越大。

（二）天气衍生品与传统金融衍生产品的区别

1. 转移的风险不同，对应的标的物不同

传统金融衍生产品，如股票、利率、汇率和商品相关的衍生工具，其核心功能是对冲系统性价格风险。这些衍生产品往往与特定资产类别挂钩，比如在交易所交易频繁的利率期货与期权、货币期货与期权、股票市场指数期货与期权，场外市场的外汇掉期、利率掉期、黄金期货等。这些产品都是围绕利率、货币、股票、黄金等可交易资产设计的。

天气衍生品以对冲系统性数量风险（即天气风险）为目的，其基础是经特殊处理的天气变量，这些变量被转化成可用于交易的基础指数，包含气温、降水、风力等多个方面，具体有气温指数、降水指数、水流量指数、风力指数等。在当下的天气衍生品市场，气温指数应用得最为普遍，其相关交易额约占市场总量的80%。气温指数又可细分为日均温指数、累积均温指数和事件指数。日均温指数是合约期限内日均温指数的平均水平。累积均温指数为合约期间日均温指数的总和。事件指数则根据合约期内特定气象事件的发生天数确定，这些事件一般是指气温高于或低于某一预设阈值的情况。例如，一份为建筑工人提供保险保障的天气合约，其触发条件取决于11月至次年3月间"霜冻日"的数量，"霜冻日"是指上午7时气温低于零下3.5摄氏度或者上午10时气温低于零下1.5摄氏度的日子。

在金融衍生产品市场的常规范围里，互换合约的起源能追溯到合约双方凭借各自在不同金融资产市场的比较优势来交换资产，进而降低采购成本。简单来讲，传统金融互换合约中的"互换"就是双方金融资产的交换。不过，在天气衍生品市场，互换合约的内涵有了根本性的改变。在这个市场中，合约双方先确定一个基准天气指数水平，到合约期满时，按照实际天气指数和约定水平的比较结果，一方根据预定的赔付率对指数差异向另一方补偿；要是实际指数低于约定值，补偿方向就相反。这种机制能让天气敏感型企业有效地转移不良天气状况下的经济损失风险。需要注意的是，企业一开始不用支付任何费用，但是作为风险转移的代价，在天气有利的时候，企业要把额外收益让给合约对方，这样企业就只能得到正常利润。在这种情况下，"互换"实际上是企业把良好天气下的超额收益转变成对恶劣天气潜在损失的自我保护，也就是合约双方在不同天气条件下收益与损失的一种转换机制。

2. 市场参与者不同

天气衍生品市场和传统金融衍生产品市场都有套期保值者、投机者和市场辅销者参与。套期保值是一种利用对冲减轻基础产品随时间波动风险、保障套期保值者财务安全的策略。在天气衍生品交易中，投机活动就是买卖相关合约以获取风险收益。需注意，在金融衍生产品市场中，套期保值者和投机者的角色并非泾渭分明。很多套期保值者可能为了解市场动态或尝试投机交易而变成投机者；当反过来，投机者在察觉到风险过高时，也可能采用套期保值策略来减少风险暴露。

天气衍生品市场与传统金融衍生产品市场中的套期保值者和投机者不同。

在传统金融衍生产品市场里，商业银行、证券公司、基金等多种金融机构往往采用双重策略。一方面进行套期保值来躲避金融资产风险，另一方面参与投机活动以赚取利润。投资银行涉足该领域，意图借助期货、期权等方式确定承销债券的价格，还运用股票指数期货、期权对所持股票进行风险对冲。它们会自营衍生产品交易，从价格波动中盈利，而且通过经纪服务和咨询业务来收取佣金与手续费。投资银行也利用衍生工具辅助政府发行公债，推动企业完成兼并、重组等资本运作。与投资银行不同，企业参与传统金融衍生产品交易，主要是为规避股票、利率、外汇等随时间变化的风险。近年来，一些实力较强的企业已经开始积极尝试利用这些金融工具盈利。

在天气衍生品市场里，商业银行、证券公司、基金等金融机构多以投机者的角色活跃其中。天气衍生品收益与股票、债券等传统金融资产收益无显著相关性，这使金融机构能通过策略性地开展天气衍生品交易，优化投资组合的风险与收益结构，以获取更高收益并降低风险。由于各金融机构的风险承受能力、管理目标和资金实力有所不同，它们的广泛参与大幅提升了市场的流动性和运作效率。所以，适度的金融机构投机行为是天气衍生品市场的内在要素，对市场健康发展有重要推动作用。不过，天气衍生品市场的核心目的是为天气敏感型行业和企业提供更全面、经济的风险管理方法。任何受天气变化影响的企业都可利用天气衍生品套期保值，对冲天气变化带来的时间序列风险，减少天气因素导致的利润波动和现金流不确定性，保障企业运营的稳定性。

天气衍生品市场和传统金融衍生产品市场在辅助服务提供者方面存在差别。两个市场都对数据资料、风险分析、产品结构剖析和咨询服务等辅助服务有明显需求，所以各类市场辅助者都参与其中。天气衍生品市场中有两类特殊的辅助者：其一，气象数据资料供应者至关重要。天气衍生品交易能否成功，在很大程度上取决于历史和当前天气数据是否可获取、是否完整和精确。在天气衍生合约里，常指定某一特定气象站发布的数据为基准。在特定需求下，交易者还会订购更专业的天气数据。其二，随着天气衍生品市场的发展，出现了一系列专注于天气风险管理和天气衍生品领域的咨询服务机构。这些机构包括会计公司、咨询公司、顾问机构、软件开发商和专业的风险管理咨询公司等。它们的服务内容广泛，涵盖天气风险分析、风险定价、风险转移策略制定等。这些机构凭借深厚的技术积累，研发并构建专业的天气衍生品定价模型和组合管理策略，为市场参与者提供高质量的咨询服务。

第二节　与天气相关的金融衍生产品设计与建议

一、与天气相关的金融衍生产品设计

（一）温度指数期货合约

温度指数期货合约是气候相关金融衍生产品的重要类型，基于特定地区或全球温度指数构建，目的是为投资者和企业提供规避气候变化带来的多种风险的方法。这类期货合约的出现，拓宽了金融市场风险管理手段的范围，也为全球应对气候变化增加了有力的金融支持。

温度指数期货合约的交易对象为温度指数。该指数基于历史温度记录，并结合了气候预测模型与即时监测数据。它能体现特定区域乃至全球在特定时间段内的温度变化模式，是评估气候变化的关键指标。

在温度指数期货合约的交易机制中，投资者可通过买卖合约规避温度波动带来的风险。就农业来说，温度波动直接影响农作物生长周期与最终产量，从而影响农民的经济收益。进入温度指数期货市场后，农民能预设并锁定未来收入预期，有效减少气候条件变化导致的收入不稳定情况。在能源领域，温度对能源需求和市场价格也有明显影响。能源企业可利用温度指数期货合约，应对温度波动引起的能源供需失衡风险，实现有效风险管理。

温度指数期货合约在交易时具有明显的灵活性和透明性。投资者可根据自身风险偏好与投资目标，灵活选择交易策略。该合约于公开市场交易，有很高的信息透明度，投资者能即时获取市场动态与价格信息，从而做出更准确的投资决策。

温度指数期货合约具有杠杆机制与风险管控效能。投资者缴纳少量保证金就能进行大规模交易，从而提升投资回报潜力。期货合约的标准化，使投资者能在期货市场高效开展风险对冲与套利活动，更有效地降低投资风险。

（二）霜冻指数期货合约

霜冻指数期货合约属于金融衍生工具，其设计与特定区域甚至全球的霜冻情况密切相关。该指数通过深入挖掘历史气象资料、精确运用气象预测模型、综合分析实时气象数据构建而成，目的在于量化霜冻灾害的严重程度。它全面考虑了霜冻的发生频率、持续时间、波及范围等多方面因素，以此来全面反映霜冻对农业、林业、园艺等众多产业可能产生的风险与影响。

在早晨7点和上午10点测量特定地点的气温。若满足以下任一条件或者同时满足多个条件，那么当日就判定为霜冻日：

（1）当地时间早上7点的气温不超过零下3.5摄氏度；

（2）当地时间上午10点的气温不超过零下1.5摄氏度；

（3）早上7点与上午10点的气温均维持在零下0.5摄氏度以下。

地球卫星有限公司以中国气象局发布的霜冻日最终观测数据为依据，每日精确计算霜冻指数。

月度霜冻指数是某合约月份内所有有记录的霜冻日期对应的霜冻指数累计值，季节性霜冻指数是对5个月期间内所有霜冻日期的霜冻指数求和的结果。

霜冻指数期货的标的城市范围有限，目前市场以欧洲参与者为主，其中有不少套期保值者与投机者。

（三）降雪指数期货合约

降雪指数期货是一种与气候条件密切相关的金融创新工具，其基础资产是降雪指数。该指数通过综合特定区域甚至全球范围的降雪总量、发生频率和强度等多维度数据编制而成，目的是量化降雪情况对当地经济活动、社会结构和自然环境的潜在影响。

降雪指数期货合约的交易模式和常规期货合约类似，投资者能够借助买卖合约规避降雪量波动产生的潜在风险。当实际降雪量达到或超过预测值时，降雪指数可能升高，从而促使期货合约价值上涨；反之，若降雪量低于预期，降雪指数或许会下降，使期货合约价格随之下跌。

降雪指数期货合约的出现，为投资者提供了一种全新的风险管理方式。在北美、北欧等降雪频繁或者雪量较大的地区，这种期货合约至关重要，可有效应对由降雪波动引发的经济风险。在农业方面，降雪与作物生长周期和收成情况直接相关；在交通运输领域，降雪往往会导致交通堵塞和行程延误；在旅游业，降雪会对景点运营和旅客行程安排方面产生影响。投资者借助降雪指数期货市场，能够提前设定未来的成本或收益框架，进而减少降雪不确定性所带来的经济冲击。

计算降雪指数，首先要获取每日降雪量数据。每日降雪量是指目标区域从 0 点到次日 0 点的累计降雪总量，数据由地球卫星有限公司自动观测站提供。若某天降雪微量（微量标准由地球卫星有限公司规定），则当天降雪量记为零。

月度降雪指数被定义为合约月份内各自然日降雪量的累计总和，季节性降雪指数则包含了最短 2 个月到最长 6 个月连续月份期间所有自然日的降雪总量。

降雪指数期货在天气风险管理中作用重大，应用范围广泛。政府部门、滑雪场、岩盐开采企业和航空公司等主体，常借助它来对冲风险。同时，市场上也有不少投机者踊跃参与降雪指数期货的交易。

（四）飓风指数期货合约

飓风指数期货是一种专为应对飓风风险而设计的金融创新产品，能够帮助投资者和企业有效规避飓风灾害可能带来的经济风险。其合约根据飓风的强度级别和影响区域构建，为市场参与者提供了一个精准且易于操作的风险管理工具。

1. 飓风指数期货合约的设计基础

飓风属于自然灾害，破坏力极强，其强度和影响范围往往难以精确预估，这使得传统保险机制与风险管理手段在应对飓风风险时存在局限性。与干旱、洪水等巨灾型天气风险相比，飓风有个特点，即其强度可通过萨菲尔－辛普森飓风风力等级量化。该等级体系按照飓风最大持续风速，把飓风划分为一至五级，等级越高则强度越大。此外，考虑飓风的实际覆盖区域，能更深入地评估其对特定地区潜在的破坏力。

按照该评估框架，飓风指数期货合约得到构建和推行。飓风指数是这个合约的核心参照，它是综合考虑飓风强度与影响区域得到的量化数值，用来表示飓风对特定区域可能造成的潜在损害程度。投资者和企业能够参与飓风指数期货市场，在飓风季来临之前预先确定风险暴露水平，主动管理飓风灾害可能造成的经济损失。

2. 飓风指数期货合约的市场应用

飓风指数期货合约的市场应用广泛，主要涉及以下几个领域：

保险业：保险公司是核心主体，深度涉足飓风指数期货合约的交易。在飓风季来临前，保险公司买入飓风指数期货合约，可有效锁定潜在赔付成本，减轻飓风灾害可能造成的巨额赔偿给公司财务稳健性带来的负面影响。

农业与渔业：飓风对农业和渔业领域冲击显著，可能致使农作物产量降低、渔场受损等。农业与渔业企业可参与飓风指数期货市场，在飓风季来临前有效规避潜在生产风险，保障经营活动稳定、持续发展。

基础设施与房地产行业：沿海地区的基础设施与房地产项目往往会受到飓风的严重挑战。企业和投资者提前购买飓风指数期货合约，能有效降低飓风季节里灾害可能导致的资产价值下滑以及后续修复成本。

政府和慈善机构在飓风灾害里的角色十分关键，它们往往要在灾后承担大量救援和重建任务。借助飓风指数期货交易机制，这些机构能够提前募集所需资金，为灾后紧急救援和长期重建工作筑牢财务根基。

二、天气衍生品运行模式

在天气衍生品市场里，参与主体大体上可分为供给方、终端用户以及市场辅助机构三类。这三类主体之间有着紧密的相互依存和促进关系，它们共同促进天气衍生品市场蓬勃发展。

天气衍生品市场有多种供应主体。这些主体是天气衍生品的销售方，为终端客户提供风险管理服务与产品，还通过销售承接买家转移的天气风险，提供风险承载能力。具体来说，天气衍生品市场的供应者主要有以下四类：

能源企业：天气衍生品的初始需求和供给都源于能源领域。这些企业是天气衍生品的主要需求方，并且积极向市场推广多样化的天气风险管理方案。它们在业内和跨行业进行风险的划分、整合与交易，从而实现天气风险的转移或承担。

保险公司：其在风险市场处于核心位置，是主要的风险承担者，它们把非灾难性天气保险看作传统业务领域的自然延伸。在承担天气风险时，保险公司主要采用两种形式：一种是按照传统保险方式，直接签发与天气有关的保险保单；另一种是通过市场交易，售卖天气衍生品，从而主动承担并分散社会面临的天气风险。

混业者与变业者：为契合终端客户的特定需求，这些企业着力于开创并优化天气风险管理方案。混业公司一般承担积极交易者与综合风险管控的职能，变业公司在特定情形下，可为那些偏好借助保险机制配置天气保障的企业，于金融衍生市场中重新整合并转移风险。

银行：追求利润增长使得银行积极参与天气衍生品市场。银行有寻求风险规避的现有客户群，还有经验丰富的营销团队。该团队善于设计风险产品、定价并促销，且有着深厚的金融交易基础，可将这种能力运用到天气衍生品交易中。银行在天气衍生品市场的活跃程度通常受其市场营销能力和风险承受能力的共同影响。若风险承受能力较弱或风险偏好较低，银行会将客户需求转给市场供应方；反之，银行可能更愿意直接承担风险，大力拓展终端客户业务，或者在场外衍生品市场进行套期保值操作。

以国家开发银行（简称国开行）为例，其作为政策性金融机构，在绿色金融产品创新与发展方面起先导作用，同时也要在市场中获取合理利益回报。在天气衍生品市场领域，国开行参与方式灵活多样，既能充当产品供应者，又可作为最终用户，借助套期保值策略达成促进公共利益的目的。不过，国开行的核心使命是在保障运营持续性的基础上，充分发挥政策性银行的特有职能。所以，国开行更倾向于参与场内交易，和商业银行建立合作与竞争关系，共同推动天气衍生品的研发。此外，该行还努力制定天气衍生品市场的准入规范，并且联合地方政府和地方企业，把天气衍生品当作激励工具，引导企业积极参与环保生产活动，有效运用套期保值策略管理风险。

三、中国发展天气衍生品的对策建议

中国金融市场已有一定规模，然而，在市场完善程度、风险管理以及资源配置效率等方面，和国际成熟市场相比，存在明显差距，其创新发展受成熟市场影响较大。气候变化已是影响经济活动的关键因素，天气相关金融衍生产品市场正逐渐成为全球金融衍生产品领域最具创新和活力的部分。中国应凭借后发优势，积极借鉴国际天气金融衍生产品市场的发展经验。在中国经济和金融市场改革步伐协调一致的基础上，稳步推进构建多元且层次分明的金融市场体系，这是当前金融市场发展的重要内容。

在全球范围内，利用天气金融衍生产品市场来加强天气风险管理，已成为规避这类风险的有效策略。目前，中国对天气衍生产品及其功能的认识还处于起步阶段，相关市场尚未建立。中国地域辽阔，天气变化有明显的地域差异，很多行业和地区因天气风险遭受的重大经济损失不可小觑。适时开展天气金融衍生产品的研发，有望大大减轻企业和农业面临的天气风险压力。可见，中国天气衍生品市场发展潜力巨大，相关部门应积极推动其发展。

（一）加快发展期货期权等基础市场

天气类金融衍生产品的开发基础和条件各有不同，很难同时完备。需遵循风险渐进、产品从简到繁、成熟先行的原则，稳步推出多种天气金融产品。国际经验表明，天气衍生品包括场外交易（Ouer the Counter，简称OTC）和交易所交易两种类型。在OTC市场，交易者主要以互换、期权等方式，就温度、降水（雪）等指数开展交易，合约灵活性强，标准化要求相对不高；而交易所的交易机制更完善，合约标准统一，并且有更高的信誉和市场流动性。就中国目前的情况而言，初期优先发展期货交易所的交易模式或许更合适，初期的交易品种可考虑以天气指数期货为主。

天气风险管理若要成功实施，天气衍生品市场的存在不可或缺，还需依赖成熟健全的资本市场以及投资者不断增长的风险与收益期望。当下，中国资本市场仍处发展初期，规模有限，保险市场也不够成熟，期权市场尚未成型。鉴于部分天气衍生品的设计以农业保险产品和期权为基础，国家急需制定相关政策法规来推动保险市场与期货期权市场进一步发展和完善。

在衍生品交易合约中，天气衍生品里的看涨与看跌期权比较突出。与金融期货、商品期货相比，其标的物选择、模型构建和合约规划都更复杂。成熟的期货市场是天气衍生品市场发展的前提。回顾历史，中国金融期货交易所于上海成立，承担着构建和推动中国金融期货市场发展的任务。展望未来，天气衍生品也许会在该交易所挂牌交易。所以，相关部门要提前规划，注重培养机构内部的风险管理意识，加大天气衍生品市场研发和设计力度，为可能的市场发展打好基础。

全面发展的期货市场，需要能有效对冲风险的期权产品。期权是基于期货交易衍生出的创新工具，有独特经济职能与显著投资潜力。随着期货市场成熟和规则体系完善，期权交易应运而生并不断发展。期权的引入可稳固相关期货品种的市场表现，也能为套期保值者和投机者拓宽期货交易策略，进一步拓展期货市场的交易范围。

（二）提高天气敏感行业主体的市场参与意识

中国企业和个人应对自然灾害风险的意识与手段较为欠缺，能源、旅游、建筑、交通运输企业及农业生产者急需提升利用金融市场减轻天气风险的认识，以便为中国天气衍生品市场培育更多参与主体，稳固市场发展的根基。

农业、能源、交通和电力等行业受天气的直接影响较大，对天气衍生品有着明显的需求。但目前，这些行业普遍缺乏有效规避天气风险的认知。所以，提高这些对天气敏感的行业和企业利用天气衍生品市场规避风险的意识十分重要。虽然适度的投机活动在天气金融衍生产品发展过程中具有合理性和必要性，对其发展有一定的推动作用，但天气衍生品的核心价值是为这些行业提供更全面、经济的天气风险管理方式。

天气衍生品和天气保险是天气风险管理的两大关键手段，二者有明显的互补性。天气衍生品能让企业规避天气波动风险，也为农业生产者保障农作物产量稳定提供了有效方法。保险公司承担灾害性天气风险时，自身面临巨大潜在风险，可积极参与天气衍生品市场，借助资本市场机制分散和转移风险。

（三）建立和规范天气衍生品的技术支撑体系

天气金融衍生产品处于初级发展阶段，但交易模式逐渐成型，定价机制不断完善，产品流动性持续增强，市场韧性逐步提升。这类创新产品的设计与交易得到法律、税务、会计和监管等多方面的全面支持，这表明其对具备跨学科知识的专业人才有很高需求。天气衍生品是新兴工具，它不是传统商品期货的翻版，也不是普通金融衍生产品的简单延伸，其结算价格的确定需要复杂的技术和专业逻辑。所以，积极引进和培养既深刻理解金融衍生产品与商品期货理论，又精通天气衍生品原理、实操技能且经验丰富的复合型人才，同时不断完善和规范天气衍生品的技术支撑架构，是这类产品顺利推广的关键。

第六章 多维视角下的绿色金融可持续发展

第一节 绿色金融可持续发展的机制构建

一、完善绿色金融发展的金融政策

（一）绿色金融政策体系分析

中国人民银行把包含环境改善、应对气候变化、高效利用资源以及减少资源浪费等多方面的金融活动统一界定为绿色金融。政府制定诸多政策措施，目的在于引导和协助金融机构达成绿色金融目标，这些政策被统称为绿色金融政策。基于此，中国的绿色金融政策框架按照绿色金融的不同类型，细分为五个板块。

1. 绿色信贷政策

绿色信贷的目的在于借助金融机构的信贷力量推动社会经济可持续发展，同时优化信贷配置，降低投融资活动中可能存在的环境与社会风险。其作为促进资源高效利用、推动环境和谐型项目或企业发展的重要金融工具，对经济社会的长远发展有着至关重要的作用。

绿色信贷政策是针对绿色信贷产业制定的一系列促进举措，总体可分为两类。一类从宏观层面出发，把金融机构绿色信贷业务的实施情况纳入全面的环境评价体系，同时建立绿色贷款专项统计制度，这类政策多由中央政府制定。另一类侧重于微观管理，目的在于给金融机构提供具体的绿色信贷操作指南，优化绿色信贷流程，有效监督绿色信贷，这类政策通常由国家金融监督管理总局和地方政府机构制定。

政府推行的绿色信贷政策对商业银行有直接的约束作用，其条款专为规范商业银行在绿色信贷方面的操作而设。商业银行放贷前，应按政策规定的严格标准，细致审核、验证贷款项目，使其符合绿色信贷准入条件。只有项目达到政策要求的绿色标准，才可获批贷款。同时，对于政策明确限制或不鼓励的行业与项目，商业银行不能提供新贷款，要避免续贷，且有权依据政策规定，追回已发放的贷款。

绿色信贷政策通过市场化机制，对未达绿色信贷标准与要求的项目进行融资限制，激励企业和项目积极开展技术革新，增强节能减排意识，推动向绿色产业转型。该政策也加快了不符合社会和经济绿色发展导向的粗放型经济模式的淘汰速度，有力地支撑了绿色项目的蓬勃发展。

2. 绿色债券政策

绿色债券是企业在资本市场直接融资的一种手段，其资金专门用于投向符合既定条件与标准的绿色项目，或为这类项目的再融资活动提供资金支持。

绿色债券有四个核心特征。其一，募集资金用途被严格限制于特定的环保领域。其二，绿色项目的筛选和评估有独特的程序标准。其三，为绿色项目所筹资金要接受专门的跟踪监管。其四，资金投入绿色项目后，必须编制并提交详细的年度报告来公开使用情况。

各类绿色债券，如绿色金融债券、绿色企业债券、绿色公司债券以及绿色项目债券等，都需要相关负责机构来制定和完善有关政策。具体来说，国家金融监督管理总局、中国证券监督管理委员会、国家发展和改革委员会和中国人民银行等监管机构分别负责相应类型规则的制定工作。

企业通常对绿色项目较为谨慎，毕竟其收益较低且回报周期长，而企业以利润最大化为核心目标。不过，政府推行了绿色债券政策，借由一系列优惠举措与补贴，提升了绿色项目的经济吸引力，降低了绿色债券的融资成本。该政策促使企业增加绿色债券发行量，加大绿色项目投资，从而推动绿色项目蓬勃发展。

3. 绿色基金政策

绿色基金主要有三种形式。其一为政府主导型基金，依靠政府财政拨款设立，用于支持地方环保绿色项目的运营与推进，具有明显的公益性，其投资规模大、回报周期长且收益相对较低。其二是市场导向型基金，由基金管理机构、信托公司或者资产管理公司发起，通过基金产品募集社会资本，投向环保绿色领域，逐利性较强。该类基金通常产品结构和盈利模式清晰，但投资风险较高。其三是 PPP 模式下的绿色基金，由政府发起并提供信用担保，吸引社会资本参与并主导运作。政府投入较少资金发挥战略引领作用，社会资本占主导地位，同时引入专业第三方环保机构负责项目改造与运营，提供专业技术支持。PPP 模式绿色基金融合了前两类基金的优势，具有收益稳定、资本来源广泛且规模大的发展潜力，因而受到政府大力推广。

绿色基金政策重点关注 PPP 项目，政府多为主导者，出台诸多优惠措施以推动绿色基金在 PPP 项目中的运用，从而加快绿色 PPP 项目的落地与实施。这些政策构建了一个框架，用于引导绿色基金健康有序发展，为推进绿色项目提供强劲动力。

政府实施了绿色基金政策，该政策直接进入基金市场，目的是为低碳经济、节能减排以及环境优化改造等绿色项目给予专项投资支持。其主要目标是借助基金的资本投入，加快节能减排与生态环境保护工作的推进。

在 PPP 模式里，建设—经营—转让（Build-Operate-Transfer，简称 BOT）模式的优惠政策十分突出。这种模式授予私营企业特许经营权，促使其踊跃参与基础设施建设，从而为全社会提供公共服务。在 BOT 模式下，按照既定政策和标准，政府委托企业全权负责项目的投资、融资、建设、运营与维护工作。在授权期内，私营企业可向设施使用者收取合理费用；政府则监督项目和设施的运维状况，确保其符合政策规定。授权期满时，企业要根据政策要求，有偿或无偿地把设施移交给政府继续运营。

4. 绿色保险政策

绿色保险是市场经济里环境风险管理的关键工具，其兴起源于工业化和城镇化进程的加快，这一进程促使大规模基础设施得以建设和运营。不过，这一进程也必然会引发很多安全生产责任事故，从而破坏生态环境，导致环境污染，严重危及公众的生命和财产安全。工业化与城镇化造成的环境损害和人员伤亡通常是不可逆的，且后果非常严重。

国家政策的推动促使绿色保险制度产生，其中环境污染责任保险处于核心位置。此险种针对可能损害环境或有安全隐患的企业和项目，通过经济方式推动企业将环境治理、污染物排放以及安全风险的成本内部化。具体来说，企业要先投保，这会增加运营成本，该机制能够激励企业积极研发环保技术、减少污染物排放、提高资源利用效率，主动降低对环境的负面影响，还能促使企业增强安全生产与环境保护意识，提升自身灾害预防和应对能力。

中国绿色保险主要有三种模式。其一为强制保险模式，如环境污染责任保险，所有可能破坏或污染环境的企业和项目都必须投保；其二是自愿与强制相结合的参保模式，在该模式下，企业有一定的自主选择权；其三是强制责任保险与财务担保相结合的模式，此模式要求企业投保的同时提供财务担保，以保证其环境责任得以履行。

绿色保险政策的实施能够激励企业自主强化环境风险管理，减轻企业与项目潜在风险带来的负担。例如，引入巨灾保险可使生产者在决策时减少对自然灾害影响生产的担忧。该政策的普及大幅减轻了政府的财政负担，让有限的财政资源得以重新分配到更紧急的公共需求上。具体来说，环境污染责任保险机制将环境治理成本从政府转移至排污企业，这既增强了企业的环境保护意识，也明确了企业在环境污染方面的法律责任。

政府推行的绿色保险政策，核心是对环境风险要素精准干预，以达成三个目标。一是构建环境风险管理支持体系，借助政策引导保险业深入该领域。保险业既能给企业在市场运营时面临的环境与灾害风险予以经济补偿，减轻财务负担，又能推动企业和项目朝着更环保、可持续的绿色产业转型。二是绿色保险增强了融资增信功能，为绿色项目开拓新的资金来源渠道，降低项目运营风险，提升项目融资吸引力。绿色保险的资金供给往往与项目周期紧密契合，能为绿色项目提供稳定持久的资金支持。三是绿色保险对绿色产业的发展有显著推动作用。比如太阳能光伏发电项目，其收益受太阳辐射强度波动影响大。保险机构为此创新推出光伏辐照指数保险、光伏电站综合运营保险等绿色保险产品，为电站因太阳辐射强度变化产生的损失提供风险保障，从而激励社会资本投入太阳能光伏发电等绿色产业领域，推动产业繁荣。

5. 碳排放权交易政策

中国碳排放权交易理念源于成熟的排污权交易体系，早期主要用于河流和大气污染治理实践。政策制定流程为，政府先评估并设定某污染物的最大排放限值（目标值），将其作为法定排放上限，再根据各排放企业的实际运营情况，把总量分配给企业，形成企业的排放配额。在规定时间框架内，企业要核算污染物排放总量，还可通过交易分配到的排放配额，保证自身排放活动符合总量要求。

在核算周期内，若企业污染物排放量超出既定配额，就要从排放未达标的企业购买排放量，以维持排放总量平衡。这种交易机制能促使企业增强节能环保意识，加深对环境污染责任的认识。排污企业为降低环境污染治理成本，会结合自身实际研发低排放技术设备，提高生产技术水平，减少污染物排放，从而推动企业全面迈向绿色发展方向。

政府施行的碳排放权交易机制对污染排放行业有着直接影响。这一机制借助政策引导，有效控制污染物排放水平，以实现特定污染物的减排目标。具体来说，政府设定逐年递减的特定污染物排放总量上限，激励相关企业或项目更新设备、研发低碳技术，淘汰高耗能、高排放的落后产能，从而稳步迈向污染治理的既定目标。

（二）如何完善绿色金融政策体系

绿色金融政策体系的构建以五大类产业政策的核心要素为基础，其优化和完善应从以下五个维度加以推进。

1. 完善绿色信贷政策

在绿色金融体系的大框架下，绿色信贷政策属于较为成熟的部分，但也面临诸多挑战。具体而言，其评价体系不完善、缺乏竞争机制、专业人才稀缺、贷后监督机制存在不足。要解决这些问题，需从四个关键维度对绿色信贷政策进行优化和完善。

（1）完善绿色信贷的评价制度

构建绿色信贷体系，首要工作是建立一套统一的绿色信贷标准。国家发展和改革委员会发布的《绿色低碳转型产业指导目录（2024 年版）》虽然对绿色低碳转型产业界定很详尽，但缺少对其权重和优先级的明确划分。金融机构按此目录开展绿色信贷业务时，无法准确评估项目的优先顺序和重要性，所以该目录在这方面需要进一步优化和补充。

金融机构有必要构建标准化的绿色信贷评估框架。各金融机构提供的绿色信贷服务虽有差异，但在整个绿色信贷市场中呈现出明显的同质性特征，所以建立统一的评估体系十分重要。这一体系应纳入金融机构年度报告中的关键财务指标，如资产负债率、资产规模、资产构成和不良资产率等，通过综合考虑这些通用指标与机构特有的参数，对绿色信贷项目进行全面、客观的评价。

（2）建立并完善行业竞争机制

政府能够构建一套标准化的绿色信贷评估体系及具体指标，以此量化金融机构的绿色绩效。根据评估结果，金融机构会被分为达标和未达标两种。达标金融机构将得到更优厚的政策扶持和相对宽松的监管条件；未达标机构则不能享受这些优惠政策，还会面临更严格的监管举措。这种差异化对待策略，意在有效激励和督促所有金融机构积极向绿色产业转型，加快整个金融行业的绿色化进程。

（3）完善专业人员培训制度

绿色信贷业务在金融机构里处于核心地位，其重要性不言而喻。由于绿色信贷和绿色金融都处在不断探索与优化的进程中，金融机构有必要构建一个融合产学研资源和岗位实践的培训体系。

产学研一体化模式有利于金融机构从业人员在实际操作中识别绿色金融发展面临的挑战，而后借助专业研究机构的智力支持深入分析并构建理论框架。该理论框架以金融机构为实践平台，经不断试验与调整，逐渐演化为一套指导绿色信贷及绿色金融发展的政策体系，从而引导金融行业从业者有效应对现实问题。

岗位培训的目的在于提升从业者的执行力，使其深入理解绿色金融的核心理念。经由培训，从业者能够在实践中积极落实政府与金融机构的各项政策，推动金融机构全面向绿色发展转型。

（4）健全连带问责机制

金融机构的关键职能是有效运作资本。由于资本具有天然逐利性，金融机构通常更愿意投资能带来高额回报的项目。近年来，随着绿色项目界定标准越发清晰，绿色信贷业务聚焦环保领域，其经济回报较传统项目有所减少。这一情况可能使部分市场参与者受利益驱使，通过不正当手段为不符合绿色标准的项目违规提供绿色信贷支持。为防止这种行为，必须加强监管和自律，以保证绿色信贷的纯正性与可持续发展。

为防范这类现象，金融机构需完善内部连带责任追究体系。比如，中国人民银行可会同生态环境部设立监管机构，严格审查新兴污染企业与项目，深入追溯，查看金融机构有无相关违法操作。若发现违规行为，就要追究金融机构的责任，明确各层级责任主体，进行全链条连带追责。

2. 完善绿色债券政策

绿色债券业务如今面临三大核心挑战：一是绿色债券投融资的巨大需求与实际投融资理念存在差异；二是政策在推动绿色债券投资收益提高与融资成本降低方面不协调；三是国内外绿色债券的认定标准明显不一致。针对这些挑战，优化绿色债券政策体系应重点从以下三个方面着手。

首先，绿色债券市场中投融资存在差距、观念存在差异，其根源是融资方和投资者对绿色债券的认知不同。融资方往往觉得，绿色债券资金投向对社会和环境有正面影响的项目，所以应当获得更长期限、更低成本的融资条件。而投资者遵循传统债券投资原则，在确保资金安全的基础上追求收益，并且重视债券的流通性和灵活性。这种观念差异致使绿色债券市场期限结构不匹配、供需失衡。为缓解该矛盾，政府应进一步降低绿色债券的融资成本，实施有针对性的激励政策，加大环境责任投资理念的推广力度，逐步引导资本流向绿色领域。

其次，绿色债券融资成本降低政策和收益提升政策不协调，金融机构在绿色债券产品和服务创新方面存在明显短板。所以，当下的紧要任务是整合政策规范，使降成本和增收益的政策相互协同、形成闭环。同时，要重点加强绿色债券市场的基础建设，为绿色债券的发展营造宽松环境和广阔空间，激励金融机构持续推进产品和服务创新。

最后，由于各国发展路径和阶段存在多样性，绿色债券的国内外认定准则并不一致。标准化是其未来发展的必然走向。所以，构建与国际接轨的绿色债券认定体系要采用渐进式策略，根据国内实际情况逐步调整，持续关注国际绿色债券标准的最新动态和发展趋势，进而优化我国绿色债券市场的发展路径。

3. 完善绿色基金政策

绿色基金在发展中面临两大挑战：一是绿色投资理念在行业内尚未普及，对责任投资的认知不足；二是存在信息不对称与不透明的问题。要优化绿色基金政策，首先要清晰界定绿色基金，建立统一的标准和评估框架。然后，应采取激励措施，比如给予税收优惠和补贴，以提升投资者对绿色基金的认识并增强其投资兴趣。构建全面且精准的信息披露制度也非常关键，这需要明确披露规范、界定披露范围、设定披露时限，并且统一披露的格式、内容和频率，以保证信息公开透明。

在绿色基金业务里，绿色 PPP 模式处于核心位置，不过也遭遇了一些挑战。首先，政府管理体制存在缺陷，管理工作有所不足，这体现为管理标准不统一，审批流程不明确。其次，金融机构参与绿色 PPP 项目时，存在参与方式单一的情况，缺少创新和开拓精神。最后，绿色 PPP 项目对社会资本进入设置了较高的门槛，其投资回报机制也有待完善。

优化绿色 PPP 模式的实施策略，政府层面的改革是首要任务。政府需完善相关政策体系，构建高效的体制机制框架，提高管理部门的专业素养与工作效率。拓宽绿色 PPP 模式的参与渠道也非常关键。当前，银行虽是参与 PPP 项目的主要金融机构，但多数 PPP 项目规模大，保险公司、证券公司、担保公司等多元金融机构在项目推进中也能发挥重要作用。所以，要积极调动这些机构的参与积极性，实现金融资源的有效整合。最后，政府要出台政策鼓励中小企业参与 PPP 项目。把大型项目拆分成若干子项目，建立灵活的项目流转机制，以降低中小企业的参与门槛，使其以较少资金投入广泛参与 PPP 项目。

4. 完善绿色保险政策

绿色保险产业是绿色金融体系的核心部分，但其发展明显落后于其他相关领域。这主要是因为政策缺乏约束力，企业对环境污染责任的认知有限，使得很多有潜在环境风险的企业没有积极参与环境污染责任保险计划。

绿色保险政策的完善需依据该产业当下的发展情况分阶段稳步推进，具体包含以下三个时期。

在初始阶段，政府要加强监管与法治建设，制定详细的参保行业名录，用三级分类体系准确界定各行业所属类别。对于环境风险高的行业，全面实行强制参保政策，严厉处罚未履行参保义务的企业。对于环境风险中等的行业，政府应予以鼓励，保险公司可根据企业环保设施的完善程度和经营管理水平，灵活给予保费优惠，从而提升企业的环境风险意识和社会责任感。对于环境风险低的行业，可遵循自愿参保原则，政府可通过税收减免、绿色贷款贴息等经济激励手段，积极引导企业主动加入保险计划。

在第二阶段，政府部门要发挥主导作用，不断优化绿色保险条款体系。环境污染责任保险覆盖行业广、企业多，各企业规模与实际情况差别很大，保险公司很难为每家企业定制专门的保险合同，这使双方利益保障受到挑战。所以，政府应构建一个信息公开、交流透明的平台，让保险公司、投保企业和第三方评估机构都参与进来。这个平台可引入评估机构竞标机制，促使其不断发展完善。企业能够在平台上自主选择保险公司，保险公司则可以根据第三方评估机构提供的信息做出承保决策，或者为不同企业定制有差异的保险条款。

在第三阶段，政府部门要构建严密的惩罚体系，促使企业深化和完善环境保护及风险责任认知。具体来说，可借助环保活动的宣传推广，结合互联网媒体力量，广泛传播环保意识和环境风险责任的重要性，让企业深刻认识到生态环境状况与自身可持续发展息息相关。同时，施行严格的违法处罚政策，提高企业违法成本，降低其破坏环境的概率，进而引导企业主动积极参与环境责任保险。

5. 完善碳排放权交易政策

碳排放权交易发展面临三大挑战。第一，社会对环境权益交易缺乏普遍认识，众多中小企业因此尚未参与该体系。第二，碳排放权交易的法律法规体系有待完善，环境权益的界定与最终定价均不明确。第三，环境权益交易市场的整体机制不成熟，既缺乏充足的工具创新，也未涵盖全面的权益内容。

政府应大力推动环境权益有偿使用制度的完善。首先要加大排污权、用能权等环境权益有偿使用的宣传，让企业深入认识到环境权益与自身发展息息相关，从而自觉树立和践行环境权益有偿使用的正确理念。其次，需加强环境权益的核定工作，尤其是排污权的核定与相关立法，明确排污标准，构建科学的排污指标体系，统一排污定价。最后，要健全环境权益市场机制。目前环境权益交易市场主要集中于排放权和使用权方面，迫切需要将排污权和资源使用权完全纳入该体系。同时，要积极探索和创新交易工具，可考虑引入期货、远期合约、期权、互换等金融衍生产品，从而推动环境权益市场蓬勃发展。

二、建立健全绿色金融法律制度体系

中国绿色金融的政策框架有待完善，突出表现为缺乏系统性的顶层规划。当下，绿色金融领域各项标准尚未统一，部分绿色金融政策方面仍存在空白。要推动绿色金融体系健康发展，就要构建健全的绿色金融法律制度体系。

（一）健全绿色金融相关法律制度的必要性

1. 有法可依

中国人民银行、生态环境部、国家金融监督管理总局等多个部委和机构，就绿色金融的培育与推进工作，已经联合或者单独出台了诸多相关规章和指导意见。不过，这些文件大多只有指引和指导的性质，还缺少强制力和普遍适用性。

绿色金融立法体现了全国民众和国家的核心利益。它经过严谨的立法流程，在多轮讨论、筹备、研究和修订后得以确立。该法律具有强制执行力和广泛适用性，能为绿色金融的稳定发展筑牢法律根基。

2. 规范行为

法律法规在规范层面具有三重核心功能。第一，其具有导向功能，能为个体行为给予明确指引，该指引具有规范性、普遍适用性，还能保持连续与稳定，这有助于建立稳固的社会秩序。在绿色金融范畴内，金融机构、企业以及公众都要依靠法律框架来明确行动方向。第二，法律起着评判标准的作用，它确立了普遍且有强制力的行为评价标准，既规范外在行为及其结果，也明确行为主体的责任。绿色金融的法治建设需要设立专门监管机构，该机构负责评估绿色金融参与者行为是否合规，并对违规行为予以法律制裁。最后，法律具有预测功能，它能让行为者预知可能的行为模式及其法律后果，进而据此合理规划自身行为。

3. 促进实施和推广

立法对绿色金融发展的推动作用至关重要。其作用机制为构建诸多激励性法律条款，促使市场参与者踊跃践行符合绿色金融理念的行为。激励措施丰富多样，如税收减免政策，用经济利益来促使企业减少污染、投资绿色项目；利率优惠政策，给绿色信贷开辟降低成本的融资途径；还有环保级别的细致分类与提升机制，能够强化企业的环保意识和市场竞争力。借助这些法律手段，立法有力地推动了绿色金融的实践与发展。

在设置奖励性规范时，要综合考量金融机构和企业的立场。金融机构方面，可通过财政补助、税收减免等措施，激励其积极开展绿色金融战略并拓展业务领域。依据金融机构的政策导向，企业应得到相应支持。比如，商业银行推行绿色信贷时，可对致力于环保和生态发展的企业在贷款利率上给予优惠。这样，金融机构能凭借政府的财政、税收优惠政策，间接增加绿色金融业务的盈利空间，企业也能利用银行的利率优惠更方便地筹集投资资金。

4. 提供法律保障

绿色金融立法可确立具体法律制裁手段，有效规范行为人的活动。其通过立法阐明目标与蓝图，为绿色金融的未来发展指明方向，且凭借法律的强制力促使碳排放控制目标达成。

健全绿色金融法律体系，能够有效构建绿色生产生活的法律框架与责任体系，为全面达成绿色转型筑牢坚实的法律根基。其既能切实保障守法主体的合法权益，又能对违法者予以有效惩处，发挥监督引导与强制推动的双重作用。

（二）完善绿色金融法律制度的设想

中国绿色金融体系构建与法制化进程才刚起步，和发达国家较为成熟的绿色金融法律制度相比，差距显著。所以，我们要借鉴国际绿色金融立法的成功范例，联系国内实际，推动中国绿色金融法律制度的完善。下面是几个主要的改进方向：其一，强化绿色金融法律法规的顶层规划，明确绿色金融基本原则、发展目标和实施途径，为绿色金融健康发展筑牢法律根基。其二，针对绿色金融具体业务和产品，制定详尽的操作规范与监管准则，保证绿色金融活动合规、透明。构建绿色金融激励机制，借助税收优惠、财政补贴等手段，激励金融机构和企业踊跃参与绿色金融实践。强化绿色金融信息披露制度，让金融机构和企业定期公开绿色金融项目的环境、社会和经济效益，方便投资者和社会公众监督、评估。最后，增进国际合作与交流，积极投身国际绿色金融标准的制定和修订工作，提高中国在国际绿色金融领域的话语权和影响力，携手推动全球绿色金融的可持续发展。

1. 完善原则体系

绿色金融法律制度的构建与完善，需坚守核心原则，把环境保护理念融入经济与社会发展之中，推动实现可持续发展的长远目标。其核心要义可归纳为如下三个原则：

第一，公平原则。这是绿色金融法律制度的核心部分，包含自然公平、同代横向公平和世代纵向公平三个层面。该原则把人类重新置于自然体系里，强调所有物种都有生态利益且负有维护生态环境的责任。从人类角度看，自然环境和资源是我们生存与发展的基础。任何破坏生态环境或浪费自然资源的行为，都会限制当下的发展速度，还会危及后代的可持续未来。所以，绿色金融法律制度要充分体现自然资源公平享有的理念，通过推动人与自然的和谐共处，促使经济利益和环境利益同步增长，保障人类社会的长远发展。

第二，生态优先原则。经济快速增长常使人们在社会活动中过度关注社会秩序影响，忽略生态秩序平衡，进而导致严重的环境污染与生态退化问题。到20世纪，人们才深切意识到，生态秩序稳定是维系所有秩序的根本。构建绿色金融法律制度，倡导人与自然和谐共生，核心目标是促使自然生态环境和自然资源在人类社会经济活动中的消耗与再生达至动态平衡，进而维持生态秩序的持续稳定。

第三，综合效益原则。这一原则有利于平衡经济效益、社会效益与环境效益的关系。单纯追求经济效益虽可显著推动财富增长，为经济发展做出巨大贡献，但忽视社会公平与生态和谐，会使社会生活过度经济化，甚至出现以牺牲环境换取经济利益的情况。绿色金融法律制度的关键在于，在维护环境、重视环境价值的基础上，推动经济效益与社会效益同步提高，助力人类实现可持续发展的长远目标。

2. 完善架构和内容体系

绿色金融的稳健发展离不开健全的法律框架与内容体系。当下，中国绿色金融刚刚起步，既要广泛宣传并深入理解其核心理念，也要逐步建立与之适配的法律规范体系。虽然《中华人民共和国水污染防治法》《中华人民共和国大气污染防治法》《中华人民共和国商业银行法》《中华人民共和国环境影响评价法》

《中华人民共和国环境保护法》和《中华人民共和国土壤污染防治法》等法律在各自领域起到了积极推动作用，不过，这些法律对绿色金融的整体推动缺乏综合性的法律支撑。所以，为绿色金融制定一部整体性的促进法律非常迫切。

要健全绿色金融的法律框架，首要之举是确立《绿色金融法》这一关乎绿色金融发展与实施的根本法规。这部法律需全方位涉及绿色金融的各个层面，包括以绿色信贷为核心的银行业法规、绿色信贷专项法规、绿色保险相关法规、绿色基金（也就是绿色融资）法规、绿色金融监管法规、绿色金融法律责任制度，还有排放权交易法律机制等。并且，要参照已颁布施行的绿色发展相关法律，完善其中和绿色金融有关的条款，从而有效引导绿色金融朝着规范化方向发展。

《绿色金融法》的构成包括总则、多项核心管理制度，具体包含绿色信贷、绿色证券、绿色投资基金、绿色保险产品以及排放权交易等内容。同时，该法律对激励性政策和相应法律责任条款也应有详细规定。

构建《绿色金融法》时，首先要明确立法宗旨，对绿色金融相关核心概念进行统一、精准的定义。在基本管理体系方面，要指定绿色金融发展的综合管理机构。中国人民银行应履行组织协调职能，国务院监督各相关部门运作，国家金融监督管理总局与中国证券监督管理委员会按职能范围监管相关业务。各级政府也要设立专门金融管理部门，负责区域内绿色金融产业的协调和监管工作。规划绿色金融发展路径时，本法应聚焦不同类型绿色金融的发展方向和基本要求，防止操作层面细节的重复立法。促进绿色金融发展，激励措施的设计非常关键，可通过利率调整、税收优惠、强化合作等奖励手段为其提供强劲动力。还应列出各绿色金融产业的具体扶持名录，保障激励措施精准实施。在法律责任部分，本法要明确绿色金融发展中各类行为应承担的法律后果，并制定惩戒措施，保障绿色金融市场健康有序发展。

3. 完善制度体系

在构建与优化绿色金融法律制度时，《绿色金融法》是绿色金融领域的核心框架，对绿色金融体系中的各细分领域法律以及专项法规具有统领作用。该法的目的在于明确绿色金融的发展方向以及权责的界定，使绿色金融活动都能在法律框架内有序开展。优化绿色金融法律制度，要从细化部门法规、强化法律责任机制这两方面入手，而监管制度的完善将在第四节深入探讨，以下主要对前两方面内容进行概述。

（1）完善绿色金融部门法律制度

我国在信贷方面颁布了《中华人民共和国商业银行法》，欲借法律来强化绿色信贷的法规框架。应通过法律更新纳入更详细的环境风险评估条款和准则，同时明确、严格地界定绿色信贷贷款人的职责与法律责任，从而推动绿色信贷法律体系不断健全发展。

在证券、基金和保险等融资领域，我国已出台《中华人民共和国证券投资基金法》。为推动绿色证券和绿色基金快速发展，急需细化和完善该法律条款。具体来讲，要明确绿色证券和绿色基金的类型及其运营模式，详细说明融资途径、管理框架、收益分配机制和评估标准等关键要素。构建环境基金风险防控体系，严格监控项目投资后的潜在项目风险和财务风险。同时，积极引导和帮助企业有效识别和规避投资过程中可能遇到的环境风险，以保障绿色金融产品稳定发展。

《中华人民共和国证券投资基金法》的环境信息披露条款对上市公司行为有明显的指引作用，有利于企业建立和维护绿色品牌形象，在推动上市公司完善环境风险管理体系和环境会计制度上起重要作用。不过，该法律制度的覆盖范围有局限性，未强制要求未上市企业进行环境信息披露。环境信息披露制度全面施行需逐步推进，首先要在未上市企业中培养环保和可持续发展意识，进而完善制度框架。另外，《中华人民共和国公司法》对上市公司信息披露要求严格，但不含环境信息部分，所以急需补充相关立法内容填补空白。

环境信息披露法律制度的优化可从三个方面进行：一是界定信息披露的受众范围，包括项目投资方、生态环境保护部门、证券监管机构等重要实体；二是确定信息披露的模式，将强制性与自愿性公开机制相结合，对于涉及公共利益、投资者权益和社区民众福祉的信息采取强制公开原则，其他非核心信息可根据实际情况自愿披露；三是明确信息披露的内容构成，应全面涵盖环境投入成本、项目潜在环境风险、企业或项目环保措施的执行情况和运营实效等环境相关要素，保证信息的透明度和完整性。

（2）完善法律责任制度

构建绿色金融法律责任体系时，应重点追究民事责任，同时以刑事责任和行政责任为辅助。这一做法既遵循了市场经济的运行规律，又对强化金融机构的民事主体地位有着重要意义。

绿色金融法律责任制度的完善可从三个方面进行：其一，金融机构若有不遵守绿色金融法规之举，如违背绿色信贷原则发放贷款，或者在项目审批时未评估环境风险，那么要根据相关金融机构的规定，追究银行管理层和信贷审批人员的民事责任。其二，企业如果没有按照绿色金融法规的要求公开环境信息，企业管理层和项目负责人应被追究民事法律责任；若其行为造成严重环境损害或事故，还需进一步追究刑事责任。其三，监管人员如果未能依据绿色金融监管法律制度对相关项目进行恰当监督，就要承担相应的民事赔偿和行政责任。

应细化绿色金融产业的各项责任，明确责任主体与部门，警示并监管绿色金融产业的参与者，以推动绿色金融稳健发展，完善追责机制。

三、完善绿色金融产业的基础设施

绿色金融产业的稳健发展离不开一系列关键基础设施的建设，包括建立排放权交易体系、完善绿色信用评估与征信机制、编制绿色股票指数、建立绿色数据信息集中管理库以及打造综合性绿色投资服务平台。这些构成要素相互关联，共同支撑绿色金融蓬勃发展。

（一）排放权交易市场建设

1. 排放权交易市场建设路径

碳排放权交易市场正式开始交易，这表明中国排放权交易市场已步入实质性的开拓建设阶段。此后，工作重心是逐步扩大行业覆盖范围，借助市场机制有效调控与削减温室气体排放。

在推广方面，可采用双向策略。其一，从宏观着手构建全国减排目标与履约框架，健全审查机制、市场运营流程和监管网络，制定统一的排放权交易规则，为交易市场的稳定发展夯实基础。其二，在微观层面给予地方市场更多自主权，如自主配置配额、与全国市场顺利对接、灵活运用拍卖资金等，借市场之力促使排放权交易市场多元化并走向成熟。

其次，要整合排放标准并优化排放数据的精确性。制定统一的排放标准有利于更有效地统计与管理排放数据。提升排放数据质量需从三个关键方面着手。一是统一行业内排放数据的可测量性、可报告性和可核查性标准，并逐步与国际标准对接，保证数据的国际认可度。二是严厉惩处控排企业虚假报告排放数据的行为以及第三方机构的纵容行为，确保排放数据真实可靠。三是推行排放数据公开机制，增强数据透明度，为排放权交易市场的公平公正提供有力支持。

在设定排放总量时，要保证足够的灵活性。对于排放量较大的区域，可以适当提高其排放配额，通过渐进式策略管理排放。同时，要谨慎运用抵消机制，根据市场排放总量和减排目标，严格控制抵消比例以及减排量的计入周期，给产业结构优化调整留出必要的缓冲时间。还要逐步减少市场排放总量配额，建立透明的市场拍卖机制，有效避免交易价格和需求量的剧烈波动。

最后，要对排放量配额的分配机制加以优化。配额的免费分配需根据地区特征和产业发展阶段灵活变动，达成动态管理。同时，应逐步提高有偿拍卖配额的占比，开始时可挑选部分配额开展试点拍卖，之后慢慢扩大拍卖的范围与数量，直至所有配额都以市场方式分配。而且，配额的发放应采用适度从紧的策略，政府要留存一定配额作为储备，从而有效调控排放权市场。

2. 完善排放权交易制度建设

排放权交易制度的完善可以从五个方面进行：

第一，对于污染和排污的热点地区而言，探索实施跨区域排放权交易机制极为关键。各行政区经济发展水平不同，污染状况与排污总量也有差异，这使得在投入相同资金时，不同区域的污染治理和减排成效明显不同。所以，建议根据既定资金投入下的污染治理和减排效果，推动高效益区域和低效益区域之间的排放权交易，通过这种策略性调整来实现排污减排整体效益的最大化。

第二，设立污染治理与减排专项基金，借助金融行业的经济杠杆作用，吸引社会资本投入。具体来说，地方可把排放权使用费纳入财政管理，将其部分或全部划拨到该基金，通过财政激励手段，引导社会资本高效地流向环境保护与污染治理领域。

第三，构建排放总量与环境承载力的动态评估和调整体系。排放权交易的核心目标为推动产业结构优化、提升环境质量、有效治理环境污染以及稳步削减排放总量。构建该体系是为了强化排放总量的科学管理，提升排放权的市场价值预期，增强市场活跃度，加快排放权市场的成熟进程。

第四，构建开放的排放权交易管理平台，目的在于通过提升信息透明度来推动各地区排放权交易市场的技术进步和政策优化。这一平台会整合污染源数据，为构建完整的排放总量指标管理体系与数据库筑牢根基，从而加强对交易市场的监管，达成排放权配置的高效优化。

第五，完善监管体系，加大对违法行为的惩戒力度，推动排放权交易市场稳定运行。同时，加快环境风险信息的公开和普及，鼓励公众参与企业环境风险监督，全面提高公众的生态文明和环境保护意识。

（二）绿色评级和绿色征信体系建设

绿色评级体系采用先进评估技术和标准化准则，对项目及融资企业的环境友好程度细致分级，重点考虑其环境外部效应。把该评级机制纳入征信系统，能让金融机构更有效地推动绿色项目发展，帮助项目或企业优化绿色发展架构。

获得绿色评级的企业或项目可凭该评级在贷款和融资活动中享受优惠，如政府给予的利息补贴、税率减免等，从而有效提升绿色投资的积极性。

1. 统一绿色评级指标

确立并统一绿色评级指标需要政府、金融机构和企业携手合作。要精心挑选多样化的绿色指标，合理确定各绿色要素的权重，从而实现绿色评级指标的一致。同时，要对绿色评级进行科学划分，以匹配不同标准，为制定差异化优惠政策提供依据。

2. 分类启动绿色评级试点

各类绿色金融产业可采用分类试点策略。在绿色信贷领域，可在商业银行与政策性银行推行一套有竞争力且具有可比性的绿色评价标准，同时实施差异化优惠政策，激励金融机构运用绿色评价体系指导金融业务。在绿色债券方面，可引入第三方机构构建双重评级机制，即传统信用评级与绿色评级并行。传统债券融资项目在保留原有评级体系的同时，将绿色因素作为参考或调整项；对于具有绿色属性的项目则应给予特定优惠，推动其向绿色转型。此外，应建设征信信息平台，鼓励社会各界和公众积极举报环境违法与高风险环境行为，把这些征信信息纳入绿色评价体系，实现全民共同监督绿色项目健康发展。

（三）绿色股票指数建设

在中国的主要股票指数里，传统高污染、高能耗工业类股票所占比重较大，这使得金融机构在进行被动投资时，常常会不自觉地将更多资金投向这些污染性行业。因此，构建并推广绿色股票指数对增加绿色行业的被动投资而言非常关键。可从以下方面采取措施：

1. 借鉴成熟经验

西方市场在绿色产业领域发展居先，其绿色投资占比颇高，且已构建起完备的绿色股票指数编制体系与绿色项目评估机制。中国可借鉴此成熟经验，增发绿色股票以引导金融机构资金流向绿色产业。具体而言，可与海外著名的指数编制机构合作，将其绿色股票指数的成功模式引入中国股市；激励国内中介机构探索绿色股票指数创新路径，为市场提供更多元的绿色投资标的。

2. 完善信息披露机制

中国绿色股票指数影响力受限的主因在于绿色产业仍处于萌芽阶段，且信息披露体系有待完善，尤其是上市公司环境信息公开程度严重不足。

中国可借鉴西方成熟的信息披露体系，拓宽数据获取途径，把企业主动公开的信息、问卷调研结果、公众反馈信息以及第三方审核验证等内容纳入该体系。这有助于优化信息披露机制，让数据来源更多元，结果更公正。而且，这些信息能成为构建绿色投资指数的筛选依据，有效推动绿色产业发展。

3. 开发绿色指数投资应用和绿色产品

绿色产业的蓬勃发展亟须金融机构投资者广泛参与。审视我国股票市场现状可知，许多金融投资者通常把沪深大盘股票指数当作主要投资对象，对绿色产业的投资相对较少。所以，股票市场应积极发挥导向功能，鼓励和推动投资机构将绿色指数纳入投资范围，从而培育市场中的绿色投资意识，逐步加大对绿色产业的资金投入，推动其稳步发展。

资产管理机构需把绿色指数纳入参考框架，积极开发多种绿色金融产品，如绿色产业投资基金、道德标准基金、可持续发展基金等。同时，这些机构也要推出集合理财、专户理财等多种绿色投资选择，在向客户推广理财产品时，传递绿色发展理念，引导资金有效流向绿色产业领域。

（四）绿色数据库建设

企业及项目的环境成本核算与评估对绿色产业的兴起和投资抉择有着深刻影响。目前，我国绿色产业还处在起步阶段，核算机制仍需完善。在评估企业环境成本时，这一成本在政策制定、商业策略和投资决策中的关键地位常常被轻视或忽视。为推动企业和投资者积极参与绿色产业的投资和发展，要着力优化环境成本核算体系，重点是加强绿色数据资源库的建设。具体可从以下方面推进。

1. 建立统一的环境成本核算方式

生态环境部需主导构建一套具有权威性的企业环境成本核算与评估体系。此体系要包含单位环境负荷经济成本的估算方法，明确环境负荷数据的采集途径和手段，保证数据来源与信息披露机制能有效衔接。

在中国市场，单位环境负荷的经济成本估算可采用多种方法体系。包括排放权交易市场上单位污染物的交易价格机制、地方税费政策及其导向，以及公开研究报告中对环境成本影响的货币化评估（涉及人体健康损害、生态环境破坏和未来发展潜力折损等）。从污染治理角度看，环境成本核算也是重要途径。虽然这些方法都有一定应用局限，但整体框架较为完备，为综合考量和整合运用这些估算方式奠定了基础。

在中国市场，环境负荷数据有多种获取途径，像环境影响评价体系、上市公司发布的环境报告等。但目前获取方式较为有限。为提高数据获取的全面性与准确性，可基于现有制度框架，整合和优化数据收集机制。具体来说，要充分运用已有的环境影响监测数据，结合企业自行报告的环境信息进行综合评估与分析，以便在不同情境下有效获取所需的环境负荷数据。

2. 建立完善的企业环境成本数据库

企业环境成本数据库可全面整合与存储企业的环境成本数据，其强大的数据分析能力为政策制定者、投资者、研究机构和金融机构提供了便利，使他们能依据这些数据进行深入分析。

西方企业环境成本数据库已相当成熟，但因其营利性，数据获取成本很高。中国绿色金融刚起步，投资机构对绿色产业投资的认识较浅。在这个阶段若收取高昂的数据库使用费，必然会影响投资决策。所以，建议金融协会和生态环境部联合发起构建非营利性的企业环境成本数据库。该数据库将低成本运营，为投资者高效服务，提高其实用性。等绿色投资理念被广泛接受后，再考虑逐步调整运营模式。

3. 推动企业环境成本数据库持续优化

构建企业环境成本信息库时，可优先考虑信息透明度高的上市公司以及重污染行业企业。搜集这些企业对外公布的信息披露报告或者环境责任文件中的环境数据，如污染物排放类型、数量、地区排污费用、环境影响范围以及污染治理投资额等关键指标，不断丰富和优化企业环境成本信息库的内容。

在数据库构建起完善的数据架构后，可凭借政策工具，首先在政府支持的金融机构及投资项目中推行环境成本分析的强制要求。同时，运用激励措施引导私募基金借助数据库资源深入分析环境成本，利用环境成本核算体系强化环境风险管理能力。这种双轨策略会持续推动数据库的完善与优化，提升其效能，让它成为金融机构投资决策中不可或缺的参考依据。

（五）绿色投资者平台建设

绿色投资者平台是一种综合性网络架构，其目的在于激励企业自觉遵循绿色投资原则，借助平台广泛传播绿色投资理念与实践策略，推动绿色金融政策积极调整。构建该平台可从如下几个维度入手：

1. 由有政府背景的机构牵头发起

政府支持的金融协会和金融机构可主动构建绿色投资者平台，凭借官方背景带来的信誉和权威，吸引政策性银行、商业银行、保险公司、证券公司等众多金融机构加入。在政府支持机构的带领下，该平台能够发挥明显的引领作用，在建设时整合地方平台资源，提高绿色投资者的参与度。这有助于推广绿色投资理念，拓宽绿色融资途径，推动绿色产业快速发展。

2. 建立绿色投资者平台应用试点

在成功构建绿色投资者平台之后，政府要制定相关政策。这些政策的具体内容需经广泛讨论与意见整合来优化，最后通过该平台发布。这有助于推动绿色投融资模式的创新实践，有效汇集相关经验。

建立试点机制可有效引导投资机构向绿色投资转型，让其认识并积极承担自身在环境保护方面的责任，深刻领会绿色投资对于生态文明建设的重要意义。环保意识提高后，试点机构会主动强化投资项目的环境风险评估与效益分析，进而形成完备的绿色投资管理工具。此外，还可借助平台资源推广绿色投资知识，例如研发环境评估方法、构建绿色投资数据库、为投资者提供专业培训以及打造信息共享体系，从而全方位提升绿色投资的专业性与影响力。

把绿色投资者平台和消费者需求平台整合起来后，平台就可以向消费者传达企业及项目的环保信息，推广绿色项目和产品，提升消费者对绿色产品的认知，促使其向绿色消费模式转变。构建反馈机制，鼓励消费者参与监督，借助公众舆论力量，谴责非环保消费行为，支持环保消费行为，进而增强消费者对绿色消费理念的认同。

四、完善绿色金融发展的监管制度

国际绿色金融实践显示，不存在一种普遍适用的最优监管制度体系。各国绿色金融发展阶段不同，且受自身国情影响很大。因此，在推动绿色金融监管制度完善时，必须紧密联系本国实际发展情况，探索构建最符合本国需求的绿色金融监管框架。

（一）推动绿色金融发展的相关监管制度

中国绿色金融起步不久，为推动其体系改革并加快发展，急需构建一套符合本国国情的绿色金融监管体系。

1. 发挥政府职能

绿色金融监管体系的构建需要政府机构大力扶持与积极推动。政府要维护绿色金融体系的稳健运行，发挥协调作用，为绿色金融明确发展方向与目标，以保障整个金融体系持续稳定、健康发展。同时，政府在履行职能时，应注重引导和协调，减少不必要的直接干预，从而激发绿色金融市场的内在活力。

2. 建立独立的绿色金融监管机构

绿色金融市场的稳健发展，依赖监管机构对该领域进行自主且全面的监督，这是构建完善绿色金融监管体系的关键。

绿色金融监管机构须具备四大核心属性，即管理自主性、监督职能独立性、组织架构独立性以及财务运作自立性。这些属性是绿色金融监管机构的根基，能让其在现行法律框架下拥有完备的制度规范，从而被赋予充足的自主权来有效开展各项管理工作。

在中国，构建规范制度较为顺利，主要挑战在于赋予绿色金融机构足够的自主监管权。这包括政府放宽权限、机构自我监管、处罚违规企业与项目以及开展环境风险危机管理等方面。政府应明确界定权责界限，让监管机构基于社会与环境利益确定监管目标与职权范围，对绿色金融市场中的各类业务进行精准监管。并且，财务独立是监管机构摆脱外部控制、保障监管自主性的关键，能促使其更有效地推动绿色金融达成既定目标。

3. 建立完善且有效的法律及司法系统

绿色金融业务除了包含传统金融业务中的信用风险、流动性风险、操作风险和市场风险之外，还特别涉及法律与政治风险。所以，构建完善的绿色金融监管体系需要法律和司法系统的有力支撑。

当前，中国人民银行、国家金融监督管理总局和中国证券监督管理委员会三大部门主要承担金融业监管职责。绿色金融蓬勃发展，混合产业经营的金融模式日益显现。为适应这一新兴领域的快速发展，监管部门急需构建高效的信息共享与沟通机制，并制定专门的监管法规。具体可在《中华人民共和国保险法》里增设绿色保险监管专章，在《中华人民共和国证券法》中添加绿色证券业监管条款，再结合《中华人民共和国银行业监督管理法》对银行信贷业务的监管规定，构建一个全面且严密的法律监管框架。

4. 建立有效的信息披露制度

强化和优化绿色金融监管框架，构建高效的信息公开机制极为关键，这对预防违规操作、推动绿色产业可持续发展有很大帮助。目前，中国环境信息公开存在欠缺，金融市场中主动披露环境信息的企业占比仍然较低。

为进一步健全市场体系，各中小企业宜逐步采用强制与自愿相结合的环境信息披露机制。这既能提高公众对绿色金融发展的关注程度，也有助于企业树立绿色发展与生产理念。在此过程中，消费市场也会逐渐形成绿色消费意识，进而达成经济发展与环境保护的和谐共生。

（二）绿色金融监管制度发展路径探析

在金融体系持续演进过程中，全球金融监管模式主要呈现出三种类型。它们随着金融产业结构的发展变化而不断创新、完善。绿色金融体系的兴起加快了金融监管制度的革新速度，也催生了对新型监管制度的迫切需求。

1. 现有的三种金融监管体制

第一，分业监管体制。这是一种按金融业务类型划分的监管模式。在此框架下，各金融业务由对应的监管机构管理，这些机构各尽其责且相互配合，共同维护金融体系的稳定安全。中国采用的便是这种金融监管体制。

其次，实行单一监管体系。即在国家层面构建一个综合性的金融监管机构，全面监管金融领域的各个部分，包括金融机构、市场和业务活动等多方面。这种模式体现在英国、日本等国的金融监管体系之中。

第三，非完全集中式的监管体系。其包含两种形式，即牵头监管体制与双峰监管体制。牵头监管体制是在分业监管的基础上设置一个综合性监管机构，其作用是协调各监管部门间的关系与运作，保障监管工作的高效协同。双峰监管体制按照特定的监管目标设立两个专门的监管机构，一个专注于全面监管金融机构与金融市场，另一个侧重于金融机构的规范管理以及消费者权益保护，以此达成监管的专业化和精细化。

2. 优势监管模式分析

国际公认的优势监管模式评价体系包含四大核心要素。第一，应具备实际监管执行力，能够有效发挥监督、管理、强制实施、协同合作和审批等职能，直接对金融实践领域产生作用。第二，该体系要有灵活的管理机制，具备充分的自主权，从而可依据特定目标调整监管措施与追责方式。第三，完善的金融诚信机制必不可少，其应通过诚信评估与监管手段，有力打击经济犯罪，维护消费者权益。第四，这一监管体系应构建于审慎的监管架构之上，且保证其整体独立性。

双峰式金融监管模式在三大类监管体制中表现突出，是一种高效、审慎的监管模式。该模式有六大明显优势：第一，设立两个监管机构，其监管目标明确、职责清晰，可精确划分监管责任。第二，这种明确的分工机制在问责时能避免权责不清，提高责任归属的透明度。第三，两个监管机构相互制衡、平等协作，没有传统的上下级管理关系。第四，在出现潜在监管冲突时，该模式可直接向独立第三方求助调解，保证争议得到公正解决。第五，双峰模式下金融体系的监管权力分散，能有效防止权力过度集中的风险。第六，双方机构在行使监管职能时相互监督，从而大大降低信用风险发生的概率。

3. 中国绿色金融监管体制的完善路径

在中国金融市场特有的模式与现状下，考虑在现有的分业监管框架中引入双峰监管模式，以提高绿色金融市场的监管效率，减少甚至消除绿色金融和其他行业在监管方面的摩擦。以下是对这一途径的详细说明和优化策略。第一，调整监管结构，使双峰模式和分业监管有机结合，既保持原有监管的专业性，又提升跨领域的协调性。设立专注于审慎监管和行为监管的两个机构，分别监管金融机构的稳定性和市场行为的合规性，以满足绿色金融市场的特殊需求。第二，强化监管政策的导向功能，把绿色金融发展纳入监管考核体系，引导金融机构增加绿色信贷、绿色债券等绿色金融产品的供给。同时，完善绿色金融标准体系，为市场参与者提供明确、统一的规则指导，减少因标准不同而产生的监管套利和冲突。第三，加强监管科技的应用，运用大数据、人工智能等技术手段提升监管的智能化程度，实现对绿色金融市场的实时监测和风险评估，及时发现和处理潜在风险，提高监管的效率和准确性。第四，建立完善跨部门协调机制，加强中国人民银行、国家金融监督管理总局、中国证券监督管理委员会等部门之间的沟通与合作，形成监管合力，共同应对绿色金融市场中跨行业、跨市场的风险，保障金融市场的稳定与健康发展。

强化绿色金融监管体制迫在眉睫。在中国，绿色金融是新兴的经济发展范式，目前多数金融机构在风险控制、运营策略、审批流程、实施路径和规划方案等方面的探索与实践才刚刚起步。专业人才的缺乏以及绿色金融业务架构的不完善，使得绿色金融业务模式较为单一、浅显。因此，中国政府急需提高对绿色金融监管的重视程度，借助政策引导让金融机构加深对绿色金融的认识与理解，推动各方合作，加快制定绿色金融相关规范与标准，为构建完善、高效的绿色金融监管框架打牢基础。

在分业监管框架下，应构建一个自主且具权威性的绿色金融监管部门。政府要从政策与制度方面，为该独立部门的成立筑牢根基，明确其组成机构、职能范围、监管规范、评价标准与实施规划。

为加速绿色金融产业的制度构建，可采取以下措施。第一，明确政府在绿色金融发展中的角色定位，减少直接干预，借助市场机制激发绿色金融的内在增长动力。第二，强化并优化绿色金融监管框架，保证监管活动的严谨性与高效性，推动监管机构对绿色金融市场进行全面、审慎的监督。第三，完善绿色金融的政策导向与法规体系，为绿色金融监管提供坚实的法律依据，保证监管工作依法进行。第四，构建一体化的绿色交易信息公开平台，保证信息流通的透明性与公正性，为绿色金融市场的健康发展创造良好环境。

最后，要完善绿色金融发展的创新机制。

要推动绿色金融蓬勃发展，就需加大产品与服务的创新程度。政府要发挥引领作用，促使金融机构和社会资本加大对绿色金融产品研发与服务的投入。在保险方面，应扩大绿色保险的覆盖范围，目前我国绿色保险多集中于环境污染责任、巨灾以及农业保险，对其他绿色产业的保障还不够。参考国际经验，可引入绿色建筑保险，其包括两种类型：一是以绿色建筑及其配套设施和材料为保险标的的财产保险；二是因职业责任风险而为绿色建筑专业人士设立的职业责任保险。通过这种创新，能为绿色建筑领域提供更全面的风险保障。

第二，政策要成为推动金融机构绿色金融产品与服务创新的关键因素。中国金融机构在绿色金融方面的探索以绿色信贷为主，其他业务领域创新不足，亟须政策激励和金融机构自身积极行动。金融机构环境风险管理创新也不可轻视，提升绿色金融业务信息透明度能有效降低整体风险。将环境风险纳入金融机构绩效评估体系，促使机构构建全面环境风险管理框架十分迫切。所以，金融机构和政府要紧密合作，适时出台针对环境违规行为的惩罚政策，有效应对环境风险高的挑战。

第三，应深化互联网科技在绿色金融领域的应用以推动科技创新。例如，整合大数据、云计算等先进技术，构建"互联网＋绿色金融"新模式，该模式可有效削减绿色金融运营成本，充分发挥互联网技术的便捷与信息透明优势。此外，融合区块链技术也能为绿色金融带来变革，形成"区块链＋绿色金融"新范式。通过区块链与大数据的协同，精准追踪绿色项目资金流向，降低绿色金融的环境风险。

第二节　政府与企业角度的绿色金融可持续发展

一、政府角度的绿色金融可持续发展

从政府角度看，绿色金融的可持续发展是一个涉及政策规划、市场培育和监管体系优化的多维度进程。政府是核心驱动力，要构建支持绿色金融发展的政策框架和法规体系，同时出台相应激励措施，激发绿色金融市场活力，为经济长期可持续发展夯实基础。

（一）政策引导与规划

政府要制定明确的绿色金融发展战略与规划，明确绿色金融的具体发展目标和关键领域，包括清洁能源、节能减排、生态环境保护等多方面，使其与国家可持续发展目标紧密相连。同时，政府应利用政策手段，鼓励金融机构加大对绿色项目的投资，降低绿色融资的成本和潜在风险。

（二）法规建设与完善

为推动绿色金融市场稳步发展，政府有必要构建并完善相关法律法规框架。该框架需包含绿色金融的明确标准与规范，详细规定绿色项目的界定标准和评估流程，从而保证绿色融资活动合法、有效。政府还需加强对绿色金融市场的监管，有效防范金融风险，维护投资者的合法权益。

（三）激励机制与财政支持

政府能够采取多种激励手段推动绿色金融蓬勃发展。具体来说，对于绿色信贷、绿色债券这类金融产品，政府可以推行税收优惠和财政补贴政策，减轻金融机构和企业的融资压力。此外，设立绿色产业发展基金，为绿色项目提供所需资金，加快绿色技术研发与广泛应用，推动绿色金融全面发展。

（四）市场培育与开放

政府要着力发展绿色金融市场，推动绿色金融产品持续创新及丰富。具体来讲，要激励金融机构开发新型绿色金融产品，像绿色保险产品和绿色投资基金等，广泛满足各类投资者的不同需求。同时，政府应推动绿色金融市场的国际开放，积极引入国际资本投入绿色项目，进而提升绿色金融市场的全球竞争力和国际化水平。

（五）国际合作与交流

绿色金融是全球性议题，其发展依赖各国政府的紧密合作与深入交流。各国要共同推进绿色金融发展，积极加入国际绿色金融合作框架，相互借鉴绿色金融实践经验与成果，努力构建统一的全球绿色金融标准体系和规范。政府还应加深与处于不同发展阶段国家的协作，共同应对气候变化等全球性环境挑战，共创绿色可持续的未来。

（六）公众教育与意识提升

政府要着力推动绿色金融的公众普及并强化公众意识。需大力宣传绿色金融的核心理念和关键价值，以提高民众对绿色金融的认知程度和参与积极性。其间，政府应鼓励社会各方面积极参与绿色金融实践，一同营造积极健康的绿色金融环境。

二、企业角度的绿色金融可持续发展

在中国经济快速增长的同时，环境问题日益突出。这促使政府和金融机构在政策制定、金融产业布局时，积极推动经济绿色转型。企业若想实现绿色金融的持续发展，提升自身经济效益与绿色生产能力，就需要把绿色投资理念融入企业文化和长远发展战略。

（一）企业发展理念和投资行为的绿色化

绿色发展理念在推动未来经济社会发展中的核心地位日益凸显。从国际、国家和金融等多个角度来看，企业承担着生态环保与节能减排的诸多责任，这要求企业在发展战略和投资实践中深入践行绿色转型理念。

1. 遵循环境法律法规，承担环境保护责任

（1）遵循法律法规

企业在不同地域发展时，由于各地经济发展水平和环境法规存在差异，所以必须严格遵守当地的法律法规和发展规划，积极履行社会责任，切实承担起环境保护的责任。

环境义务包含两个维度：第一为法定的生态环境保护责任，其中涉及国家确立的环保标准、发展规划，地方的环保政策举措，以及金融机构在投融资活动里遵循的环保原则等；第二为非法定但源于自觉的生态环保责任，这需要企业树立绿色发展理念，主动把环保观念融入自身战略规划，自觉承担相应的环境责任。这一维度的义务还涵盖地方政治团体、行业协会、非营利组织、企业所在社区及受影响居民的环保诉求与期望。

在发展战略层面，企业要综合考虑自身经济利益与社会环境福祉，主动承担非正式的环保责任，包括与周边居民和社区构建和谐关系、积极回应其环保诉求、踊跃参与地方环保事业，从而推动环保产业的发展。

（2）具体做法

企业在开展绿色项目时，首先要严格筛选项目。筛选过程要重点评估项目投资的生态环保责任，经全面尽职调查，深入剖析项目对生态环境的影响及其承载力。企业还要结合当地环境法律法规和民众意愿深入开展实地调研，最大程度降低潜在环境风险，推动企业与项目绿色可持续发展。

企业在实施并购或启动新项目时，要遵循当地环境监管规定，全面开展环境风险评估工作，细致识别项目与被并购企业的潜在风险，为后续运营管理有效开展夯实基础。

环境风险评估可能出现三种情形。第一，如项目或拟并购企业无环境风险与影响时，企业可将其纳入自身管理体系统一管理。第二，当存在违法违规问题，如环境影响评价体系有缺陷、操作环节与环境健康安全法规及标准有偏差、排污许可有问题、整改和深入调查资金过高时，企业要针对性应对，可能涉及项目整改、土地复原、污染控制、信息透明、风险再评估、制定行动计划、许可证转移和吸引投资等工作。第三，当项目或并购对象有不可逆转的环境污染风险，如土壤和地下水污染，或受政策发展约束时，企业就要考虑终止项目或并购活动。

通过绿色项目甄选和环境风险评估流程，企业可更有效地公开环境信息，从而提升投资者对企业环境风险管理的认知。这既能稳固投资者的投资信心，又能降低投资风险，有力推动绿色金融行业的发展，为企业迈向绿色转型奠定基础。

2. 培养绿色投资理念，推行可持续发展

企业在制定发展战略时，需深度融合绿色投资理念，细致权衡经济效益与环境保护的双重目标，在追求利润最大化过程中严格遵循环保标准，稳步走向可持续发展道路。

企业要积极采用国际自愿性环境准则，如全球契约、环境管理体系标准等，深入落实国家环保政策法规。把绿色投资理念融入发展战略，企业既能增强社会责任感，又能有效提升竞争力，以更好地适应绿色经济的兴起。在遵循各类环境规范时，企业应结合自身实际，参考国际领先经验，制定符合自身发展的环境管理策略，从根本上推动绿色品牌建设，实现可持续发展目标。

在全面遵循环境规范的情况下，构建高透明度的环境信息公布体系十分关键。政府部门已先行一步，强制上市公司公开环境信息，这一行动未来会逐渐覆盖债券发行企业，进而推广至所有企业，达成环境信息的全面披露。环境信息的公开为金融机构提供了重要数据支持，有助于其更有效地评估环境风险，在投资决策中规避环境与信用风险。同时，第三方机构可根据企业公布的环境信息编制各种绿色企业指数，依此对企业排名。这不但为绿色企业开拓了更便捷的融资途径，还为其打造绿色品牌提供了有力支持，给企业增加了宝贵的无形资产。

企业自主构建环境信息公开体系，有利于加快自身绿色转型进程，顺应社会经济发展的主流趋势。借助该体系，企业可加强环境信息的真实性和完整性管理，有效防止虚假、篡改或遗漏关键信息的现象，从而在内部牢固树立环保意识并强化社会责任感。这一机制促使企业在项目开发与投资决策时主动避开高污染选项，为金融产业全面走向绿色金融筑牢根基。

（二）企业发展模式和开发技术的绿色化

企业的可持续发展体现在发展理念、投资决策、技术应用以及发展模式等多个方面。

1. 绿色项目技术的创新发展

企业发展的核心驱动力是创新。在绿色发展理念不断深入的形势下，企业若要达成可持续发展目标，就必须着力于技术革新，将绿色理念和技术创新深度融合，构建相辅相成的发展模式。

企业能够以自主研发或者并购的方式，获取并构建起一套具有核心竞争优势的节能环保技术架构。在环保设施或者项目的建设与运营中，要把节能降耗当作首要原则，在项目规划、设备选型、系统维护等各个环节都融入环保创新理念，让整个技术体系稳固地建立在环保技术革新的基础之上。企业还应积极与各类高新技术企业开展合作，在节能环保技术领域进行广泛深入的交流，吸收借鉴先进经验以不断创新，完善自身的绿色技术体系。以该绿色技术体系为核心驱动力，企业将开拓出一条由绿色技术引领发展的可持续路径。

2. 构建绿色发展模式

企业要实现壮大和可持续发展，除构建绿色技术体系外，还需探索并采用适合自身特点的绿色发展模式，建立绿色供应链机制便是有效路径之一。该模式要求企业以传统供应链管理为基础，全面纳入环境考量因素，精心优化各个步骤，尽可能降低供应链各环节对环境的负面影响。

在企业采购流程中，合约要明确包含环境规范，规定交易双方都应遵守环保要求。对于严重违反环保规定的供应商，企业可以减少采购量、解除合同或者按照合约规定进行处理。如果供应商隐瞒自身环保违规行为并对企业造成损害，企业有权利依据合同条款通过法律手段要求供应商赔偿相应损失。同时，为提高供应商的环保意识，企业能够采取增加绿色供应商采购比例、优化付款条件、适当提高采购价格等正面激励措施，促使供应商向生态友好和绿色化转型。

推广绿色环保意识、分阶段实现绿色化的策略可贯穿供应链全过程，包括产品的绿色设计、绿色采购、绿色生产、绿色物流配送和绿色服务体系等环节。通过这些举措，能促使从产品设计之初到最终供应的各个环节实现绿色转型，带动整个供应链走向绿色化，有效推动消费者的绿色消费行为。

第三节　金融机构与消费者角度的绿色金融可持续发展

一、金融机构角度的绿色金融可持续发展

绿色金融的蓬勃发展，需要得到金融机构的支持，而这些金融机构要与中国绿色金融政策体系和本土国情紧密相连。金融机构若想推动绿色金融不断发展，就要根据政策导向和国家实际状况，构建具有中国特色的绿色金融体制。在此期间，要充分运用法律法规和政策框架，把绿色发展的核心理念和长远战略切实融入金融市场。

（一）金融机构的政策体系形成

中国金融机构推动绿色金融可持续发展的政策体系，紧密依循国家的法律法规与相关政策框架。

1. 遵循政策和法律法规

金融机构推进绿色金融产业发展时，要与国家绿色发展战略高度契合。在遵守法律法规的前提下，金融机构应制定严格的环境准则与审查流程，有效避开环境高风险项目。在项目实施过程中，按照法定要求进行监管，使"三废"排放达到国家规定标准，并且严格监督项目节能减排效果，确保其符合国家相关标准。

2. 将绿色发展理念融入发展战略

在中国政府的积极推动下，绿色发展理念已进入快速发展轨道，但与发达国家成熟的绿色金融市场相比，中国金融市场在绿色发展理念的培育与发展方面仍处于起步阶段。

绿色发展理念的培育是渐进性的，需要政府政策不断引导。金融机构要把这一理念深度融入发展战略，在金融业务实践中积极推广，让客户和项目方认可并践行绿色原则，进而有效释放绿色金融市场的增长潜力。

在投融资决策环节，金融机构要深入贯彻绿色发展理念，使其成为金融发展战略的核心内容。在评估项目时，要全面考虑项目潜在的环境与社会风险，优先扶持节能环保和绿色发展领域，对高污染、高能耗和产能过剩行业进行严格的投融资管控。这种战略调整的目的是从根源上转变发展思路，构建金融机构推动绿色经济和可持续发展的长效机制，进而有效地引导企业和项目朝着绿色经济方向转型。

金融机构要加强对"两高一剩"项目投融资的管控，积极出台以扶持生态友好型绿色产业为重点的相关政策。这需要实施诸多优惠与补贴措施，以推动清洁能源、环境治理、生态修复、生态农业、新能源开发、绿色建筑以及绿色交通等领域项目的发展。借助这些做法，引导社会资本流入绿色产业，进而逐步形成全面渗透的绿色发展理念。

3. 借鉴国际绿色信贷准则

"赤道原则"是国际金融机构在可持续性项目融资时广泛采用的信贷标准。在项目决策初期，"赤道原则"就能进行筛选与分类，有效引导社会资本投向绿色发展领域，严格限制污染性项目的资金流入，进而达成积极推动环境友好型投资和防控污染的双重目的。

金融机构是资源配置的关键，对绿色发展至关重要。中国金融机构采用"赤道原则"下的金融模式，可有效推动资源合理配置，加速绿色项目发展。

金融机构融合"赤道原则"时要重点关注两大核心点。其一，金融机构要根据自身运营情况、国内经济发展现状与政策走向，把"赤道原则"转化成适合本土的信贷指导原则。比如，参照"赤道原则"构建一套完整的绿色信贷框架，包含绿色发展目标、项目分类体系、项目筛选标准、环境风险评价流程和合适的绿色金融工具等，构建一个涵盖决策制定到执行、制度建设到流程管理、能力提升到信息公开、系统构建到工具应用的全面管理体系，进而制定出可行的绿色金融实践手册。其二，金融机构要敏锐洞察国家绿色发展政策，并据此动态调整绿色信贷管理策略。具体实施时，融合"赤道原则"的绿色信贷管理机制要与国家产业政策标准紧密结合，在项目评估各阶段综合考虑对环境的影响，积极收集和分析项目环境评估数据，不断强化绿色信贷意识，进一步完善绿色信贷体系建设。

（二）金融机构的绿色金融产业体系

1. 创新开发绿色金融产品和工具

绿色发展项目通常周期长、变数多、融资渠道少且资金需求大，推进时还需应对不少不确定因素。所以，金融机构要有效支持这类项目，就需着力推动金融产品和工具的创新。

绿色项目周期较长，需要资金来源持久稳定。可通过发行绿色债券、设立绿色发展基金达成这一目标，也可利用排污权、碳排放权、水权和用能权等环境资源权益抵押融资，拓宽融资渠道。利用国家相关政策，有效调整资产负债期限结构，缓解错配问题。

在项目执行时，由于其本身存在不确定性，金融机构需要构建完善的风险辨识与管理框架，以全面掌控潜在的各类风险。比如，采用环境责任保险这类绿色保险产品，既能高效转移由环境事件引发的项目风险，又能借助金融市场的调节功能，强化对项目环境风险行为的监测。与此同时，还可开发绿色担保或者绿色发展专项基金等金融创新工具，吸引社会资本参与其中，共同分担绿色项目的融资风险，进而降低融资成本。金融机构还应开发综合的绿色评估系统与绿色指数体系，前者通过设定具体的环境标准评估企业的信用状况，后者依据环境与社会风险指标为项目提供更精确的量化评估。

鉴于绿色项目资金需求巨大而融资渠道匮乏，金融机构能够基于五大类核心金融产品与工具，创新开发多种绿色金融产品。比如，以项目未来预期收益为融资依据，将收益权转化为投资吸引力，从而有效吸收社会资本。这一策略既能缓解项目资金紧张的问题，又能依靠金融机构的信贷支持减少投资者的风险。

2. 构建企业环境绩效评估指标体系

国家和社会日益重视环境问题，企业的环保意识也在逐渐增强。金融机构在资源配置中扮演关键角色，肩负着引导社会资本流入绿色项目、推动经济绿色发展的重任。为响应国家绿色金融政策，金融机构要根据政策导向和实际情况，构建企业环境绩效评估体系，促使企业在追求经济效益时兼顾环境保护，达成经济与环境绩效的双提升。

环境绩效评价是衡量环境管理体系实施效果的重要环节，其可验证所构建体系是否符合既定标准。金融机构构建该体系时，首先要明确构建目的，综合考量企业活动对各利益相关者的影响，包括企业自身、周边环境、与项目相关的民众以及整个社会环境等。然后，要完善环境绩效评估指标体系，该体系需全面涵盖生态影响指标、环境风险指标以及管理绩效，从而评估企业在项目实施过程中的环境管理能力。最后，要构建评价激励机制，在监督企业重视环境影响、降低项目环境风险的同时，为环保企业或项目以及达到环境绩效评估标准的企业或项目提供融资优惠和便利，进而激发企业创新节能环保技术、调整产业结构以实现绿色转型并深化绿色发展的动力。

3. 建立绿色金融专营机构或专业部门

绿色金融产业彰显着金融机构未来发展的巨大潜力。金融机构若要优化绿色金融产品与服务，就应着手整合内部资源，把原本分散在各个部门的绿色金融业务集中起来，由专门的机构或部门管理。设立绿色金融专项部门，可使金融机构更有效地推动绿色金融战略的全面实施。

绿色金融专业部门要自主进行人力资源和财务资源的配置，建立专门的考核机制与信贷规划，研发并推广绿色金融产品与服务。在部门的整个运作流程里，需深入落实绿色金融战略，承担引领企业绿色转型、维护生态环境以及推动经济可持续增长等多重任务。

商业银行可设立专门的绿色金融部门来全面推动绿色信贷业务的拓展。这个部门要从组织体系、政策规章、管理框架、审批程序、内控机制和信息公开等多个方面，严格评估绿色信贷项目包含的环境与社会风险。通过精细化的分类筛选体系、针对行业的授信策略以及差异化的信贷措施，有效引导企业走向绿色转型。证券公司也可以成立绿色金融专门部门，致力于培育和拓展绿色债券市场，为绿色融资构建平台。通过挖掘绿色项目的融资渠道、简化融资流程，降低绿色项目和环保型企业的融资成本，从而加快企业绿色可持续发展的速度。

各类金融机构能够凭借自身优势和发展路径，设立专门的绿色金融部门，用于研发和推广绿色金融产品与服务。这有助于丰富绿色金融的核心要素，通过专业且具针对性的推广与服务，提升企业和公众对生态环境保护以及经济可持续发展的认知与重视程度。

4. 构建完善的信息披露制度

生态环境保护与经济可持续发展的达成，既要依靠金融机构的政策导向作用，也需建立环境和社会风险信息披露机制。该机制有利于引导金融机构形成对环境责任的内在认知，推动企业向绿色转型发展。

中国绿色融资领域常出现信息缺失与不对等的状况，这会直接降低投资者的信心和投资动力。而且绿色项目的投资周期通常较长，若投资者缺少相关经验和参考案例，就容易对绿色投资风险持规避态度，从而造成投资规模不足。

金融机构健全环境与社会风险信息披露机制，可有效降低自身环境责任风险与运营风险。该机制有利于汇总和传播绿色项目投资实践，增强投资者信任，提升绿色项目透明度，从而促使资金流向这些高质量绿色项目。

信息披露制度一般包括临时报告和定期报告两种形式。通常，在项目投资决策实施之后，会利用临时报告公布项目概况、投资规模、投资模式、项目的社会与环境风险以及针对这些风险制定的具体措施。而定期报告主要关注两个方面：一是汇报项目进展、金融机构运营情况和财务状况；二是展示项目在节能环保、绿色发展方面的成果以及金融机构对可持续发展的贡献。这些信息可直接发布在金融机构的官方网站上，便于接受社会公众监督，也有助于投资者及时获取信息，从而做出更明智的投资决策。

二、消费者角度的绿色金融可持续发展

为推动绿色金融可持续发展，消费者群体应采用绿色消费模式。该模式以维护消费者健康和推动节能环保为重点，意在构建符合环境保护和公众健康需求的消费行为框架。绿色消费融合了生态意识和理性消费理念，有助于从需求侧减轻甚至彻底解决生态环境面临的问题。通过有效引导和培养，消费者偏好将逐步转变，从而借助市场机制推动绿色产业蓬勃发展。

自21世纪以来，中国经济取得了显著增长，但同时也面临着消费过度、资源消耗急剧增加以及环境污染日益严重等严峻挑战。在这种情况下，树立并增强消费者的绿色消费意识，以健康的消费习惯推动社会生态文明建设，促使经济结构优化升级，加快绿色经济发展，是一种高效且经济的现代化发展策略。具体来说，要从消费者层面推动绿色金融可持续发展，主要需从以下三个方面进行推进。

（一）政府政策引导绿色消费

绿色消费行为有明显的正面外部效应，能给社会公共环境和周边人群带来额外好处，让未直接进行绿色消费的个人也能无偿享受该行为带来的环境改善和资源优化成果。

受传统消费行为影响而成长起来的消费者往往下意识觉得无偿为他人提供额外利益会有损自身利益。并且，由于所有消费者都可从其他消费者的额外利益中获利，这让消费者在环保利益和个人利益间抉择时十分纠结。这种状况可能使绿色消费市场构建面临市场失灵的问题。在此情形下，政府要承担宏观调控的职责，介入消费市场，运用法律、行政和经济手段规范市场秩序，以保护生态环境。

政府需要从三个方面发挥其引导绿色消费的作用。

1. 培育社会的绿色消费风尚

要强化环境保护意识，就需加大绿色教育投入，全面推广绿色消费理念。将基础教育和社会教育相结合，再加上舆论的正面引导，能有效塑造消费者的

绿色消费观。对于学生这一成长的关键群体，要借助教育系统和宣传网络深入开展绿色消费教育，让他们将绿色理念内化于心，并逐步转化为实际行动。如此，绿色消费将成为被广泛接受的社会风尚。

其次，开展全民参与的系列活动，如抵制浪费、限制过度包装、反对食品浪费、倡导适度和理性消费等，潜移默化地引导消费者转变消费观念。在具体实践时，可对违反绿色消费与可持续发展原则的行为予以惩罚，加强环境破坏与污染后果的公众教育，让消费者自觉关注生态保护、重视资源节约，进而规范个人行为，逐步树立绿色消费观，营造全社会崇尚绿色、杜绝浪费的良好风气。

2. 规范和提升绿色产品认证标准

培育消费者的绿色消费观念和行为是一项长期工作，在此过程中政府的作用极为关键，尤其要从产品角度推动绿色市场转型。具体来说，政府要激励企业探索绿色生产技术、运用环保材料，对积极践行绿色发展理念的企业给予政策和经济支持，促使企业树立绿色发展理念。政府与各行业协会和机构密切合作，建立标准化的绿色产品认证机制，包括统一绿色产品标准、制定和实施认证标识等，提高市场对绿色产品的辨识度。这既能保证消费者买到真正的绿色产品，提高消费者的信任度和满意度，又能进一步激发企业在绿色产品方面持续创新和发展的动力。

完善的绿色产品认证机制能增进消费者对绿色消费实践的认可。通过倡导、激励和支持绿色消费行为，推动消费者主动践行绿色消费观念，产生社会层面的示范作用，有效推动消费市场朝着绿色化方向加速转变。

3. 构建健全的绿色消费长效机制

在消费者绿色消费意识逐步树立且绿色产品认证体系得到完善之后，政府需实施绿色经济政策，制定相关法律法规并强化行政管理措施，从而构建稳定有效的绿色消费机制。

推行绿色经济政策的核心是借助绿色金融加大对绿色产业的扶持力度，为绿色企业投融资创造便利条件，推动其开展绿色产品的研发、生产与销售工作，助力企业构建从绿色产品开发、生产到消费的全链条发展模式。政府应健全与绿色消费和生产相关的法律框架，保护绿色消费者的合法权益以增强其信心，促使他们积极参与绿色消费，从而营造健康、可持续的绿色市场环境。在行政管理方面，政府要加强内部作风建设，首先要保证行政体系廉洁高效，杜绝腐败和浪费现象。同时，倡导绿色健康的生活方式，提高行政人员的专业素养与能力，将绿色发展理念和绿色消费行为融入行政文化。另外，持续优化行政管理机制，加强绿色行政管理的构建，保证从顶层到基层的管理实践全面贯彻绿色化原则。

（二）企业开拓绿色产业发展

绿色消费观念与行为的广泛推行，受市场中绿色产品供求动态的极大影响。当市场中的绿色产品供应不足时，消费者的绿色消费行为必然受限。因此，在引导消费者形成并强化绿色消费观念与习惯之际，要大力支持生态产业发展，激励企业将绿色发展理念内化，保障绿色产品供应充足以满足市场需求，为绿色消费的长期稳定发展夯实基础。

1. 扶持绿色生态产业发展

要推动绿色产品深入渗透到满足消费者多元需求的市场里，就需在绿色农业、绿色工业和绿色服务业等关键领域加强扶持，增加市场上绿色产品种类，满足消费者的广泛选择。

发展绿色生态农业的目的在于增加市场上绿色农产品和农副产品的种类。其核心是把生态学原理运用到农业生产的各个环节，包括绿色种植、管理、采摘、运输和销售等。该模式追求农产品与农副产品的经济效益、社会效益和生态环境效益的协调统一。

发展绿色生态工业的目的是构建可持续的循环型工业生产系统。全面采用清洁生产和先进加工技术，让工业产品在原料选取、产品设计、生产制造到市场营销的各个环节都呈现出绿色和健康的特点，进而达成多维度、高效能的循环经济生产模式。

发展绿色生态服务业的目的在于把绿色发展理念融入消费者日常活动，构建全方位的绿色消费环境，这一目标涵盖衣食住行、社交、娱乐休闲、教育、科研等诸多领域。比如，倡导光盘行动以鼓励绿色饮食习惯，推广"无废酒店"和"无废旅游"概念来推动绿色居住和旅游实践。利用互联网平台推行在线缴费、电子购票、网络医疗预约等服务，既能极大提高消费者生活的便捷性，又能有效减少因频繁驾车出行产生的碳排放量，达成环保与便利的双重目的。

2. 创新绿色产品的营销手段

为推动消费者的绿色消费行为，企业既要在产品和服务方面提供便捷且多样的绿色选择，又要制定富有吸引力的营销策略，从而基于现有的绿色产品体系有效激发消费者的绿色购买意愿。

构建适宜、合理的绿色产品定价机制非常关键，这能让消费者认识到选择绿色产品既有益健康又环境友好，进而认同其价值。该过程需要市场机制的全方位支撑和政府政策的积极引导。由于绿色产品生产成本通常较高，按照一般市场规律，其价格会比传统产品高，这或许会在一定程度上抑制消费者的购买欲。不过，利用市场机制对绿色产品采取一些价格优惠策略，比如加大力度宣传绿色产品的独特优势，让消费者真正体会到其性价比，就能够逐渐引导消费者转变传统消费观念，更倾向于选择环保产品。

接下来，要充分发挥互联网的特性，构建绿色产品"互联网＋"营销体系。具体而言，需优化线上网页设计，精心布置网店来提升用户体验，保证信息高度透明。同时，线下要建立以绿色元素装饰的仓库来贮存绿色产品，且在产品运输与销售环节融入绿色理念，努力使从生产到服务的各个环节都严格遵循绿色发展原则。

构建绿色品牌时，首先要准确定位绿色产品的市场。接着，要深入拓展绿色品牌的内涵与外延，以实现品牌效应最大化。这些举措的根本在于践行绿色发展理念，从而树立积极的绿色形象，培育出受消费者喜爱和认可的绿色品牌。

（三）发挥消费者的主观能动性

培养绿色消费习惯的关键在于激发消费者的内在动力，使他们真心接受绿色消费理念并转化为实际行动。这一过程要从两个方面推进。

1. 思想层面：引导消费者形成绿色消费意识

政府、公共机构和媒体等多元平台要大力倡导理性的绿色消费理念，借助互联网平台广泛传播绿色消费的成功案例与先进事迹，同时加大对绿色产业的政策扶持力度。

在绿色消费理念全面渗透消费市场时，举办多种活动是塑造消费者绿色消费意识的关键。这些活动给消费者带来极大便利，让他们能轻易获取绿色产品和绿色消费知识，还能促使消费者精准把握绿色消费的深层含义。由此，消费者的生态环保责任感得到培育，他们开始认识到绿色消费的核心是维护自身健康，绿色消费行为和绿色生活方式都符合人类健康环保标准，也顺应社会可持续发展需求。这一认识将促使消费者自觉加深对绿色消费的理解，主动提高相关知识水平，并积极带动周围人一起践行绿色消费行为。

2. 保障层面：强化消费者权益保护

在培育绿色消费观念和意识之际，强化和保障消费者的绿色消费权益十分关键。因此，要构建完善的消费者权益保护机制。该机制需以消费者权益为出发点，规划并开展一系列推动绿色消费的活动。这些活动既要加强绿色消费宣传，提高公众认知，又要帮助消费者明晰自身在绿色消费中的权益，达成权益保护与绿色消费的有机统一。

为保护消费者权益、推动绿色消费，需有效解决消费者在绿色消费尝试中遇到的不公平对待或权益受损问题。消费者保护组织应加大投入，细致区分投诉的紧急性与重要性，使每起投诉都能及时妥善处理。通过这些举措提升消费者对绿色消费的信任，从而激励全社会更广泛地参与绿色消费实践。

第七章 绿色金融的未来发展

第一节 绿色金融发展的核心与关键

一、绿色金融发展的主要障碍

近年来，绿色金融虽取得显著进展，但在整体金融业务里占比仍有限，这主要是因为其发展过程中面临诸多挑战与阻碍。

首先，绿色项目的环境效益通常难以在内部转化。以清洁能源项目为例，其主要成果是减轻空气污染，能让周边三百公里内的居民广泛受益。但这些受益居民没有直接为项目提供资金，致使项目的正外部效应无法充分内部化。这一状况直接影响到项目的经济回报，可能让收益率低于私营部门的预期。所以，对于这种外部效益未内部化的绿色项目，私营部门往往缺乏参与积极性。

第二，信息不对称问题突出。部分投资者欲投资绿色企业以获取显著环境效益，但面临一大挑战，即缺乏评估企业及其项目绿色程度的有效基准。这是因为这些企业大多不公开二氧化碳、二氧化硫排放，污水排放和能耗等关键信息。若这些数据能够量化呈现，资本市场就能精准区分项目或企业的绿色深度，明确深绿、浅绿、棕色和黑色等不同级别。并且，企业主动披露这些数据，是资本市场运用多种手段评估、排序其环境效益或绿色表现的前提。投资者还面临另一层面的信息不对称，即对绿色科技在商业应用中的可行性掌握的信息往往不够全面。

第三，存在期限不匹配的情况。绿色产业项目多倾向于中长期投资，而我国银行系统的平均负债期限仅为六个月，这极大限制了银行提供中长期贷款的能力，制约了中长期绿色项目的融资活动。

第四，金融机构在评估环境相关风险与机遇时能力不足。部分机构常常忽视对污染性行业投资的潜在风险，对这类行业过度放贷。它们没有充分意识到投资绿色产业的长期积极影响，却高估了绿色项目的风险，从而非理性地规避绿色投资，减少了对这类项目的资金支持。

第五，绿色金融存在内在挑战。当前，多数金融机构尚未将绿色金融理念深入纳入核心认知，其产品体系还处在持续探索与优化的初级阶段，所以对绿色产业发展的金融支持仍较为欠缺。

二、绿色金融的核心与关键

绿色金融是推动经济朝着绿色和可持续方向转型的重要方式，其关键在于制定合理的绿色标准。这些标准对引导资金投入到真正满足环保和低碳要求的项目极为关键。然而，制定绿色标准是个复杂的工作，需要全面考虑不同产业的特性以及所运用的技术，以保证标准的严谨性与实用性。

绿色标准是识别、评估和认证绿色项目的核心依据，与绿色金融资源的优化配置以及环境保护和可持续发展的宏观目标直接相关。严谨合理的绿色标准体系能准确引导资本流向真正具有环保价值的项目，有效防止"伪绿色"现象，避免那些只是打着绿色旗号、实际并不达标的项目或企业误导市场投资者和金融机构。要提高绿色标准的准确性和实用性，就要根据各产业的特性及其技术差异进行细致的划分和定义。不同产业在环保技术应用、生产流程、资源利用效率等方面有很大差异，用统一的标准衡量所有产业显然不可行，所以必须依据产业特性制定有差异的绿色标准。

清洁能源产业中的太阳能、风能、水能等可再生能源技术具有独特性质，其环保效益和成本结构也存在差异。要构建科学合理的绿色标准体系，就需对每种可再生能源技术采用不同的评估维度和基准。比如，评估太阳能光伏项目时，重点应放在光电转换效率、硅材料消耗程度和废弃物妥善管理上；评估风力发电项目时，则要着重考虑风能有效利用率、噪声控制成效以及对生态环境的潜在影响。精准的措施能够更好地推动清洁能源技术健康发展，使环境效益达到最大。

在制造业、建筑业和农业等众多领域，要按照各自的产业特性与技术应用来精心规划绿色标准。制造业要重点考虑能耗、废水废气排放的管控以及固体废物的管理；建筑业则要着重关注建筑材料的环保性、建筑能效以及绿色建筑技术的融入情况。

在制定绿色标准时，若未充分考量技术标准，仅依靠产业界定绿色属性，可能产生多种负面效应。其一，不符合环保标准的项目或企业可能错误地得到绿色金融资助，这既会浪费金融资源，又可能加重环境损害。其二，缺乏明确技术基准的标准体系容易造成市场混乱，破坏公平竞争环境，致使真正环保的项目或企业在竞争中处于劣势，难以获取应有的市场认可与资源支持。而且，技术标准的缺失还可能损害绿色金融的信誉和影响力，阻碍其长远发展。

我们迫切需要深入理解细化绿色标准的必要性，仔细研究各行业的特性及其技术应用，从而制定出科学且具有操作性的详细绿色标准。这关系到绿色金融的健康发展，也关系到环境保护与可持续发展的宏观愿景。经由这一过程，绿色金融将更有效地推动经济向绿色转型，为可持续发展助力。

茶叶种植理当成为绿色产业的范例，不过其可持续性在很大程度上取决于科学的种植技术。如果缺乏合理规划，采用大面积单一茶树种植模式（即"茶海"），就会引发诸多生态问题。大规模砍伐林木开辟茶田，会破坏鸟类栖息地，使害虫的自然天敌减少，从而导致虫害频繁发生，种植者只能增加农药使用量来控制虫害。而且，密集种植的茶海会破坏土壤的自然循环机制，土壤养分无法有效补充，逐渐变得贫瘠。为保证茶叶产量，种植者就得大量使用化肥。然而，过量使用农药和化肥，不但会加剧土壤结构破坏，造成土壤板结，还会使土壤毒化，严重影响蚯蚓等土壤生物的生存。这样持续下去，大面积的茶海经过长期耕作后，土壤质量会严重退化，生产力急剧下降，最终可能沦为荒芜之地，失去基本的生产功能。

所以，若绿色标准脱离各行业具体的技术规范，仅按行业界限划分，就失去了实际意义，必然会给经济带来严重的负面影响。

生态的核心概念是追求适度。不过，适度的具体标准不是主观判断的结果，而是要根据行业技术标准来确定。

以茶业种植为例，适度间种茶林与树林以模拟自然生态环境，是构建绿色生态茶林的关键种植技术。若忽略该原则而盲目扩大茶林规模，会使鸟类数量大幅减少、虫害问题严重恶化，最终造成大面积土壤硬化和荒废。

再如，小水电在偏远山区适度开发能带来明显好处，但过度开发会使当地水生态系统发生剧烈变化，导致许多小河小溪改道或消失，对当地生态环境造成灾难性影响。

若抛弃技术标准与适度技术理念，仅粗略划分行业界限，可能会导致人们盲目涌入某些行业，而忽略技术的选择与应用，最终，那些所谓的绿色行业也可能面临生态破坏的困境。

绿色金融本质上是生态环境和金融领域的深度融合，是实现生态环境保护与生态文明建设长远目标的策略工具。在研究生态环境时，必然会涉及最优技术理念。该理念包含技术与经济的双重可行性考量，强调技术应用的适宜性与环保性，从而在推动发展时最大程度减少对环境的负面影响。

制定绿色标准时不能只为图方便而局限于行业认定，必须深入研究各行业的技术规范细节，这样才能准确界定绿色的内涵。

中国身为发展中国家的佼佼者，面临着环境污染、资源短缺和气候变化等诸多压力。为应对这些严峻挑战，达成经济社会的可持续发展，绿色金融的重要性越发突显。不过，中国的绿色金融尚处在初级发展阶段，存在许多困难与障碍。为推动其稳定快速发展，中国需重点解决以下五个关键问题。将高层战略规划与基层创新实践相结合，推动构建绿色金融改革创新试验区，为绿色金融的繁荣发展筑牢根基。

（一）构建国内统一、与国际接轨的绿色金融标准体系

绿色金融标准体系是绿色金融稳定发展的基础。目前，中国在绿色金融标准方面仍存在挑战，具体包括体系不完备、国内标准不一致以及与国际标准脱节等。这些问题使绿色金融产品的认证和评估工作变得复杂，限制了绿色金融市场的发展。因此，中国应将构建既符合国内实际又与国际接轨的绿色金融标准体系列为推动绿色金融发展的首要任务。

中国要借鉴全球先进实践并紧密联系自身实际，构建一套统一的绿色金融标准体系。该体系应广泛涵盖绿色信贷、绿色债券、绿色基金等众多金融领域，明确界定绿色项目的识别标准、评估流程和信息公开规范。此外，中国应积极参与国际绿色金融标准的制定与修订工作，加强与国际金融机构的合作交流，推动国内绿色金融标准与国际准则有效对接融合。

（二）完善信息披露制度，为绿色金融标准落实提供基础和前提

绿色金融标准的有效执行离不开有效的信息披露机制。目前，中国绿色金融信息披露存在制度缺陷，这使得市场参与者难以获取精确、完整的绿色金融信息，从而降低了绿色金融市场的透明度，削弱了公众信任。因此，加强信息披露制度建设是推动中国绿色金融发展的关键因素。

中国要构建完善的绿色金融信息披露体系，详细界定披露内容范围、格式标准与披露频率。金融机构和企业需依循既定规范，定期披露绿色金融产品发行状况、资金运用详情与环境效益，增强市场运行的透明度。中国还需加强信息披露监管，严格执法，严惩违反披露规定的行为，保障信息披露制度的有效施行与高效运转。

（三）健全激励约束机制，提高绿色金融的商业可持续性

绿色金融的持续健康发展需要一个完善且有效的激励约束体系。目前，中国绿色金融领域的激励与约束机制还存在欠缺，这对金融机构和企业参与绿色金融实践的积极性产生了直接影响。因此，构建和完善该机制是推动中国绿色金融发展的重要途径。

中国要推动绿色金融发展，需采用双管齐下的策略。其一，政府要制定、实施一系列政策，如为绿色金融项目给予税收减免、财政补贴等经济激励手段，以此降低运营成本，提升盈利可能。其二，构建全面的绿色金融信用评估框架十分关键，这个框架要对金融机构和企业的绿色金融业务予以客观信用评价，再根据信用等级实施相应的政策扶持或者制约手段。同时，强化绿色金融风险防控机制也不容小觑，要建立完善风险预警和快速响应体系，为绿色金融的持续、健康发展筑牢保障。

（四）根据绿色项目的需求，进行绿色金融创新

绿色金融的持续发展取决于金融创新的不断深入，这样才能更好地契合与满足市场的多元需求。目前，中国绿色金融领域的产品和服务较为单一，无法充分适应市场多样化的需求。所以，推动绿色金融产品创新是中国绿色金融发展的关键之举。

中国应积极推动金融机构和企业探索、开发多种绿色金融产品，如绿色债券、绿色投资基金、绿色保险产品等，丰富投资者的选择。同时，要加快绿色金融领域的技术创新和实践，有效运用区块链、大数据分析、人工智能等前沿技术，提升绿色金融服务的运作效率和安全保障水平。此外，加强绿色金融的国际交流与合作非常重要，要引进国际先进的绿色金融技术和成熟经验，进一步推动绿色金融产品在全球的拓展与融合。

（五）加强监管，防范绿色金融风险

绿色金融的稳健发展需要强化监管体系来有效规避潜在风险。目前，我国绿色金融监管框架存在缺陷，监管盲区和疏漏较为常见，这为绿色金融风险的产生提供了条件。因此，完善监管机制是推动中国绿色金融发展的关键。

中国要构建和完善绿色金融监管框架，明确界定监管职责与权限范围，加强对绿色金融业务的常态化监管和风险监测力度。在此前提下，优化绿色金融风险预警与应对机制，以迅速识别并有效化解潜在风险点，防止风险扩散。此外，积极推动绿色金融领域的国际合作与交流，共同应对跨国绿色金融风险和

全球性挑战。

在绿色金融的推进过程中，将"自上而下"的战略规划与"自下而上"的实践探索相结合，是一种高效的发展路径。战略规划为绿色金融指明方向并提供政策支持；实践探索则通过积累一线经验、反馈实际问题，推动战略规划不断完善和调整。

中国建立了绿色金融改革创新试验区，这是在绿色金融领域探索新路径的标志。在特定区域内，试验区承担着先行实践绿色金融政策、创新制度的任务，目的是探索符合中国实际的绿色金融发展策略。在此过程中，试验区深化了自身绿色金融体系构建，孕育出可供借鉴和推广的经验与模式，为全国绿色金融的蓬勃发展提供了强大动力。

在推进绿色金融改革创新试验区建设时，要充分发挥市场主体的主动性和创造力。金融机构和企业要深入参与试验区的构建和运作，努力开创绿色金融产品与服务的新模式。政府应强化政策导向和扶持，为试验区营造良好的政策和市场环境，推动其健康发展。

第二节　绿色金融发展保障

一、金融机构自身的保障

（一）金融机构的激励动力分析

在无额外约束时，企业往往会选择非环保的生产模式。不过，引入金融机制并设置合适的激励措施，就能有效调动企业开展环保行动的积极性。金融机构属于盈利性实体，和政府以服务为导向的职能有着本质区别，所以其有内在动力在金融信贷业务里设立"环境准入标准"，将之作为一种创新金融策略。

研究者在静态一次性博弈框架下分析企业与金融机构的互动关系。在此框架中，假定金融机构为遵循理性经济原则的行为主体，其博弈目的在于实现利润最大化。如果在一次博弈里，金融机构对环保型企业和非环保型企业的激励措施不加以区分（也就是未设置环境标准来筛选），那么从金融机构的角度看，不管企业是否施行环保举措，其最佳决策都是提供激励。对于企业来讲，进行环保生产必然会使成本增加，从而削减利润，这表明不采取环保措施所获收益会高于采取环保措施的收益。而且企业也清楚金融机构倾向于提供激励的策略。所以，企业权衡后，更愿意选择不采取环保措施，将其作为该博弈中的最优策略。

从长远来看，金融机构的生命周期远长于一般企业。一般企业很少能存续百年，而金融机构的存续能力更强，所以金融机构更追求长远利益回报。着眼当下发展环境与未来趋势，环保企业必然会得到政府政策、公众认可、融资渠道等多方面支持。如此一来，金融机构支持环保企业的预期收益会高于支持非环保企业。对金融机构来说，扶持环保企业就成了最优策略。受此影响，金融机构制定相关政策时会偏向环保企业，这有助于降低环保企业的边际成本。从企业角度而言，成本降低就会使利润增加，从而促使企业进一步投入环保实践。经过多次这样的互动和博弈，最终会出现纯策略纳什均衡状态。

最终，金融机构扶持与鼓励环保企业，不仅出于经济考量，还受政府前瞻性政策导向影响，且由金融机构自身塑造良好社会形象的内在需求所驱动。

（二）银行业发展绿色金融的意义分析

1. 银行业基于规避环境风险的战略需要发展绿色金融

与工业相比，银行业的环境意识较为薄弱。公众普遍觉得银行业并非环境污染的直接源头，这种看法是银行业环境意识淡薄的部分成因。不过，银行业并非与环境污染毫无关系。银行业的环境风险有直接和间接之分。直接风险是指银行业自身运营活动可能造成环境问题，这些问题可能是已经存在的，也可能是潜在的；间接风险则体现为银行业的贷款对象（企业）或者投资项目对环境和生态资源产生影响，进而影响到银行业。这种间接风险往往和贷款决策失误导致的环境经济损失密切相关。银行业为工业企业提供资金支持，目的是在未来收回贷款本息。但在这个过程中，借款企业可能会因违反环境法规受到法律制裁，或者承担污染治理的经济成本，这些都可能威胁银行业的稳定运营。具体来说，银行业需要防范以下风险：客户因环境问题失去偿债能力、因客户环境问题承担连带责任以及环境问题对银行声誉产生负面影响。

（1）信贷风险

若银行贷款客户的运营受减排成本增加或环境法规变动影响，信贷风险就会间接产生。银行虽不直接对污染负责，却可能因客户经济状况变差遭受经济损失。如企业为符合新排放标准增加成本，也许会削弱其财务实力，极端时还会使企业破产。借款企业的环境状况对银行也有重要影响。不动产污染、生产场地污染、生产中环境污染、产品使用时对环境的负面影响，还有清理土地和生产污染的费用等环境问题，都可能削弱企业盈利能力。这些问题既给企业利润水平带来压力，又可能影响其还贷能力，从而增大银行信贷风险，危及债务安全。

（2）法律风险

若无视环境法规，银行会和其他企业一样，直接承担清除污染的费用或污染赔偿责任，面临法律风险。部分国家明确规定，若银行贷款支持的项目或企业出现环境问题，贷款方要负责污染清除工作。而且，金融机构向损害环境的企业提供贷款或融资时，还会面临声誉风险。相反，若银行业积极制定应对环境风险的策略，有效识别并重视环境风险，就能获得多方面的竞争优势。其一，采用节能措施、推广环保产品、实现物质循环利用，银行可大幅降低运营成本。其二，这有助于把因环境问题可能增加的客户贷款风险降到最低。

（3）环境风险

环境风险已成为银行业不可忽视的战略风险。这类风险不仅来自融资项目的直接环境影响，还包括气候变化、生态破坏等宏观环境问题对银行资产质量和经营稳定性的潜在威胁。发展绿色金融是银行业主动应对环境风险的系统性方案。

在微观层面，银行资产与环境质量密切相关。污染型企业可能面临关停、搬迁或巨额环境治理费用，直接影响其偿债能力。2022年银保监会发布的《银行业保险业绿色金融指引》明确要求银行保险机构将环境风险评估纳入全面风险管理体系，识别、计量、监测并控制融资项目的环境风险。

气候变化带来的物理风险和转型风险尤为突出。物理风险指极端气候事件对银行抵押物和融资项目造成的直接损害；转型风险则源于低碳转型过程中政策、技术、市场变化导致的高碳资产贬值。银行通过调整信贷结构，加大对绿色低碳产业的支持，减少对化石能源等传统行业的风险暴露，可以有效对冲这类风险。《银行业保险业绿色金融高质量发展实施方案》提出优化银行信贷供给，鼓励开发个性化绿色金融产品和服务，正是引导银行积极应对气候变化风险。

环境风险还具有明显的系统性特征。区域性环境问题可能同时影响多个关联行业和企业的经营状况，导致银行信贷组合风险集中爆发。通过发展绿色金融，银行可以促进经济绿色转型，从源头降低系统性环境风险。保险公司也正在研发更有针对性的风险保障方案，特别是在巨灾保险、环境责任保险等领域，与银行业形成风险共担机制。此外，生物多样性丧失等新兴环境风险也逐步引起银行业的重视。生态系统退化可能影响农业、旅游业等多个产业的可持续发展，进而传导至金融体系。《银行业保险业绿色金融指引》要求银行保险机构积极服务兼具环境和社会效益的各类经济活动，助力污染防治攻坚，有序推进碳达峰、碳中和工作，体现了对环境风险的前瞻性把握。未来，银行业需进一步完善环境风险量化评估工具，建立覆盖各类环境因子的全面风险管理框架。

2. 银行贷款投向的不合理需要发展绿色金融

在国家信贷政策缺乏明确有力引导时，商业银行作为独立运营、自负盈亏的金融机构，其行为模式会自然地朝着实现短期经济利益最大化的方向发展。这种发展趋势直接导致银行贷款分配不合理，具体表现为大量资本投入到那些见效快但可能对环境产生持久负面影响的项目中。这些项目大多集中在高污染、高能耗行业，虽然短期内能产生显著的经济效益，但从长远看，可能对环境造成不可挽回的损害，进而威胁社会的长远可持续发展。

银行贷款分配不均衡，表现为向高污染、高能耗项目过度倾斜，而对绿色项目投资严重不足。清洁能源、环保技术这类绿色项目，由于投资回收周期长、短期收益不明显，常遭遇融资困难。商业银行倾向于追求短期经济利益，使得这些项目很难得到充足的资金支持。这种资金分配的偏向，既限制了绿色产业的发展，也阻碍了我国经济结构的调整与升级。

绿色金融是解决银行贷款配置不当问题的重要策略。该模式通过创新金融产品和业务，引导资本流向绿色、低碳和环保领域，促进经济结构优化和转型。绿色金融的关键是把环境保护原则纳入金融服务，将环境风险评估纳入信贷审批的重要考量，确保投资方向符合环保标准，推动经济、社会和环境协调发展。

推动绿色金融发展，需要政府、金融机构和企业三方合作。政府要制定和实施一系列政策措施，如绿色信贷指导原则、绿色债券发行规范等，为绿色金融的发展奠定政策基础并加以引导。同时，政府要强化绿色金融监管框架，保证其依法依规、稳定发展。金融机构要积极响应政策导向，探索和创新绿色金融产品与服务模式，满足市场对绿色投资不断增长的需求。企业要提高环保意识，主动寻求绿色贷款、发行绿色债券等融资渠道，推动自身向绿色、低碳、环保转型。

推行绿色金融是一个渐进且漫长的过程，需要时间的积累、耐心的引领和不懈的奋斗。在初始阶段，必然会遭遇绿色金融产品知名度不高、市场容量有限等挑战。但只要持续推进，绿色金融必定会在纠正银行贷款错配、推动经济可持续增长方面彰显出明显的成效。

二、外部机构提供的保障

近年来，全球经济快速增长，城市化与工业化加速推进，然而环境问题也日益严重。环境退化给经济和社会带来重大挑战，影响各行业可持续发展的根基，金融业也受到波及。同时，全球金融市场由盛转衰，其不稳定给全球经济的持续发展带来阴影，这也促使人们反思现有的金融发展模式。环境保护涉及多方利益格局，多元利益主体之间的双边和多边博弈催生了中国独特的绿色金融市场。在该市场逐步成熟和拓展的情况下，构建符合中国国情的绿色金融运作机制十分迫切。我们要推动金融市场与环保产业深度融合，通过经济手段引导社会形成环保风尚。

（一）完善环境法制与环境监管机制

博弈分析表明，中央政府凭借其特殊的政治地位，承担着代表全体人民利益的责任，需要对各级机关的环保行动予以治理和监督。在这种情况下，中央政府的主要职责是构建并规范绿色金融市场，将其作为杠杆，达成绿色金融发展的宏观调控目标。

1. 完善环境法规体系

在立法方面，要牢固确立环境优先的理念，保证经济发展活动严格符合环境保护标准，防止以牺牲环境来谋求经济增长。构建环境法规体系时，要全面涵盖企业原材料采购、生产流程、产品销售、产品使用、废弃物处理等所有可能引发环境污染的环节，以《中华人民共和国环境保护法》为基础构建完善、严密的环境法律体系。在执法实践里，要打破部门界限，优化执法机制，明确环境保护为全社会的共同责任，通过强化执法力度和提高执法效率，保证环境法规得以有效施行。

2. 加大监督惩戒力度

目前，中国企业环境违法行为的处罚形式较为单一，主要为罚款，而且罚款数额通常不高，这使得部分企业产生"违法比守法划算，小违法不如大违法来钱"的错误想法。以《中华人民共和国大气污染防治法》规定为例，新建高硫分、高灰分煤矿若未按国家规定建设煤炭洗选设施，罚款仅2万到20万元，可合规建设这些设施，企业要花数百万元用于征地和购置设备，在这种情况下，违法成本远低于守法成本。所以，要让企业真正承担环境责任，必须大幅提高环境违法成本，尤其是金融方面的负担。具体来说，要改变单一罚款模式，构建多元化惩罚体系，重点在企业融资和投资环节设定严格的环境保护标准。企业因环境恶化造成的经济损失要直接转化为金融成本的增加，处罚力度要远超环境违法所得，充分发挥经济处罚的震慑力。同时，对于造成严重经济社会影响的环境违法行为，除了惩处企业，还要对主要负责人进行金融制裁和资产冻结等，全面强化环境监管的效力和深度。

（二）合理引导和定位地方政府的双重角色

地方政府在环保问题上具有复杂的角色特性。其一是中央环保政策与规范的践行者和监管者；其二则可能由于利益牵扯变为地方企业的保护者，形成地方保护主义。这种双重身份使地方政府在决策时可能出现行为与立场的分裂，阻碍环保产业与绿色金融的推广，还会破坏政府在公众心中的权威性与正面形象。

1. 在现有的中央—地方政府框架内引导和定位地方政府

在现行环境管理体系架构下，地方政府在双重职能间摇摆不定，其核心原因深植于中央政府与地方政府的委托代理机制。在该机制里，中央政府为委托方，地方政府是代理方，地方政府要对中央政府负责，中央政府依据地方政府工作成果选拔和晋升官员。为全面把握环境状况、有效推行环保政策，中央政府短期内可提高地方环保部门自主性，给予其更多经济与金融调控权，以此作为调控地方政府行为的杠杆。当前，中国地方政府对地方环保部门领导层任免影响很大，环保部门实际是地方政府下属机构。这种层级关系常使环保部门在面对地方政府官员压力时，难以坚守立场，无法全面、真实地执行中央环保政策并上报环境质量数据。若把地方环保部门从地方政府体系中剥离，进行垂直人事与业务管理，再赋予必要经济与金融权力，就能有效减轻中央与地方政府间的信息不对称，促使地方政府更严格地遵循中央环保政策。这一变革其实是政府内部环保管理权限的重新分配，中央政府将承担更多环保管理与指导责任，投入更多资源，改善与地方政府的信息不对等状况。不过，此方案成本高昂，因为中央政府的优势在于宏观环境管理，垂直管理会使其涉足微观层面的具体环保事务。面对严峻环境挑战和日益严重的污染问题，中央政府或许将在短期内不计成本，通过垂直管理迅速遏制环境质量恶化，在一定程度上缓解中国环境承载压力。所以，在当前中央—地方政府环境管理模式下，对地方环保部门实施垂直管理，对短期内调和经济发展与环境保护的矛盾有积极意义。

2. 改变现有的中央—地方政府管理框架，引入公众监督

中央政府推动均衡经济增长的关键策略是降低环境信息获取成本，实质就是削减信息成本，进而用更经济的方式消除中央与地方的信息不对称，这迫切需要构建一种新型环境管理机制。这种机制要打破传统环境保护领域里中央与地方单一的分权集权、监管被监管框架，引入公众这一第三方力量参与环境治理，与中央政府共同行使委托权力。公众比中央政府更了解本地环境状况，在评估地方政府环保工作成果时具有明显的信息优势。所以，当公众作为委托方与地方政府互动时，信息不对称状况的改善程度显著高于中央政府与地方政府互动时的情况。

引入公众成为联合监督者，可显著减轻信息不对称状况，从而减少环境信息监测的费用。中央政府构建一套激励地方均衡发展的机制，把经济和环保成果纳入考核体系。在该体系下，公众以联合监督者身份参与决策，与中央政府一起评估地方政府的环保表现。公众的参与填补了中央政府的信息漏洞，极大降低了信息收集成本，让中央政府能更高效地提供推动地方均衡发展的激励方案。在公众的严密监督下，地方政府丧失了环境信息方面的优势，面对激励机制，其最优选择变为追求经济与环境的均衡发展。

三、鼓励金融机构积极发展绿色金融

企业本质上是经济实体，核心目标为追求利润最大化。在现代工业体系背景下，中国很多地区还处于工业化关键阶段，企业通常极为重视自身经济增长，可能会在一定程度上忽视对外部环境的潜在影响。金融机构凭借其对经济活动的调控功能，可有效弥补政府在环境保护政策措施方面的不足，起到独特的补充作用。

（一）实施投资主体多元化

在绿色金融领域，融资起点即环境投资主体是首要考虑因素。绿色金融体系改革的关键在于构建良好且广阔的投融资环境和市场，以吸引和培育更多样、社会参与度更高的绿色金融资本来源，这需要开拓多元投融资参与者的途径。传统上，政府是投融资的主要主体，而绿色金融的多元投融资结构还应包括国内企业、民众和海外投资者。国内企业和民众既可以直接参与投资，也可通过间接方式成为绿色金融的投资力量。将海外投资者纳入中国绿色金融投资主体范围具有内在合理性和重要战略价值。

在政府推动公益性环保金融产品融资时，除依靠财政支出与国债资金外，还可以积极探索社保基金、国际贷款以及建设—经营—转让、资产证券化等创新融资模式。私人部门经营的环保金融产品，以初创资金为基础，借助企业债发行、银行借贷、私募资金等渠道筹集资金。部分运营佳、规模大的绿色金融产品，有望通过资源整合上市，从而在股市开展后续融资活动。这样，绿色金融领域就形成了融资方式交织并存的多元化融资体系。

（二）构建共赢的绿色金融业务模式

当前，中国商业银行在深化与政府监管部门、行业协会协作，拓宽客户与项目资源之际，要积极探寻与公用事业企业、高效能设备供应商、全球碳信用额购买者的合作路径，构建互利共赢的业务合作框架。

1. 与公用事业公司合作

商业银行和能源公用事业单位构建的战略合作联盟，为碳金融的兴盛搭建了稳固的业务平台。在该联盟框架内，公用事业单位可充分发挥其作为中介与信息汇总者的独特作用。这种合作模式实现了多方面的共赢。对公用事业单位来说，这种合作模式既有助于企事业单位利用融资采用清洁能源以削减能源成本，又能为自身开拓更广阔的市场空间、提升盈利潜力。从银行角度看，这种合作模式也有诸多好处。银行能通过公用事业单位的渠道，更深入地了解借款人的资信状况，借助公用事业单位在节能项目中的丰富经验，有效解决技术不确定性和信息不对称问题，提高贷款项目评估与审批的精准性。公用事业单位成为银行获取贷款项目的重要来源，拓宽了银行的营销渠道。更重要的是，这种合作模式为银行提供了额外的信用增强方式。若企业恶意拖欠贷款，银行可与公用事业单位合作，采取暂停能源供应等措施有效追款，大幅降低银行的信用风险。

2. 与能效设备供应商合作

能效设备在新建项目和节能技术改造过程中处于核心位置。这类设备种类多且技术含量高，所以银行开展能效设备融资项目时，通常要和设备供应商或者中介机构合作。在这种合作模式下，商业银行既给能效项目的实施和设备购销提供资金，又在拓展碳金融业务时，推动供应商能效设备的市场推广。设备采购企业使用这些高效设备，实现了节能减排目标，得到了经济和环境的双重效益。

中国商业银行与跨国公司合作，有机会汲取国际能效设备融资的先进模式。

3. 与国际碳减排量买家合作

很多企业开展的节能减排项目，其节能成果常可转化为标准煤节约量以及二氧化碳等温室气体排放量的削减，这与国际碳交易市场中买家需求极为匹配。不过，国际碳买家对项目碳减排量设置了最低标准，限制了中国商业银行与其合作的规模。商业银行只有与碳减排量达到国际买家标准的碳金融目标客户合作，才能得到持续稳定的还款现金流。在此限制下，中国商业银行和国际碳买家能在两个方面开展合作：其一，双方能够互相推荐优质项目，共同支持同一项目的碳排放权采购与贷款融资，达成资源共享与优势互补。其二，在碳减排交易的资金管理上，中国商业银行可接受碳交易收入作为贷款偿还来源，给客户提供必要的融资支持，促使碳减排交易顺利开展。同时，国际碳买家可将碳减排采购资金托管于商业银行账户，保证资金及时支付，提升交易的透明度与安全性。此外，中国商业银行也可积极尝试为中小企业提供碳额度交易咨询服务，等条件成熟时，整合打包多家中小企业减排所得的碳额度，形成较大规模的减排量，进而助力客户更有效地开展对外交易，实现经济效益的最大化。

4. 与能源服务公司合作

能源服务公司可在建筑、工业、交通等诸多领域开展大量节能项目，包括锅炉与供热管网的升级、余热余压回收发电、燃气发电技术运用、绿色照明系统推广、中央空调系统蓄冷蓄热改造、电网优化配置、电机驱动系统革新（如变频技术改造）、生产工艺流程精细调整以及热泵技术集成应用等。其关键之处在于，以节约的能源费用完全支付节能项目投资成本，达成高效的节能投资回报模式。

能源服务市场常用以下三种合同类型：

首先，阐述节能效益分享模式。在该模式中，能源服务公司为用户提供全方位服务，包括项目融资与建设。在合同期内，项目设备归能源服务公司所有，能源服务公司按实际节能量与客户共享节能效益。合同期满后，设备所有权和全部节能效益都转归用户。合同条款还能灵活约定，把项目的其他额外效益纳入分享范畴。

第二，节能效益保障型模式。在此模式中，能源服务公司负责提供全面的技术服务方案，且承诺达成特定的节能目标。项目资金主要由用户自己筹集，能源服务公司提供相关的融资辅助。若项目实施后实际节能效果未达到能源服务公司承诺的标准，该公司要承担相应赔偿责任，包括未达标的能源量和由此产生的其他直接经济损失。若节能效果超出预期，双方可按事先约定的比例共享超额节约的能源效益。

第三种模式是能源费用托管模式。在该模式中,客户把自身的能源系统完全交给能源服务公司负责建设和管理,包括系统的优化改造与日常运维等工作。客户要向能源服务公司支付固定的托管费用,能源服务公司则承担所有的能源消耗和日常运营费用。能源服务公司的盈利主要来源于提高能源使用效率所产生的节能经济效益,也就是托管费用与实际能源及运营成本的差值。

(三) 建立合理完整的绿色金融产品设计原则与框架

绿色金融产品设计的全面原则和框架应包含以下核心要素:第一,明确产品定义、设计所依标准以及基本原则;第二,确定基准线,为产品提供清晰的参照标准;第三,详细规定绿色金融产品的分配机制与定价策略;第四,制定严格的产品验证与确认流程;最后,确立产品的存储、清算和交割等相关操作机制与规范。

1. 绿色金融产品设计的原则

设计绿色金融产品时,首要之事是明确设计基础,此基础主要围绕配额和信用两大核心原则构建。

信用,也叫补偿,是指排放源在既定减排目标之外达成的额外减排量。这一超额的减排量能够作为信用在市场上交易。在总量交易体系里,配额是基本单位,它意味着受监管排放源承诺(或必须遵循)的排放限额。受管制排放源之间,或者与未受管制源之间,可以自由交易这些配额,不过在每个交易期末,其指定账户必须持有充足配额,用于抵消相应期间的排放量。所以,按照国际排放交易协会的定义,配额总量其实规定了受管制排放源在整个管制周期内可排放的最大量。

当前,全球气候变化交易机制主要分为三大类:联合国气候变化框架公约下的清洁发展机制、欧盟排放交易体系(The European Union Emissions Trading System,简称 EU ETS)和美国芝加哥气候交易所(Chicago Climate Exchange,简称 CCX),三者各自有着不同的制度设计。CDM 源于《京都议定书》中的减排承诺,目的是助力以欧盟为主的发达国家以最低成本达成温室气体减排目标,它尤其推动了发达国家与发展中国家之间的碳排放权交易。EU ETS 是欧盟为履行《京都议定书》减排责任所设立的体系,覆盖整个欧盟,依据具有法律效力的欧盟指令运作,实现了减排成本的最优化。而 CCX 是美国在气候变化交易方面的一项重要实践,借助市场机制推动温室气体减排。

CDM 是一种双边机制,由于其本身存在局限性且在实施过程中面临诸多障碍，难以单独成为国家构建绿色金融市场机制的模板。EU ETS 是一个跨欧盟的交易系统，该系统明确了成员国排放实体间的交易规则，并且具有法律强制力，这为国家级绿色金融市场的构建提供了有价值的参考。CCX 是美国国内基于合同约束的交易体系，属于自愿性排放交易的典型代表，它的成功得益于美国完善的市场法制基础和成熟的自由市场经济。这三种机制都包含总量交易理念，然而，因为法律环境和制度框架的不同，在设计交易产品时，它们采取了不同的策略与方法。具体来说，CDM 和 CCX 由于减排义务履行地与减排实际发生地不一致，便采用信用的方式对绿色金融产品进行定义。EU ETS 考虑到欧盟是气候变化的积极倡导者，其追求区域内的真实减排，并且对成员国具有强大的法律约束力，所以采用配额方式来界定绿色金融产品。

中国致力于构建气候变化绿色金融市场，以应对节能减排、环境资源管理与气候变化这三大核心挑战。目前，虽然 CDM 已经存在，但 EU ETS 与 CCX 的外部实施条件还不成熟。近年来，中国政府把节能减排纳入国家发展规划，针对不同阶段制定了具体的应对气候变化指导方针，这些方针有着很强的行政执行力。在这种情况下，运用法律手段确立节能减排的市场运作机制是可行的。以配额制来设计绿色金融产品，更贴合实际需求，也更有助于达成减排目标。

2. 绿色金融产品设计的依据与选择

在设计基于温室气体排放配额的绿色金融产品时，全球还没有统一的认证机构、程序与标准。目前，可用于交易的绿色金融产品中的温室气体数量，主要是实际实现的减排量，也包括通过特定措施避免的潜在排放量。按照配额原则设计产品时，这类绿色金融产品代表经权威机构审定和许可的温室气体排放量。

设计绿色金融产品是增加社会财富的新方式，其关键是先确定排放或减排的总量。目前，总量的确定主要基于两个方面的考虑：一是国际公约规定的义务，这在发达国家构建温室气体排放交易体系和产品设计时表现得较为明显；二是依据国家自身环境资源管理需求和应对气候变化的政策导向来设定。绿色金融产品的交易单位统一为 1 吨 CO_2 等价物，其他温室气体的减排量可通过全球变暖指数（Global Warming Potential，简称 GWP）进行转换。

中国目前没有强制性的温室气体减排责任，其设计与选择能根据自主设定的减排目标进行。具体来说，可以参照各个时期国民经济与社会发展规划里明确的节能减排强制性指标，计算相应的温室气体排放总量，基于这个数据进一步设计绿色金融产品。

3. 基线确定

基线是衡量特定地区、行业企业或装置温室气体排放水平的重要基准，也是合理分配绿色金融产品的核心参考。

行业划分是否合理是确定基线的基础。在划分时，主要依据企业燃烧装置的性质与技术水平的相似性，同时也要考虑各行业或企业的发展潜力、市场状况等因素，保证分类具有科学性和实用性。

在确定基线时，要综合考虑法律法规的强制性规定以及行业内公认的最优技术标准等多种因素。遵循法律法规是基本要求，为使技术水平不同的同类企业在排放评估和产品分配方面站在相对公正的起点，有必要深入研究并制定一套合适的行业技术指南与规范。

4. 额外性

《联合国气候变化框架公约》（United Nations Framework Convention on Climate Change，简称 UNFCCC）对额外性的解释为：CDM 项目产生的减排量相对于既定基准线是超出常规的。具体来说，如果没有 CDM 的支持，这类项目活动会受财务、技术、融资、风险、人才等因素的制约，在国内现有条件下难以实施，其减排效果在无 CDM 支持时基本无法实现。相反，如果一个项目不需要 CDM 帮助就能正常商业运营且已在基准线考虑范围内，那么相对于该基准线，这个项目没有减排效果，也不存在减排量的额外性。

额外性原则源于 CDM，当前全球的温室气体排放交易体系都吸收了这一核心理念。精心设计的额外性规定能保证温室气体减排切实发生，为绿色金融产品开发提供环境与经济支撑，使其超越单纯追求交易目的的金融产品范畴。

中国绿色金融市场的构建肩负着节能减排与应对气候变化的双重使命，这促使其积极追求温室气体的大幅减排。在产品设计方面，要纳入额外性考量，也就是要全面考量环境资源、气候变化相关的法律法规、政策导向、经济状况和技术条件等多方面因素。这种设计的目的是让金融市场活动既符合环保要求，又能在已有减排成果之上取得进一步的、可衡量的环境效益。

5. 能源增长预测

确定行业企业的基线排放量，只能体现其历史和当前的排放水平。随着经济不断增长，各行业企业的能源消耗量必然会增加，温室气体排放也会相应增长。在设计应对气候变化的绿色金融产品时，必须考虑这一动态变化因素。

构建能源消耗增长预测模型要抛弃传统行业划分方式，依靠科学方法。该模型需纳入各行业经济发展前景，同时考虑法律法规、技术革新和市场竞争状况等多方面因素。由模型推导出的能源消耗增长数据，能够进一步推算温室气体排放的增长趋势。基于此，结合既定的基线排放量，就可以精准确定行业、企业或者特定装置的实际排放限额。这一数据为确定总体可分配排放量以及各细分领域、企业或者装置的配额比例与具体数量奠定了坚实基础。

6. 新项目储备和西部地区发展储备

在经济社会发展过程中，新技术不断融入、新项目不断涌现是内在发展趋势，在此过程中，温室气体排放量随之增加也是自然现象。设计绿色金融产品时，要深刻认识这一规律，使产品特性、覆盖范围和规模调整能够被市场有效预测。这有助于在推动技术创新的同时，稳定产品价格预期，达成绿色发展与市场稳定的双重目的。

国家应在气候变化绿色金融产品的规划与分配时向西部地区倾斜，使西部地区获得较大比例的资源。这一举措体现了绿色金融产品设计的公正性原则，也是维护市场机制高效运行的关键。

7. 绿色金融产品的定价机制

绿色金融产品的定价机制主要是免费发放、市场出售与拍卖。

免费发放以行业或企业的历史排放数据为依据，同时考虑各行业发展潜力、特殊行业扶持需求和地域差异情况。

政府直接向市场出售温室气体绿色金融产品属于一种潜在的交易形式。但鉴于政府的垄断地位以及待售产品数量巨大，直接在市场抛售或许会给市场带来明显波动。而且当前中国绿色金融市场机制还不健全，缺少相应的交易平台，所以这一策略在短期内难以实施。

在绿色金融产品定价时，采用拍卖机制是很合理的。当前绿色金融市场机制还不成熟，政府直接通过市场出售来定价，效率低且难以有效挖掘产品价值。理论上拍卖机制有很多种，选择与气候变化绿色金融产品特性相符的拍卖方式非常关键。国外实践显示，针对温室气体相关的绿色金融产品，上升价格拍卖机制通常效果较好。不过在设计具体拍卖方案时，要综合考虑多种因素，特别是拍卖的数量和比例，需根据实际情况灵活调整。全面推行拍卖短期内可能会对经济发展和企业竞争力产生较大冲击，所以先部分拍卖再逐步过渡到全面拍卖的策略是比较稳妥可行的。

8. 绿色金融产品验证、确认程序以及相关交易机制的建立

绿色金融产品有私有生产和公共产品的双重特性，传统金融市场的调控方式难以保证市场运作的公正性与高效性。在产品的登记、交易、交割、存储和清算等交易环节，可参考传统金融市场的成熟机制，但要结合气候变化经济学理论与最新科技研究成果进行必要调整与优化，从而满足绿色金融产品独特的交易需求。

（四）建立支持低碳经济发展的绿色金融模式

国内金融机构目前着重于为低碳项目给予融资支持，具体有多种绿色和环保贷款形式。为妥善管控相关风险并推动低碳项目的资金供应，这些机构积极谋求与国际同行和其他金融机构开展合作。在推动低碳经济发展进程中，金融机构需要探索和采用高效的金融运作机制。

首要任务是树立支持低碳经济的新观念。国家正在积极推动低碳经济发展，在此情况下，金融机构要主动形成服务低碳经济的意识，积极帮扶相关低碳企业，促使资本流入低碳经济的各个领域，进而有效推动中国经济转型和产业结构优化升级。

第二，大力推动绿色金融发展。绿色金融的实质为低碳金融，主要为各类减少温室气体排放的金融机制与交易活动提供服务。金融机构要优先为从事环保设施建设、生态保护工程、新能源开发、循环经济实践、绿色制造和生态农业发展的企业，给予包括优惠信贷、保险等全方位金融支持。同时，对污染企业采取金融约束手段，通过这些政策和制度，促使资本向环保绩效良好的企业流动。生态环境部与金融行业合作开发的绿色信贷、绿色保险和绿色证券这三大绿色金融工具，标志着绿色金融体系框架初步形成，为金融业在中国环保领域发挥重要作用奠定了坚实基础。

第三，商业银行要探索低碳信贷业务的创新路径。在向低碳经济转型之际，银行应调整信贷策略，优先评估能效技术，加大对新能源等绿色产业的支持力度。环境承载能力有限，污染物排放指标有了经济价值，转让能产生经济回报。因此，商业银行可尝试接受排放指标作为贷款抵押物，拓宽融资渠道。对于缺乏传统抵押资产的环保企业而言，将排污许可证用作抵押是解决融资难题、助力企业资金筹措和持续发展的有效方式。

第四，大力推广 CDM 项目金融服务。CDM 允许发达国家在发展中国家投资减排项目，以抵消其国内温室气体排放责任。作为国际上实施二氧化碳等温室气体减排项目的有效途径，CDM 是应对气候变化市场化策略的核心机制。

金融机构特别是商业银行，应与国际专业组织合作，为中国境内减排项目提供全方位、一站式金融服务，包括 CDM 项目开发、交易和全程管理。商业银行可利用其广泛的渠道网络，帮助项目业主筛选信誉佳、履约能力强的买家，有效降低交易风险；利用丰富信息资源，为项目业主提供合理的核证减排量（Cercified Emissions Reduction，简称 CER）价格区间，协助锁定最优报价，使企业利益最大化；通过高效的资金结算服务，保障交易款项快速、安全到账，进一步确保项目财务稳健。

第五，积极推动低碳金融衍生产品创新发展。银行业在信贷资金配置时要考量碳约束因素，保险业应着重风险规避与转移，机构投资者要承担环境治理信托责任，碳基金要稳固自身在碳市场交易中的主体地位。各方协作推动碳掉期、碳证券、碳期货和碳基金等多种碳金融衍生产品的创新实践。为推动低碳经济蓬勃发展，中国应借鉴国际先进经验，筹备中国 CDM 基金，加强对 CDM 市场的培育与支持，同时加快研发各类支持低碳经济发展的碳金融衍生工具，为低碳经济快速发展提供有力支撑。

第三节　绿色金融发展措施

一、绿色金融要与经济社会发展相适应

绿色金融应重点向三个方面推进。第一，增强支持的针对性。节能环保产业目前仍存在融资困难与成本较高的情况，所以绿色金融要重点提高污染防治效果，推动低碳循环发展。在此期间，要仔细区分项目的绿色程度，严格防范非绿色项目与"洗绿"现象，保证资金真正流入绿色领域，重视提高绿色金融的实际质量，防止资金无效循环。第二，提高引导效率非常关键。在运用行政手段的同时，应加大对绿色金融的经济激励力度，例如实行减税政策、给予财政补贴、提供存款准备金率优惠等，用多种方式推动绿色金融发展。第三，机制创新是绿色金融发展的要点。这包含探索借助税收政策量化环境成本，以解决环境收益权的融资抵押问题，积极开发绿色保险等新型金融产品，给绿色金融增添新活力与动力。

理解和推动绿色金融发展时，要充分考量中国经济与社会的阶段性特点。现有的金融模式源于传统经济发展框架。过去，中国在谋求经济增长时，常未

有效内化环境成本，使得 ESG（环境、社会、治理）要素被企业当作额外负担，而非积极追求的价值导向。这种发展模式造成了产能过剩、贸易失衡和环境污染等诸多问题。这些问题源于发展战略取向，反映出整个社会价值观的缺失，仅靠支持环保产业、提高企业融资可及性等微观政策措施无法从根本上解决。所以，推进绿色金融需要社会各界广泛达成共识、顶层制度有力支撑以及地方积极实践，这是一项需长期坚持且多方合作的系统工程。

绿色发展是推动高质量发展的关键要素。当下，绿色金融发展呈现出货币资源充裕但资本投入欠缺的状况，整体发展略显迟缓。绿色企业权益资本短缺，且存在杠杆率较高的情况。所以，急需加强资本市场尤其是绿色金融市场的建设与发展，吸引更多绿色资本投入，进而推动经济持续高质量发展。

二、不断完善绿色金融发展的政策框架和基础设施

全球气候变化与资源环境约束的紧迫性不断加剧，绿色金融已然成为推动经济绿色转型、实现可持续发展目标的关键举措。近年来，中国政府高度重视绿色金融发展，出台了诸多政策措施，完善绿色发展政策框架，加大基础设施投资，为绿色金融稳步发展提供了有力支撑。

（一）政策框架的完善与深化

1. 环保政策的引领与支持

环保部门在推动绿色发展进程中发挥着核心作用。其发布了诸多政策文件，明确界定了绿色发展的目标与实施路径。环保部门还同其他政府机构深入合作，共同推动绿色金融蓬勃发展。例如，生态环境部编制了环保专用设备企业所得税优惠名录，利用该名录为采用环保设备的企业提供税收减免优惠，有力地加快了环保技术的普及和应用。

生态环境部与中国证券监督管理委员会合作，共同推动上市公司实行环境信息强制披露制度，这一举措极大地提高了企业的透明度，促使企业更加关注环境保护和社会责任，为绿色金融的稳定发展提供了重要的信息支撑。同时，生态环境部积极构建环境信用评价体系，把企业的环保绩效和信用评估紧密联系起来，有效增强了企业的环保意识和责任感。

2. 金融政策的协同与支持

金融监管部门在推动绿色金融发展方面起着至关重要的作用。其与环境保

护部门协作，共同颁布诸多规章制度，为绿色金融的稳定发展筑牢政策根基。具体来说，国家金融监督管理总局等监管机构通过制定绿色信贷政策，有效引导金融机构加大对绿色项目的资金扶持力度，进而削减了这些项目的融资成本。

（二）基础设施建设的强化与提升

1. 环境信息披露制度的完善

为提高环境信息披露的规范性和透明度，上市公司环境信息披露标准亟待加强。生态环境部与中国证券监督管理委员会应深化合作，持续优化环境信息披露的制度框架与准则，使企业能够详细、准确地呈现其环境表现及相关风险。同时，要加大对环境信息披露的监管和执法力度，对违规披露或故意隐瞒环境风险的企业采取严厉惩罚措施，以维护市场的公正与公平。

2. 绿色指数的构建与推广

绿色指数是评估绿色金融市场发展情况的关键指标，构建和完善绿色指数十分迫切。生态环境部、中国证券监督管理委员会等监管机构要与金融机构、研究机构深入合作，共同探究并制定绿色指数的编制规范与准则。同时，积极推动金融机构创新研发与绿色指数挂钩的金融产品，如绿色指数基金、绿色交易所交易基金（Green Exchange Traded Fund，简称 Green ETF），为投资者提供更多样的绿色投资渠道和选项。

（三）绿色投资机制的建立与激励措施

1. 私募股权与创业投资基金的引导

私募股权与创业投资基金对绿色产业的蓬勃发展有着关键意义。为促使这类基金积极投资绿色企业，政府需制定并施行一系列政策措施，如提供税收减免、财政补贴等经济激励措施以调动投资积极性，同时加强对这些基金的监管与指导，使它们的投资活动符合绿色发展核心理念与标准。

2. 绿色债券市场的培育与发展

绿色债券市场是绿色金融市场的核心部分。为推动其发展壮大，政府要制定并施行一系列政策举措，如给予税收减免优惠、适当放宽发行标准来激发市场活力。同时，加强对绿色债券市场的监管和执法，是保障市场稳定运行、维护市场秩序的关键。

（四）法律法规体系的完善与保障

1. 绿色金融法制化进程的推进

要加快绿色金融的法制化进程，就必须构建完善的法律规范框架。政府应深入研究和制定绿色金融相关法律条文，准确定义绿色金融的概念边界、涵盖范围以及评判标准等核心要素。同时，加大对绿色金融市场的监督和执法力度，确保法律条款有效施行。还要积极引导金融机构、企业和个人参与绿色金融法律规范的构建与实践，共同推动绿色金融法治化不断深入。凭借这一全面、严谨的法律体系，绿色金融的发展将得到坚实的法律支撑。

2. 可持续发展理念的融入与强化

在构建绿色金融法律法规体系时，深植并强化可持续发展观念极为迫切。这与法律法规的严谨性和适切性直接相关，也是推动经济社会向全面绿色模式转型的关键因素。可持续发展观念在满足当前需求的同时，要保证不剥夺未来世代满足自身需求的机会，以实现经济、社会和环境三大领域的和谐共生与均衡发展。

政府在绿色金融法律法规体系里处于主导地位，承担着制定与执行相关法律的责任，以推动可持续发展理念深入融合。政府的首要工作是提升公众对可持续发展理念的认识与理解。政府要借助多种平台，包括媒体传播、教育体系和社区活动，广泛宣传可持续发展的基本理念、核心价值和实施策略。政府可以通过举办专家论坛、专题研讨和成果展览等方式搭建交流平台，鼓励社会各界踊跃参与讨论，共同营造关注和推动可持续发展的社会氛围。

构建绿色金融法律框架时，政府要全面考量环境、社会和经济的多方面效应并实现均衡。这就需要法律条款突破单一经济利益的局限，深入包含金融活动对自然生态的潜在影响以及积极承担社会责任等内容。具体说来，在有关绿色信贷、绿色债券等金融工具的法律规范中，要强制金融机构在信贷审批或者投资决策时，引入严格的项目环境影响评估机制，优先支持符合环保标准和节能减排原则的项目。而且，法律体系要激励金融机构积极履行社会责任，例如通过定制金融解决方案，推动贫困地区和弱势群体的经济发展并提升其福祉。

政府要加强与多个部门的协同合作，使绿色金融法律法规的制定和执行符合可持续发展目标。生态环境部门应发挥专业优势，提供环境影响评估的指导和技术支持。社会保障部门要参与评估金融措施对弱势群体的潜在影响。经济规划部门则应分享对宏观经济政策走向和市场动态的深入见解。这种跨部门联动机制会大大提高绿色金融法规的严谨性、合理性和实施效果。

三、多措并举支持绿色金融发展

在推进绿色金融时，要综合运用多种策略，协同各方力量，有效应对现有挑战，促使绿色金融实现稳健、持续的发展。

（一）充分发挥市场的力量

绿色金融的蓬勃发展离不开市场机制的高效运行。虽然当前绿色金融政策框架已渐趋完善，但环保企业融资仍面临诸多挑战，其关键障碍在于绿色投资成本与预期收益不匹配，且环境效益量化评估还不成熟。所以，要依靠市场力量，采取多种措施促进资源合理配置，提升绿色投资的吸引力。

1. 实现对绿色投资的有效定价

绿色项目的环境效益难以直接量化为经济回报，这常让投资者在估值时遭遇挑战。所以，构建一套综合的绿色投资评估体系非常重要，该体系需全面涵盖项目的环境贡献、社会影响以及长远经济效应，从而精准体现绿色投资的真实价值。

2. 建立统一的交易平台

绿色金融产品目前分散在众多金融机构和市场中进行交易，由于缺乏统一的交易平台，交易成本高且效率低。构建统一的绿色金融交易平台，可使信息集中并提高透明度，从而降低交易成本，提高市场整体效率。该平台也能增强市场投资者对绿色金融的信心，吸引更多资本流入这一领域。

3. 增强市场投资者的认可度

为增进市场对绿色金融的认知与接受度，需加大市场教育和宣传的力度。政府与企业应合作推广绿色投资理念，鼓励投资者向绿色项目投入资本，进而营造积极健康的市场环境。

（二）利用先进科技，增强绿色金融的可持续发展能力

科技进步给绿色金融的蓬勃发展增添了新动力。过去，许多绿色项目的环境效益难以量化，这给投资者进行价值评估造成了困难。如今，随着科技不断取得突破、研究方法不断革新，这些曾经难以确定的外部因素逐渐变得能够量

化和估值，为提高绿色投资回报率奠定了基础。

大数据与人工智能等前沿技术融合，为绿色金融构建起坚实的数据基础。深度挖掘和分析海量数据，能够更精准地量化绿色项目的环境与社会正效应，为投资者提供数据驱动的决策依据。这些技术能推动绿色金融产品设计精细化和定价合理化，有效提升市场运作效率。区块链技术的引入给绿色金融带来革新性的解决方案，它能保证金融产品的透明性和全链条可追溯性，增强市场整体信任度与投资者信心，有效减少交易成本，进一步提高市场效率。金融科技的不断发展也为绿色金融开拓新路径，其能实现绿色金融产品服务的个性化与定制化，精准对接投资者的多元需求，助力优化风险管理策略，有效降低投资过程中的风险暴露。

在推动绿色金融发展进程中，融合先进科技极为关键，这需要精细化的政策设计和体制机制创新。政府需制定并施行一系列政策措施，推动金融科技在绿色金融领域深入、广泛融合与应用。同时，要强化监管体系和风险防控机制，保障金融科技稳步发展，助力绿色金融繁荣。

（三）加强绿色金融理论和学术研究

绿色金融涵盖经济、环境和社会等多方面，具有明显的跨学科特征。要推动其可持续发展，迫切需要构建一套创新且系统的量化方法体系，从而全面、精确地评估环境、社会和公司治理等多维度因素。政府和研究机构也应加强对绿色金融的理论探究与学术研究，为绿色金融的不断发展提供智力支持与持续动力。

1. 建立对绿色金融的理论框架和研究范式

深入研究绿色金融的核心概念和基础理论，能够让我们准确把握其运行机制与关键要素。基于此，借鉴国际成功经验与实例，结合我国国情，推动绿色金融的本土化创新发展。

2. 开展对绿色金融的实证研究和分析

对绿色项目进行全面、精准的量化评估，评估内容包括环境、社会和经济三方面效益，目的是为投资者提供更科学的决策依据。这类研究也能深入分析绿色金融的发展趋势和潜在风险，为政策规划和市场监管提供重要依据。

3. 加强绿色金融的国际交流与合作

与国际绿色金融组织、研究机构建立紧密合作关系，可深入了解全球绿色金融的最新进展与趋势，吸收国际前沿的实践经验与技术方法，进而主动参与国际绿色金融标准与规范的构建和推广进程，这有利于提升我国在绿色金融国际领域的地位和话语权。

在强化绿色金融理论与学术探究方面，政府要发挥积极作用。政府应加大对绿色金融研究的资金投入，给予政策支持，鼓励高等院校、科研机构和企业开展相关科研项目研究。构建绿色金融研究共享平台与协同机制非常关键，能促进各方资源的互通整合。政府还可举办绿色金融专题论坛、学术研讨会等活动，搭建学术界、产业界和政策制定者的沟通桥梁，以促进深入交流合作。

（四）大力推动绿色保险发展

在国际社会越发重视全球气候变化与环境保护的今天，绿色保险作为金融创新工具，在推动绿色发展方面正逐步发挥关键作用。保险行业以风险管理专长和资金配置优势，为绿色发展提供有力支持。

1. 保险行业在绿色资产端的布局

在资产端配置方面，保险业正积极进军绿色投资领域，采用多样化策略为绿色项目注入资金。通过债权、股权、资产支持计划和信托等多种渠道，保险业灵活配置资本，精准投入可再生能源、清洁能源以及节能环保等绿色行业。这不仅推动了绿色产业的发展，还为保险公司开拓了稳定的投资收益渠道，实现了经济效益与环境效益的和谐统一。

（1）债权投资

保险公司能够投资绿色债券以及绿色信贷资产支持证券，从而直接为环保项目提供资金。这类绿色金融工具通常风险较低、收益稳定，符合保险公司稳健投资的策略。

（2）股权投资

保险公司能够借助股权投资的方式，参与到有成长潜力的绿色初创企业当中。这既给这些绿色企业提供了所需的资金支持，也为保险公司自身开拓了分享绿色产业快速发展红利的途径。

（3）资产支持计划

保险公司可主动策划或参与绿色资产支持方案，把绿色项目预期收益权转变为证券化的基础资产，从而吸引更多资本流入绿色投资领域。

（4）信托投资

保险公司在构建绿色信托架构后，可将资金交由具备专业管理能力的信托机构，用于投资符合环保要求的绿色项目。这种投资策略有助于资金的统一调配和专业管理。

2. 保险行业在绿色负债端的创新

在负债端，保险行业推出绿色保险产品，意在为生态环境修复和其他绿色项目募集资金并给予风险保障。这种保险产品可有效降低环境污染与生态受损风险，还能激励社会资本投向绿色发展领域。

（1）环境污染强制责任保险

在化工、石化、冶金等高危行业，国家金融监督管理总局正在深入推进政策构建与法律框架的完善工作，目的是引入并推行环境污染强制责任保险制度。按照该制度的要求，相关企业必须参保，将其作为应对潜在环境污染事件的准备。一旦发生污染事故，保险公司会根据条款承担相应赔偿责任，这有助于减轻企业的经济负担和社会舆论压力。

（2）生态环境修复保险

保险公司可针对自然灾害和人为活动导致的生态环境损害，设计一款生态环境修复保险产品，为生态修复项目提供必要资金，加快受损生态系统的恢复与重建。

（3）绿色造林项目保险

很多地方正在积极开展造林工程，由于林木生长周期长且存在诸多不确定因素，引入绿色保险机制是降低风险的有效方式。保险公司参与其中，造林项目就能得到必要的风险保障。当项目因自然灾害等不可抗力遭受损失时，保险公司会按照保险条款给予相应赔偿。这一举措既能增强民营资本投资造林的信心，也为构建绿色生态环境提供了有力支持。

3. 绿色保险在绿色金融中的作用

绿色保险是绿色金融的重要组成部分，能为绿色项目提供资金并缓冲风险，有力推动绿色金融市场的完善和拓展。

（1）风险管理工具

绿色保险是一种风险缓解机制，为企业和个人应对环境污染与生态损害提供了有效方式。企业与个人投保绿色保险后，可将可能遭遇的环境风险转嫁给保险公司，从而减轻自身经济负担，缓解社会责任压力。

（2）资金筹集渠道

绿色保险为绿色项目提供了创新的融资渠道。保险公司通过销售绿色保险产品可积累大量资本，然后将这些资本投入绿色产业领域，为绿色产业的兴起和持续发展提供有力支持。

（3）市场完善动力

绿色保险的兴起有力推动了绿色金融市场的健全和发展。随着绿色保险产品体系不断扩充和创新，金融市场上的绿色投资选项会更多元，这将极大地拓宽投资者的选择范围，有望吸引更多社会资本进入绿色发展领域，为绿色金融市场的蓬勃发展增添新动力。

4. 未来绿色保险的发展方向

为提升绿色保险促进绿色发展的效能，有必要深入探索并创新其发展路径。未来绿色保险的发展可重点从以下几方面着手：一是深化绿色保险产品研发，满足市场对环保风险保障的需求；二是强化政府与保险机构的合作，借助政策引导与支持推动绿色保险业务的推广和深入；三是提高公众对绿色保险的认知，鼓励更多企业和个人参与绿色保险实践；四是建立完善绿色保险评价与监管体系，保障其健康可持续发展。

（1）丰富产品种类

保险公司要不断拓展绿色保险产品的范围和形态，以满足多样化客户群体的需求。可考虑开发针对特定行业或地理区域的定制绿色保险方案，比如服务于农业环境保护的保险产品和海洋生态保全保险等。

（2）创新衍生工具

除传统保险产品外，保险公司有开发新型绿色保险衍生产品的潜力。具体而言，可针对绿色信贷和绿色债券设计信用风险缓解机制，减少投资者的风险暴露。这能有效推动社会资本向绿色产业流动。

（3）加强国际合作

全球化进程加快，绿色保险领域的国际合作渐成未来发展的关键走向。保险公司需加深与国际伙伴的交流合作，共同推动绿色保险产品的创新发展。在此过程中，吸收应用国际前沿的实践经验与技术方法，有助于提升我国绿色保险市场的综合竞争力与国际影响力。

（4）强化监管与自律

为保障绿色保险市场的稳定运行，监管部门要强化对该市场的监督管理。保险公司也需加强自我约束，保证推出的绿色保险产品合规且有效。这对提升绿色保险市场的可信度和投资者信心有积极作用。

（五）实体企业要积极对接绿色金融资源

在全球气候变化和资源环境压力不断增大的今天，绿色金融作为推动经济社会向绿色转型的关键机制，正越来越受到各国政府、金融机构以及企业的关注。绿色金融的稳步发展是个长期的过程，这需要政府、金融机构和实体企业三者密切合作。对于实体企业，尤其是环保领域的企业而言，有效整合绿色金融资源，既是积极响应国家绿色发展战略的体现，也是提升企业竞争力、实现可持续发展的关键策略。

1. 绿色金融的兴起与环保行业的机遇

全球环境保护和可持续发展议题越发凸显，绿色金融作为创新金融机制，正促使资本流入绿色、低碳、环保领域，推动经济结构优化和转型升级。绿色金融涵盖范围广，有绿色信贷、绿色债券、绿色基金等多种金融产品，还涉及环境权益交易、碳金融等新兴领域。这些金融工具和市场的蓬勃发展，为环保行业带来了前所未有的发展空间和机遇。

在环保行业，绿色金融的注入拓宽了融资渠道，也明显降低了资本成本。企业可依靠这些绿色金融资源，增加研发投入，推动环保技术创新，实现设备更新与产业升级，进而有效提高污染治理和资源循环利用的能力与效率。绿色金融的融入也极大地提升了环保行业的整体形象与品牌效应，增强了投资者和消费者的信任与支持。

2. 环保企业获取金融资源的困难

绿色金融为环保领域创造了诸多机会，然而环保企业在获取金融资源时却困难重重。环保行业技术壁垒较高且投资回报周期长，这使得金融机构在进行风险评估时面临很大的不确定性。此外，环保企业的盈利机制和盈利点往往模糊不清，不易获得金融机构的青睐和资金投入。而且，环保行业与金融部门之间存在信息不对称的情况，这也增加了投融资决策的复杂性。

环保企业要应对这些挑战，就必须积极采取策略，有效整合绿色金融资源。企业要重点提升管理效能和盈利能力，并且深化与金融机构的交流合作，共同创新环保领域的金融产品与服务模式。

3. 环保企业如何主动对接绿色金融资源

（1）提升企业管理和盈利能力

环保企业要深化内部管理，将提升运营效率和管理效能作为核心。优化生产流程、减少不必要开支、提高产品质量，这是增强企业盈利能力与市场竞争力的关键。企业还应强化财务管控和风险防御机制，稳固财务结构，为融资活动打下坚实基础。

（2）明确盈利模式和盈利点

环保企业在寻求金融资源支持时，必须向金融机构全面展示其盈利架构与核心盈利环节，包括营收来源、成本控制结构、盈利水平，同时对未来增长潜力做出合理预期。企业要深入分析市场需求状况、竞争格局和行业发展趋势，在此基础上精准把握市场契机，设计出务实且具前瞻性的盈利规划。

（3）加强与金融机构的沟通与合作

环保企业需主动与金融机构建立紧密联系，深化交流合作机制。双方可定期组织交流会、研讨会等，增进对彼此业务的理解与信任。在此前提下，企业可进一步让金融机构参与项目的规划讨论、风险评估等关键环节，共同推动项目高效进行。同时，企业要积极探索与金融机构协同创新绿色金融产品的途径，如开发绿色信贷、绿色债券等融资工具，拓宽环保项目的资金筹集渠道，增强金融支持力度。

（4）利用政策支持，把握市场机遇

政府为推动绿色金融蓬勃发展，出台了诸多政策，包括税收减免、财政补助和信贷支持等。环保企业应积极利用这些政策优势，优化融资结构，削减资金成本，提高融资效率。在此期间，企业要敏锐把握市场动态和政策走向，灵活调整经营战略和投资布局，精准抓住市场机会，实现自身快速发展和可持续发展。

绿色金融逐渐成为推动经济社会绿色转型的关键动力，为环保行业的繁荣发展开拓了新途径。环保企业积极融入绿色金融体系，既是响应国家绿色发展规划的体现，也是提升自身竞争力、实现长期可持续发展的战略选择。环保企业优化管理机制、提升盈利能力、明确盈利模式、加强与金融机构的协同合作，充分把握政策红利和市场机遇，就能有效对接绿色金融资源，为自身快速发展注入活力。这也将大力推动整个环保行业的结构调整和可持续发展。

四、促进我国绿色金融发展的对策

近年来，在国家政策积极引导和金融机构大力支持下，绿色金融市场蓬勃发展。不过，我国绿色金融尚处初步探索阶段，面临不少挑战，这些因素限制了其快速健康发展。为推动绿色金融深入发展，我国可重点从四个方面推进相关工作。

（一）完善绿色金融体系

1. 完善绿色金融发展体系

推动绿色金融蓬勃发展，构建完善的绿色金融体系十分关键。在我国，地区金融的繁荣和绿色金融发展水平呈正相关。目前，绿色金融在我国尚处起步阶段，发展水平有限，还未形成全面成熟的体系，在传统金融架构里占比很小。所以，强化绿色金融发展机制，推动其发展进入新阶段，提高在传统金融中的比重，是当务之急。要加快绿色金融发展速度，可采用以下策略：一是运用财政激励手段，比如提供补贴，提升银行开展绿色信贷业务的积极性；二是构建和创新绿色金融市场，各相关部门要积极推动市场建设，不断创新绿色金融产品，助力绿色金融市场健康有序发展。

2. 提升绿色金融政策效能

绿色金融政策是指引绿色金融发展的重要导向，与国家宏观发展战略息息相关，各地区需积极响应并贯彻落实。鉴于我国经济转型的长期性和复杂性，实现绿色金融效益最大化至关重要，这要求各部门积极行动起来，推动相关政策的施行，达成与国家战略的深度契合与协同发展。各级政府在制定绿色金融政策时，要重视与国家战略和产业布局的有机结合，科学规划绿色金融业务布局。对于工业占主导且经济转型压力大的城市而言，发展绿色经济产业是推动转型的有效方式，同时要积极探索转型金融新模式。金融系统依托自身独特的数字平台生态资源优势，能够促使绿色金融与普惠金融深度融合，进而推动绿色金融高效、优质发展。

3. 注重顶层设计，落实政策分区域引导功能

重视整体规划，构建区域协同的绿色金融发展模式。我国绿色金融有明显的集聚与空间辐射效应，地区经济规模和空气质量会制约绿色金融的跨区域发展。所以，政府要加强宏观规划，依据国情科学制定绿色金融发展战略和政策框架，优化资源配置，解决省市间绿色金融发展不均衡的问题。省市之间应协同制定绿色金融政策，统筹产业布局，减少邻域绿色金融发展的负面外部性，构建区域联动的绿色金融发展模式。

我国的社会性质和基本国情深刻影响着绿色金融的构建与发展。绿色金融建设要紧紧围绕生态文明建设展开，遵循可持续发展原则，注重顶层设计和规划。由于各地区对绿色发展理念的理解和接受程度不同，绿色金融的发展水平也

高低不一，所以相关部门在开展绿色金融建设时，应根据实际情况采取差异化的政策策略，进行有针对性的规划和部署，达成资源的优化配置与高效利用。

4. 深化供给侧结构性改革

深化供给侧结构性改革对推动绿色产业高质量发展至关重要。经观察，空气质量较好的城市，其绿色金融发展往往相对滞后。针对该情况，国家要加快经济结构转型升级，优化产业布局，推动落后产业有序转移，坚决淘汰落后与过剩产能，践行生态文明建设理念。同时，要深入挖掘各省份的绿色资源优势，发挥市场机制在金融资源配置中的决定性作用，为绿色产业增添发展动力。在此期间，需加大环境污染治理力度，积极传播环保理念，推广绿色生产生活方式，逐步提高全社会环保水平。为达成这一目标，要激发供给侧结构性改革的创新活力，强化企业在技术创新中的主体地位，推动产学研深度融合。科技是绿色产业发展的重要推动力量，应运用科技手段支持绿色产业转型升级，修复受损生态环境，为构建绿色低碳、可持续发展的经济体系筑牢根基。

（二）加快绿色金融发展意识转变

1. 普及绿色金融理念，培养绿色金融人才

在全社会普及绿色金融理念，不能仅靠政府和金融机构的支持，而是要让社会公众成为绿色金融发展的核心动力。应使宣传策略多元化，唤起个人和企业提升自身绿色发展水平的责任感，鼓励他们主动参与绿色金融市场建设。具体来说，可以通过社交媒体、公共广告、环保标语等传播手段，加深公众对绿色经济的理解，培养绿色发展意识。同时，积极引导舆论，利用绿色金融的新兴趋势营造积极的商业环境，激励金融机构创新绿色金融产品。企业和社会要倡导绿色消费和低碳生活方式，提升对可持续发展的认知，促使企业和个人节能减排，共同推动低碳循环经济。

金融政策制定机构要加强对从业人员的绿色金融知识培训，设立专门学科并建立配套培训体系。具体而言，可开展绿色金融科普教育、推动智库发展、强化人才梯队建设、丰富课程资源，从而整合多方资源，推动产学研深度融合，创新绿色金融国际合作与交流模式。并且，要引导金融机构制定专门的绿色金融培训计划，提高员工在信贷审批、项目评估和风险管理等方面的专业能力。要积极支持高等院校申办绿色金融专业硕士学位项目，鼓励学者专家参与绿色金融课程设计与教材编写，以扩充绿色金融专业人才队伍，充分发挥绿色金融作为新兴学科的创新潜力。绿色金融理念的普及既需要政府政策支持，也

需要在全社会举办绿色金融专题讲座，借助媒体平台广泛宣传等措施，使绿色金融、碳达峰、碳中和等核心理念更加深入人心。

2. 提高居民收入水平

居民收入水平提高与绿色金融发展呈正相关，前者对后者有积极的推动作用。绿色发展理念深入人心，居民经济条件改善，消费模式发生显著转变，对金融服务需求更迫切。绿色金融产品顺应这一新兴消费趋势而产生。我国居民消费结构不断调整，服务性支出占比明显增加，在医疗保健、文化娱乐等领域投入持续增多。消费结构升级与绿色发展意识增强，为绿色金融发展提供有力支撑。当公众收入进一步提高时，更倾向于寻找符合可持续发展理念的投资渠道，秉持绿色发展原则的企业成为优选，这一过程经市场机制有效运作，推动绿色金融发展壮大。

3. 扩大绿色金融试点区域

近年来，绿色发展理念深入人心，中国人民银行会同相关部门，在我国绿色金融改革创新试验区的构建过程中发挥了关键作用，这些试验区为绿色金融体系五大支柱的逐步形成提供了宝贵的先行经验。各试验区依据自身实际情况，以创新为动力，积极开展各项试点工作，已初见成效。由于我国绿色金融处于动态发展阶段，当前迫切需要扩大绿色金融试点范围。在现有的试验区内，应推动气候与环境信息透明披露，多方面参与绿色金融国际合作机制，进而优化我国绿色金融的外部溢出效应。鉴于我国各省份绿色金融发展水平不一，建议在中央统一的绿色金融评价标准框架下，按照地域特色实施差异化发展策略。这有助于各试验区更好地服务于国家重大发展战略，同时鼓励各级机构发布短期与中长期相结合的绿色金融发展规划，注重因地制宜，发挥自身优势，实现与现有业务的有效对接。

（三）加强绿色金融产品创新

1. 政府重视绿色资本市场建设

我国绿色金融工具的创新还存在较大不足，金融机构迫切需要加大创新力度，扩展绿色金融产品的种类，完善相关服务体系。要达成这一目标，需从多个维度加强绿色金融的风险管理与监控，提高绿色保险、碳金融等新兴绿色金融产品在金融体系中的比重。创新的绿色金融产品要严格符合绿色金融原则以及国家转型发展战略的标准，加快特许经营权的质押流程，拓展绿色金融工具的应用范围。在风险可控的前提下，推动绿色金融专项产品不断创新。在构建绿色资本市场时，政府相关部门的重视非常关键。由于企业需要资金来维持持续发展，政府可以提供政策支持。具体来说，可以允许企业构建多元化的股权市场结构。为吸引更多金融机构参与绿色金融，部分地区可适当放宽金融机构的准入限制，鼓励小型金融机构进入绿色金融领域，从而激发绿色金融产品的创新活力。

2. 绿色金融产品创新方向

对绿色金融产品进行创新，有以下方向：

在推动绿色经济发展时，要革新风险管理工具，具体措施包括扩大知识产权抵押品范围、引入第三方机构提供担保服务、采用无担保的风险控制技术。

强化绿色金融并购贷款和资产证券化的运用，推动节能与环保领域的领军企业开展国内外并购和资产整合。以并购贷款支持其战略发展，并且对绿色信贷资产予以证券化处理，这既丰富了市场的绿色投资选择，也有效推动了信贷资源的循环利用。

提供综合融资方案，包含信贷产品和其他创新模式，如投贷联动机制（将投资与贷款相结合）、夹层融资策略等，从而更全面地满足绿色项目构建与运营需求。

为居民创造多样且便利实惠的条件，包括投资与消费绿色工业领域、提供节能和环保产品的分期付款方案，以及对分布式新能源小型项目开发予以融资援助。

优化商业环境至关重要，政府应履行财政职责，借助政策引导和扶持推动绿色经济发展。具体而言，对绿色项目实行财政贴息优惠政策，减轻企业压力；对开展绿色融资业务的商业银行减免企业所得税，鼓励其加大绿色金融投入；为国内环保项目吸引的外资提供外汇管理便利服务，保障资金顺畅流动。

（四）增强邻域间绿色金融项目合作

我国各省份绿色金融发展水平参差不齐，加强省际绿色金融合作与交流，对提升全国绿色金融整体水平意义重大。各省份能相互成为桥梁，拓展彼此发展路径，充分利用区域空间溢出效应，推动绿色金融协同发展。在绿色金融推进过程中，政府起着关键作用，负有重要财政责任；金融机构则要致力于丰富绿色金融产品体系，强化项目合作意识，积极参与区域环境建设，发挥推动作用。

1. 增强合作意识

北京、广州等城市以及湖北等在绿色金融发展方面处于领先地位的省份，要充分发挥示范作用，主动分享绿色金融领域的成功经验与实践策略，推动区域间协同发展，构建绿色金融合作共赢的框架。这些省份应拓展并深化绿色金融的合作范围，提升合作层次。而绿色金融发展相对落后的省份，则要积极借鉴北京、广州等地的先进经验，在先进地区的引领带动下，推动全国绿色金融水平的整体提升，使各省能够共享绿色金融发展的成果。

2. 加强绿色科技合作

学术界要强化绿色科技领域的合作，积极策划绿色金融专题研讨会，汇聚多元实践经验，推动绿色金融产品创新研发，最大程度发挥人才与信息资源价值。科技进步对很多行业有推动作用，绿色金融亦受益其中。各省份可借助区块链技术强化信息交流，实现数据即时共享，构建绿色供应链管理平台。该平台能有效连接绿色产业上下游供应商、金融机构与监管机构，保证绿色项目贷款信息透明流通。为实现全链条可追溯，可运用区块链技术记录项目合同执行过程与非财务数据信息，这有助于监控资金流向、降低违约风险、提高绿色发展水平、拓宽区域合作交流途径。

参考文献

［1］董辉. 绿色金融与绿色转型：理论与实务［M］. 天津：南开大学出版社，2024.

［2］马忠民. 数字金融对绿色创新投资效率的影响研究［M］. 长春：吉林出版集团股份有限公司，2024.

［3］涂正革. 碳中和背景下中国经济绿色发展研究［M］. 武汉：华中师范大学出版社，2024.

［4］姜剑涛，杨墨涵，崔珍珍. 碳金融：理论与实践研究［M］. 长春：吉林出版集团股份有限公司，2023.

［5］顾蔚. 绿色金融百科知识［M］. 北京：中国经济出版社，2023.

［6］刘瀚斌，李志青. 绿色金融风险理论与实务［M］. 上海：复旦大学出版社，2023.

［7］贺丰果，卓英子. 绿色金融支持低碳能源产业发展研究［M］. 北京：对外经济贸易大学出版社，2023.

［8］翟欣欣. 绿色金融的发展与创新研究［M］. 北京：中国商业出版社，2023.

［9］鲁冬阳. 绿色金融及其发展研究［M］. 延吉：延边大学出版社，2023.

［10］曾圣钧. 新时代银行金融服务创新［M］. 北京：中国经济出版社，2023.

［11］王树众. 碳中和与能源绿色发展［M］. 西安：西安交通大学出版社，2023.

［12］彭千芮. 巩固脱贫攻坚成果的金融支持研究：基于相对贫困的视角［M］. 湘潭：湘潭大学出版社，2023.

［13］梁坤丽. 高质量发展：资源经济的绿色发展转型研究［M］. 北京：中国商务出版社，2022.

［14］龚玉霞. 绿色金融：政策激励与市场激励和约束［M］. 北京：经济日报出版社，2022.

［15］江朦朦. 绿色金融可持续发展研究［M］. 长春：吉林出版集团股份有限公司，2022.

［16］张芊，吴力波. "双碳"目标下的上海绿色金融发展［M］. 上海：上海人民出版社，2022.

［17］孙红梅. 绿色金融影响企业投资方向的情况报告［M］. 上海：上海财经大学出版社，2022.

［18］胡天杨. "双碳目标"下绿色金融助推绿色发展的理论机制与评价［M］. 武汉：武汉大学出版社，2022.

［19］于晶波，马慧敏. 地方绿色金融发展与案例研究［M］. 长春：吉林文史出版社，2022.

［20］赵景峰. 对外贸易对中国绿色发展的影响研究［M］. 北京：中国经济出版社，2022.02.

［21］刘世锦. 双碳目标下的绿色增长［M］. 北京：中信出版集团，2022.

［22］张玲. 现代经济金融体系构建与改革探究［M］. 北京：经济日报出版社，2022.

［23］朱隽，等. 金融支持碳达峰、碳中和国际经验与中国实践［M］. 北京：中信出版社，2022.

［24］姚星垣. 绿色金融50问［M］. 杭州：浙江工商大学出版社，2021.

［25］奚宾. 中国绿色金融有效供给研究［M］. 上海：上海社会科学院出版社，2021.

［26］马文杰. 绿色金融：政策激励与市场发展［M］. 上海：上海财经大学出版社，2021.

［27］褚红素，黄文君，郑虹. 金融治理与金融伦理［M］. 上海：立信会计出版社，2021.